跨文化交流学

刘 珺·著

文化艺术出版社
Culture and Art Publishing House

图书在版编目（CIP）数据

跨文化交流学 / 刘珺著.—北京：文化艺术出版社，2021.8
ISBN 978-7-5039-6861-7

Ⅰ.①跨… Ⅱ.①刘… Ⅲ.①文化交流—高等学校—教材 Ⅳ.①G115

中国版本图书馆CIP数据核字（2021）第128869号

跨文化交流学

著　　者	刘　珺
责任编辑	叶茹飞
责任校对	董　斌
装帧设计	顾咏梅
出版发行	文化藝術出版社
地　　址	北京市东城区东四八条52号（100700）
网　　址	www.caaph.com
电子邮箱	s@caaph.com
电　　话	（010）84057666（总编室）　84057667（办公室） 　　　　　84057696—84057699（发行部）
传　　真	（010）84057660（总编室）　84057670（办公室） 　　　　　84057690（发行部）
经　　销	新华书店
印　　刷	国英印务有限公司
版　　次	2021年9月第1版
印　　次	2021年9月第1次印刷
开　　本	710毫米×1000毫米　1/16
印　　张	21.75
字　　数	357千字
书　　号	ISBN 978-7-5039-6861-7
定　　价	78.00元

版权所有，侵权必究。如有印装错误，随时调换。

中国戏曲学院 | 中国戏曲学院"十四五"规划教材系列

编委会

主　　任　尹晓东

执行主任　冉常建

委　　员（按姓氏笔画排序）

于建刚　马　路　王志苹　王绍军　乔慧斌

李　钢　李　威　张　尧　张文振　梁建明

舒　桐　谢振强　谭铁志　颜全毅

秘　　书　刘　芳

前　言

跨文化交流学发端于20世纪初期，以英国和美国的文化人类学家为先导，学术界开始注意到人类不同文化的差异并对跨文化交流活动产生了日益浓厚的研究兴趣。文化人类学家爱德华·霍尔（Edward Hall）于1959年出版《无声的语言》（*The Silent Language*），具体描绘了跨文化传播研究的若干原则，并首次使用了"intercultural communication"一词。此书的出版标志着跨文化传播学的诞生，此后跨文化交流研究快速发展。20世纪60年代，跨文化交流研究逐步从人类学中分离出来，开始成为传播学研究的一个重要组成部分，并最终于20世纪70年代逐渐发展成为传播研究领域的一门独立学科。很多有影响的研究协会成立、学术期刊创刊，大批跨文化交流的研究和教学著作陆续问世，许多大学也纷纷开设跨文化交流学课程和相关专业。20世纪80年代，跨文化交流学传入我国，迅速受到了外语、传播学等学科的关注。近年来，随着我国国际交往日益频繁，国际经贸急速发展和中国文化"走出去"的要求，对不同文化之间传播交流的研究显得越发重要。在个人层面，不同文化背景的人们之间的交流日益增多也使得人们提高自身跨文化交流的能力成为必要。

本书是为中国戏曲学院国际文化交流系开设的"跨文化交流学"课程所写的教材。早在 2001 年，中国戏曲学院成立了"国际文化交流"这一专业方向，并于次年开始招收本科学生，2003 年又开始招收"国际文化交流与管理"专业硕士研究生，并于 2012 年在专业教学和研究不断提升的基础上，进一步升级成立"国际文化交流系"。自国际文化交流专业方向招生以来，"跨文化交流学"课程一直是本专业的本科核心课程和教研教改的重点。在课程体系构建的过程中，我们深知跨文化能力对于面向未来、面向国际的中国文化交流高级人才的重要性。对于这门课程，我们一直采用团队教学模式，探索双语教学、案例教学、翻转课堂等多种教学手段，并非常重视教材和教辅材料的撰写。在现代高等教育体系中，一门课程教育质量的高低，主要有两个因素起决定作用：一个是师资，一个是教材选用。专业人才培养模式要求核心课程教材应体现培养目标和办学理念，为教学中不可或缺的一个重要环节。为适应这一需求，"跨文化交流学"教学团队一直致力于编写适合本科教学和艺术类院校特色的教材。2012 年《跨文化交流案例研究》出版，该书将我们在跨文化教学实践和艺术交流、学术研究过程中取得的一手材料以案例的形式予以体现，从而反映跨文化交流各个领域各个层面的现象、矛盾和冲突，并进行深入分析和理论总结，成为近几年来课堂教学的实用资料。当时，我就已经萌生了围绕课程需要撰写系列教材和教辅材料的想法。这几年，随着教学内容的不断积累和跨文化交流学的更新发展，自 2017 年起，我和我的课程团队教师一直在为这本教材的写作努力，现在终于推出《跨文化交流学》一书，介绍该学科的主要内容和理论，反映跨文化交流研究近年来的最新成果。

本书共设九章，分别从"跨文化交流的概念""文化的定义与功能""文化的深层次结构""文化价值观与文化价值取向""文化与认知""文化休克与文化适应理论""语言与文化""非语言沟通和文化""培养跨文化沟通的能力"等方面介绍学科基本内容。从这些支撑本学科发展的核心理论出发，能够更好地理解文化的多元性、掌握跨文化交流的原理和技巧、提高跨文化交流能力。考虑到学科特性和课程教学的双语要求，本书中的重要学术词汇和知识点都采用英语标注，以便于学生和读者理解学科词汇的英语学术表达。以此书为基础，"跨文化交流学"教学团队将继续撰写与之配套的英文版教材和阅读材料，更好地体现双语教学特色和教材特色。

本书面向本科学生，理论性与实用性相结合，内容丰富，体现了学科的时代性以及前沿性，因此不仅适于作为大学教材，而且可以作为各类外事工作人员以及国际企业管理者和出国人员的参考用书。本书并非作者一人之力完成，而是体现了国际文化交流系教师共同的教学努力和跨文化交流学课程团队的研究能力。在撰写过程中，团队成员，本系优秀的青年教师郝爽老师给予我极大的支持，做了很多工作，并正在撰写此书的英文版。在此表示深深的感谢！当然，囿于水平，本书必然会有很多问题和不足，诚挚地希望使用本书的各位老师和广大读者提出批评和指正。

本教材由中国戏曲学院资助出版，在此特别感谢学院、教务处和国际文化交流系领导和各位同人的大力支持，同时感谢文化艺术出版社的出版发行。

刘 珺

2021 年 4 月

目录

第一章 跨文化交流的概念 / 1

 第一节 跨文化交流的诞生背景 / 4

 第二节 跨文化交流学发展史 / 19

 第三节 跨文化交流学的内涵 / 24

 第四节 学习跨文化交流的必要性 / 27

第二章 文化的定义与功能 / 33

 第一节 文化的定义 / 34

 第二节 文化的特征 / 50

 第三节 文化的功能 / 60

第三章 文化的深层次结构 / 67

 第一节 文化的深层结构 / 68

 第二节 世界观 / 77

 第三节 宗　教 / 86

 第四节 家　庭 / 90

第四章　文化价值观与文化价值取向 / 99

　　第一节　文化价值 / 100

　　第二节　文化价值取向 / 108

　　第三节　克拉克洪与斯托贝克价值取向模式 / 111

　　第四节　霍尔价值取向模式 / 118

　　第五节　霍夫斯泰德价值取向模式 / 126

　　第六节　施瓦茨价值取向模式 / 136

　　第七节　文化价值取向模式的局限性 / 140

第五章　文化与认知 / 143

　　第一节　认知的本质与定义 / 146

　　第二节　影响认知的因素 / 154

　　第三节　文化与认知 / 158

　　第四节　刻板印象 / 167

　　第五节　偏　见 / 172

第六章　文化休克与文化适应理论 / 183

　　第一节　文化休克 / 185

　　第二节　文化休克的症状与发展 / 191

　　第三节　文化适应理论与模式 / 202

　　第四节　文化认同 / 215

第七章 语言与文化 / 223

  第一节 语言的功能与特征 / 227

  第二节 语言与文化之间的关系 / 236

  第三节 语言与文化价值取向 / 246

  第四节 语言表达与文化价值取向的变化 / 254

第八章 非语言沟通和文化 / 259

  第一节 非语言沟通的定义与本质 / 262

  第二节 非语言沟通的功能 / 269

  第三节 非语言沟通的种类——身体行为 / 274

  第四节 非语言行为的种类——空间与距离 / 282

第九章 培养跨文化沟通的能力 / 293

  第一节 跨文化交流能力的含义 / 296

  第二节 跨文化沟通能力的构成 / 302

  第三节 如何提高跨文化交流能力 / 315

  第四节 跨文化交流能力的训练 / 324

第一章　跨文化交流的概念

  无论对于一般人还是科学家，我都想说，我痛切地感到，我们必须认识和理解文化机制。我们需要更好地了解我们作为文化参与者的各个方面，而不是需要更多的导弹和氢弹。

——爱德华·霍尔[①]

---

① [美]爱德华·霍尔:《无声的语言》，何道宽译，北京大学出版社2010年版，第185页。

自古以来，就有人类先哲描绘着人民安居乐业，不和外界接触而能独善其身的理想国度。从陶渊明所描绘的"乃不知有汉，无论魏晋"的桃花源，到柏拉图（Plato）所幻想的由自由居民和智者统治的城邦国家；无论东方还是西方，人类总是试图创造一个独立且简朴的独立社会。[①]但事与愿违，现而今，无论你处于世界的任何一个角落，无论使用哪一种语言，无论吃什么样的食物，无论过的是何种生活，整个世界已然自成体系，将你我连接在一起。生活在这样的世界之中，沟通交流已经不是什么难事，甚至对于某些人来说，已经成为无法逃避之事。

　　人类社会由孤立到互相依存的发展，使得跨文化交流成为受到社会瞩目的核心，跨文化交流所指的是由不同文化背景的人与人之间的交流，包括个人与个人之间的交流，群体与群体之间的交流、组织与组织之间的交流及国与国之间的交流。"跨文化交流"（Intercultural Communication）这个概念自身就体现出了东西方社会在语言上的文化差异，对于汉语来说，"跨文化"这个概念相对清晰，且表达明确，但与之相对的英语单词选择就十分丰富了，如"intercultural""cross-cultural""trans-cultural"或"interracial""international"，都能表达所谓"跨文化"之意，唯有不同的是，以上单词需要明确界定所谓的"跨

---

① 参见陈国明《跨文化交际学》，华东师范大学出版社2009年版，第3页。

文化"是如何"跨"了怎样的"文化"。而对于"交流"一词来说,其翻译成英文的含义就十分明确,就是"communication",但是这个英文单词翻译成中文的时候,因为其含义丰富,在选择对应的中文时可以选择的范围就相应比较广泛,可以翻译为跨文化交流、跨文化交际、跨文化沟通、跨文化交往或者是跨文化传播。[1] 这其中每一个中文翻译都有着千差万别,甚至直接影响着讨论时的语境和学科的定位,因为在具体学科中,以上的翻译有的是典型的传播学用语,有的是社会心理学的学术语,有的属于社会交际学和公共关系学的学术语,有的则是社会学、人类学和民族学研究范畴。因此,我们可以说,"跨文化交流"在进行语言转换时,其自身的概念和界定方式本身就是一个体现语言与文化差异的生动例子。

就目前来说,人们在研究"跨文化交流"这个学术问题时,主要从文化研究、传播学、社会心理学、语言学和国际文化关系研究等入手探讨各种现实和学术问题,可以说这是一门集合多个学科知识的跨门类学科。跨文化交流实际上是一种发生在特定情境下,来自不同文化背景的人们相互交流的过程。[2] 跨文化交流的独特之处也在于,由于文化背景和交流者自身的经历不同等各种原因,交流双方会发现沟通进行得异常艰难,甚至根本无法开展。

---

[1] 参见潘一禾《超越文化差异:跨文化交流的案例与探讨》,浙江大学出版社2011年版,第1页。
[2] 参见[美]拉里·A. 萨默瓦、理查德·E. 波特《跨文化传播》(第四版),闵惠泉等译,中国人民大学出版社2010年版,第4页。

第一节　跨文化交流的诞生背景

可以说，全球化（globalization）的潮流是推动跨文化交流需求、发展和壮大的最为重要的原因。早在1910年，英国作家诺曼·安吉尔就在自己撰写的《大幻觉》一书中对于全球化做出了描述：由于全球化，国家之间在经济上已经相互依存，战争行为已经"无利可图"，即使是战胜国一方也得不偿失，因为通过战争掠夺的战利品和领土，也无法抵消在战争中失去的商贸信用和自身物资毁灭。在如今的世界中，人与人、团体与团体、国家与国家之间处于一种前所未有的相互依附的紧密关系，《纽约时报》的专栏作家托马斯·弗里德曼曾提出："在全球化的今天，任何两个拥有麦当劳的国家都不可能彼此开战。"全球化的趋势就好比浪潮一般，一波又一波地冲击人类社会，不断改变着传统社区意义的同时，也不断改变着我们对于家庭形态、语言共识、共同规范和安全意识等诸多人类社会固有特质的认知。在这股浪潮的推动之下，人类意识到了自身的生活处于不断变化之中，换句话说，现今的我们已经不可能用一种"以不变应万变"的态度，期望用一种传统的方式活出一段有意义的人生。

全球化的进程主要是由20世纪的科技变革所带来，不断发展的科技革新为我们带来的不仅仅是经济的全球化，更带来了更加广泛的移民潮、多元文化的发展以及邦国概念的模糊化。① 这些要素彼此关联,称为全球化的五大潮流。

阅读与讨论

阅读以下材料,对于"反全球化"浪潮谈一谈自己的想法。

  诺贝尔奖获得者约瑟夫·斯蒂格利茨在《新自由主义的终结与历史的新生》一书中指出,全球化是过去40年来被苦心营造的骗局,而"我们正在经历这一巨大骗局所带来的严重政治后果:怀疑精英,怀疑作为新自由主义之基础的经济'科学',怀疑促成这一切的被金钱腐蚀的政治制度"②。亚洲金融危机爆发后,哈佛大学教授丹尼·罗德里克出版了《全球化走得太远了吗》一书。在书中,他认为由跨国资本主导的全球化加剧了产业优势国家与后发国家之间的差距,对于工业体系不完善的国家来说,自由的全球化市场反而是一种威胁。

  英国学者大卫·古德哈特在研究脱欧问题时,提出了一个"Somewhere people"和"Anywhere people"的概念。称之为"Anywhere people"的人,往往生长于大都市,家境殷实、生活富足,受过大学教育,拥有国际化的视野,甚至国际化的资产配置。他们往往是全球化的创造者和受益者,可以去全国乃至全世界寻找新的机会。而被称为"Somewhere people"的人,则可能是苏格兰的农民或威斯康星州的汽车修理工,他们价值观的塑造依赖于出生长大的土地,人生的起落荣辱寄托于当地的经济发展。他们是全球化的被动接受者,有的人被动地成了受益者,有的人莫名其妙的就成了产业链转移的输家。而过去30年的"全球化",带来的问题除了贫富分化,也有Somewhere和Anywhere之间越来越深的隔阂、对立甚至冲突。③

---

① 陈国明:《跨文化交际学》,华东师范大学出版社2009年版,第4页。
② [美]约瑟夫·斯蒂格利茨:《新自由主义的终结与历史的新生》,歧路听桥译,报业辛迪加专栏,2019年11月4日。
③ 周雪玲、李健华:《全球化的百年进退:走得了的川普,回不去的世界》,远川研究所,2020年11月25日。

一、科学技术的发展（Development of the Technology）

  正是由于科技的革新与进步，将散落在地球各个角落的我们联系在了一起。如果我们回顾一下自20世纪以来的人类历史，就会发现我们的传播与交通科技（communication and transportation technology）发展速度日新月异。毫无疑问，人类在已经过去的20世纪中所发展的科技，已经超过了过去五千年来所积累的总和。美国"9·11"恐怖袭击事件，阿富汗与伊拉克战争，2008年中国汶川地震和同年在北京召开的夏季奥运会，全球性经济危机，2015年MERS病毒的传播，2020年新冠病毒的全球肆虐，这些事件就好像在人们家门口发生的一样，同步出现在报纸、收音机、电视和互联网媒体上。而互联网通信技术、磁悬浮列车和喷气式飞机的发明，也将地球两端的人迅速聚集在一起。

  自活字印刷术发明以来，传播媒体（communication media）就伴随着传播科技一路发展，自1844年电报出现开始，传播媒体进入了高速发展阶段。从电话、电视到互联网技术的逐渐普及，人类目前的社会结构和沟通方式已经发生了极其巨大的变化。在这些科技产物中，互联网媒体对于人类交流的革新无疑是巨大的，其不仅仅使得人际传播与大众传播在速度上更加迅速和准确，也使得个人与公共信息的传播能够更加迅速地跨越国界。

  交通科技为我们的沟通交流带来了更多的便利。随着交通科技的发展，越来越多更迅速、更快捷的交通工具投入使用，我们已经突破了时间的限制，打破了空间的桎梏。来自不同国家的不同居民可以真正做到"天涯咫尺"，可以毗邻而居，整个地球因为交通科技的发展而变得像一个村庄。而因此受益的不仅仅只有从事着全球商业贸易性工作的人们。随着世界人民交往便利性的提升，人与人之间、文化与文化之间也逐渐开始相互融合与依存，逐渐取代了原先各个地区与世隔绝的地域性文化，成为当今人类生存的常态。

  今天，我们能够自由便利地来往于世界上的任何一个国家，或是去海外旅游，或是去拜访亲戚好友，或是去学府进修更为高深的学识，或是去寻找更为广阔的市场前景，甚至是学习完全不同的语言、音乐或者文化。这些由科技带来的变化，也清楚地显示了一个全新纪元的来临。而正是在这一步步与更广泛的文化接触与了解的过程中，我们意识到可以通过研究和学习来获取不同文化的基本特征和交流的技巧。因此，对于跨文化交流学的需求，就此孕育而生。

阅读与讨论

阅读下文，体会一下诗句的含义，试着想一想现今发达的通信手段对于社会信息交流与社会发展起到了怎样的作用？

卜算子

（宋）李之仪

我住长江头，君住长江尾。
日日思君不见君，共饮长江水。
此水几时休，此恨何时已。
只愿君心似我心，定不负相思意。

二、经济的全球一体化（Globalization of Economy）

随着传播媒体的不断革新，交通科技的不断演变，全新的经济版图已经在世界范围内形成。就在已经过去的几十年内，全球各地市场变得更加容易接触，全球性的商业交易也变得更加相互依赖。这种全球商业一体化的演变将分布在全世界不同角落的人与商品统一结合在了一起，在这样的情形之下，如美国百胜餐饮集团（Yum Brands）和索尼（SONY）这样的大型跨国企业有一半的收入来自非本土国家和地区，这种经济全球化的现象促使整个商业结构发生了巨大的变化。原先以传统商业模式为基础的传统结构，即以国家经济和地区市场为导向的商业模式，已经渐渐转型为以全球化为导向的商业模式。

全球化不仅仅为大型企业和跨国企业带来了全新的商业思路和商业模式，同时也为各个国家的企业带来了全新的消费群、全新的企业组织结构、全新的商业构架体系与全新的工作机会，更迫使人们不得不学习一套新的思考与沟通的模式，以适应在全球化经济中因文化差异带来的在商业上的误解与冲突。简而言之，一个成功的跨国性企业，必须满足全世界范围内顾客的潜在需求，并且具有能将这样的潜在需求迅速转化为在文化上能够接受的产品或者服务的能力。

对于国家来说，随着全球经济的一体化进程，由国内市场支持整体市场繁荣已经变成一种不再可行的方案。原先诸多国家施行的自给自足型经济已经不能满足生产者和消费者的需求，很多发达国家已经将市场由国内扩展到全世界。而随着区域性企业规模的扩大，对外进行扩张，在海外寻找更为广阔的市场已经成为当务之急，而存在于海外市场的潜在顾客散布各地，难以集中，使得区域性企业在迈向跨国企业的道路上充满坎坷。如果企业的最终目标是跨国性企业，那么其势必要对人类社会，包括文化、科技、经济等每个方面都有所了解。现如今，在全球性经济一体化的背景下，对于一家新时代的公司来说，对新环境适应的弹性与处理多元文化的能力，已经成为一种不可或缺的技能。

而且，全球经济一体化也将世界上大部分国家的命运联系到了一起，从发生在1637年的"郁金香狂热"到2008年发生在美国的"次贷危机"，不难发现，全球性的经济危机在爆发时愈加激烈，波及的国家也越来越多，这充分说明了世界经济的相互关联性。同时，人们对于这样的相互关联性有了越来越多的认识，一些人的决策很可能会影响到千里之外。如果你志愿在一个生意遍布全球的公司担任职务，或者将自己的生意开拓到一个新的国家的时候，你会意识到这是司空见惯的事情，这使得对于跨文化交流的了解、认识成为当务之急。

阅读与讨论

结合材料，试着解释发生在2008年的美国次贷危机是如何蔓延至全球的？再想一想这场危机对于中国有什么样的影响？

2007年4月4日美国新世纪金融公司申请破产保护。

2007年8月6日美国第十大抵押贷款服务提供商美国住房抵押贷款投资公司申请破产保护。

2008年9月7日美国政府不得不宣布接管房利美公司和房地美公司。

2008年9月15日美国第四大投资银行雷曼兄弟控股公司申请破产保护。

2008年9月15日晚些时候，美国银行发表声明，它愿意收购美国第三大投资银行美林公司。

2008年9月16日美国国际集团（AIG）提供850亿美元短期紧急贷款。这意味着美国政府出面接管了AIG。

2008年9月21日，在华尔街的投资银行接二连三地倒下后，美联储宣布：把现在只剩下最后两家投资银行，即高盛集团和摩根士丹利两家投资银行，全部改为商业银行，这样可以靠吸收存款来渡过难关了。

2008年10月3日布什政府签署了总额高达7000亿美元的金融救市方案。美国金融危机的爆发，使美国包括通用汽车、福特汽车、克莱斯勒三大汽车公司等实体经济受到很大的冲击，实体产业危在旦夕。

2008年10月8日世界各大央行同时行动，对金融市场的动荡做出明确的回应，接连宣布降息。美联储宣布降息50个基点至1.5%，欧洲央行、英国央行、加拿大央行、瑞典央行和瑞士央行也纷纷降息50个基点。

2008年10月9日步美国的后尘，韩国、日本、印度尼西亚，以及中国香港地区、台湾地区等有关当局，纷纷采取措施放松了货币政策，向银行注资。

2008年10月10日冰岛因次贷危机基本冻结了外汇资产，并将三大银行国有化，但因债务问题与英国等国发生外交纠纷。

2008年11月15日在巴西举行的G20峰会的重点议题就是应对当年的次贷危机。

三、广泛的移民潮（Widespread Emigration）

我们已经能够了解到，世界人口一直处于增长之中，而交通工具的发达、经济的快速全球化所带来的是更为广泛的人口流动。由于国与国距离的拉近，国界的概念开始变得模糊，为了寻求新的知识、新的就业机会、寻找更加安全的居住环境或是为了体验截然不同的社会文化,越来越多的人选择远走他乡,这样的情境渐渐形成了全球的潮流。2018"美国社区调查报告"显示,外国出生的美国居民占比达到100多年来最高水平。调查显示,在美国,外国出生的人口数量达到创纪录的4470万,约占美国总人口的13.7%,创下自1910年以来新高。在这些人中,在外国出生而且没有取得美国公民身份的人数约为2200万。而在20世纪六七十年代,美国的外国出生人口占比仅为5%左右。而今天,美国最大的几个州——加利福尼亚州、得克萨斯州、佛罗里达州和纽约州的这一比率已超过15%。据美国人口普查局(Census Bureau)最新估计,在过去的十年里,美国的人口增长全部来自少数族裔。这一数据强调了美国人口日益增长的多样性,并表明随着白人人口老龄化和低出生率导致人口比例下降,这一趋势将继续下去。2019年,非西班牙裔白人占总人口的比例降至60.1%,比2010年人口普查时减少了约9000万人,至1.97亿出头。同一时期,美国新增了1010万西班牙裔人口。非西班牙裔白人的中位数年龄上升到43.7岁,比其他任何族裔的西班牙裔平均年龄大10年多,黑人和亚裔美国人居于两者之间。[1]

对于作为传统移民来源国的中国来说,其角色也因为移民潮而慢慢改变。从2009年到2018年,在华留学生的数量由23.82万增长到49.22万,增长了一倍。统计数据显示,2019年在上海工作的外国人数量为21.5万,占全国的23.7%,居全国首位,在中国工作的外籍人员总数达到了90多万。[2]

另外,全球社会的不稳定也推动了移民潮的波澜。东欧、中东和非洲地区的连年动荡,不安全的局势引起了人口的大量移动。与此同时,随着工商业的发展,来自不发达国家的外籍劳工数量也大量增加,也显示了来自不同国家或文化的人们穿越国界的频繁性。以上提到的移民潮使得当今世界成为一种多族群的组合。这样的趋势使得即使是生活在同一国家的人们也要面临着跨文化沟通的情形,而且,来自不同族裔的人们也要适应对方和学习对方的文化。随着全球人口的不断增长和增多,在三个领域中会不断存在着竞争、冲突和跨文化交流,这三个领域

---

[1] 《数据显示:过去十年美国人口增长全部来自少数族裔》,2020年7月5日,新浪财经(https://baijiahao.baidu.com/s?id=1671325524800290234&wfr=spider&for=pc)。

[2] 张轶君、蔡琳:《在中国的外国人,到底有多少?》,《澎湃新闻》2020年3月7日。

是：自然资源、环境和国际冲突。[1]

（一）自然资源

在做出诸多研究后，很多环境专家预测，在 21 世纪最为宝贵的资源将由石油变成水，且水资源也将成为 21 世纪后期国际冲突的主要导火索。人口的增多和移动也带来了全球粮食资源的减少，这同样也是有限资源导致文化冲突的最为明显的例子之一。根据美国历史学家林登的说法："随着世界人口以每年大约一亿的速度持续增长，资源限制也日益严酷，冲突和混乱的可能性也日益增大。"[2] 即使发达的世界经济已经能够让大部分国家拥有足够的金钱去购买粮食，但是世界上能够出产粮食的土地却寥寥无几。由此可见，由自然资源短缺所带来的冲突和混乱是显而易见的，跨文化交流学的目标之一也是解决这样的问题。有限的自然资源既可以是人们互相仇恨和争斗的原因，同样也可以成为促使国家与国家之间达成共识、走向合作的原因。

（二）环境

应该说，环境问题并不遵循历史、地理和文化的界限，环境问题影响着所有的文化。目前为止，被人类确认威胁到人类生存的环境问题主要有：臭氧层破坏、酸雨、淡水资源危机、能源短缺、森林资源锐减、土地荒漠化、物种加速灭绝、垃圾成灾、有毒化学品污染等。尽管联合国曾多次举行会议讨论全球环境问题，但参会的各个国家仍旧未能就这些问题达成一致。对于我们来说，全球环境的健康与否至关重要，对于环境问题的认识也成为一个娴熟的跨文化交流者的重要考察因素。

（三）国际冲突

低效率的交流势必会导致分歧与冲突的增长，最终结果是国家或民族之间

---

[1] 参见 [美] 拉里·A. 萨默瓦、理查德·E. 波特《跨文化传播》（第四版），闵惠泉等译，中国人民大学出版社 2010 年版，第 6 页。

[2] Eugene Linden, "The Exploding Cities of the Developing World", *Foreign Affairs*, Vol. 75, No. 1, Jan./Feb. 1996, p.64.

交流的失败，从而动用军事武力，而这也是各个国家之间要加强有效的跨文化交流的原因，地球人口的增长使得全球范围内的国家之间很难再置身于全球的紧张局势和冲突之外。目前的世界是布满分歧与冲突的，从以色列和巴勒斯坦之间旷日持久的紧张局势，到非洲因饥荒而引起的战乱，再到美国对阿富汗和伊拉克的反恐战争，加上不断增加的恐怖主义活动，以及第三世界各国内由宗教、部落冲突引发的局部战争，这些问题随时都会成为引发全球性冲突的导火索，因此跨文化交流在其中就显得十分必要。

当操着不同语言、拥有不同信仰、来自不同地区的人们尝试着互相接触对方时，总是容易产生冲突。如同美国政治评论家和历史学家小阿瑟·施莱辛格所指出的："一个部落敌视另一个部落是人类最为本能的反应之一。"[1] 因此，人们必须明白，利用跨文化交流的方式来解决冲突与分歧远胜于诉求武力。但事与愿违，民族主义、宗教狂热和其他诸多世界性的问题常常成为有效交流的障碍，而当交流失效时，武力往往就成为了解决的办法。

阅读与讨论

阅读以下文章，并发表你对于在中国生活的外国人的看法。

2020年是不寻常的一年。新冠肺炎疫情在全球蔓延，中国率先控制疫情、实现复工复产和恢复经济增长。许多在华工作生活的外国人目睹了中国人民艰苦卓绝的抗疫斗争，加深了对中国的认识和理解。

---

[1] Arthur Meier Schlesinger, *The Disuniting of American: Reflections on a Multicultural Society*, New York: W.W.Newton, 1998, p.10.

持续感受中国的发展活力

[巴基斯坦] 穆罕默德·阿斯加尔

2017年我来到北京，担任巴基斯坦联合通讯社驻华记者。工作中，我不仅持续感受中国的发展活力，也见证着巴中两国之间的特殊友好情谊。

今年是令人铭记的一年。我目睹了中国人民艰苦卓绝的抗疫历程，并第一时间通过报道呈现给巴基斯坦民众。中国政府凭借强大的行动力，成功控制住了疫情，构筑起严密的防控体系，给生活在中国的居民带来极大的安全感。

当前，疫情仍在全球蔓延，中国将防控工作重点放在外防输入、内防反弹上，对于局部出现的病例能够有效应对。10月，山东青岛发现新增病例后，卫生部门动员1万多名医务人员及时行动，开展全员核酸检测，5天时间排查1000多万人。在新疆喀什，当地卫生部门通过多轮核酸检测等措施尽最大努力控制疫情传播。

在这样的安全保障下，中国经济社会发展逐步转入正轨。不久前，中国共产党十九届五中全会对中国"十四五"时期发展作出全面部署。我对于其中实现高质量发展和提升创新能力的目标尤其看好。今年6月，我随外国记者团走访了四川西昌，见证了北斗三号全球卫星导航系统最后一颗组网卫星的发射。这是中国自主建设的全球卫星导航系统，包括巴基斯坦在内的世界一半以上的国家都在使用。

今年9月，我来到深圳、珠海参观采访。珠海是格力电器总部所在地，其家电品牌在巴基斯坦有很高的知名度。企业负责人告诉我，格力不仅向巴基斯坦出口产品，还分享生产技术和经验，企业的两个海外生产基地之一就建在巴基斯坦。在深圳前海片区，我参观了中国首个由传统码头升级改造而成的自动化港口——妈湾智慧港。借助5G技术，这里的工人无需爬到离地面几十米高的驾驶室，而是在控制室的电脑前就能通过高清视频传输进行远程操控。据了解，智能升级使得该港口综合作业效率提升30%，现场作业人员减少80%，安全隐患减少50%。

……

当前，巴中两国积极克服疫情影响推进中巴经济走廊建设，一些重大项目取得重要进展：拉合尔轨道交通橙线项目正式开通运营，巴基斯坦由此步入"地铁时代"；巴基斯坦首个直流输电项目——默蒂亚里至拉合尔±660千伏直流输电工程全线贯通……这些共建"一带一路"项目不仅满足了巴基斯坦人民对于能源、交通等基础设施的急切需求，而且有利于推动区域经济一体化，为沿线地区经济恢复增长提供了动力。

（作者为巴基斯坦联合通讯社驻华记者，本报记者尚凯元采访整理）

看好旅游业发展前景

[俄罗斯]雷金·谢尔盖

我是浙江海洋大学留学生。今年，受新冠肺炎疫情影响，我的人生发展规划也发生了不小的转变。

疫情发生后，我选择留在位于舟山市的校园。在校隔离期间，学校每天事无巨细的保障措施和关怀让我感动至今。我被中国人民的无私奉献精神所打动，也亲身感受到了"中国速度、中国效率、中国力量"。在这种精神鼓舞下，我和朋友们录制了一段视频并发布在网上，希望给抗疫一线的医务人员和志愿者送去欢乐，为支持抗疫贡献绵薄之力。

现在，生活已恢复了以往的忙碌和充实。这个学期，大家都有了很强的防疫意识，坚持戴着口罩。学校还在严格落实像体温检测等日常防疫措施，线下的教学活动基本恢复。校园里的桂花开了，到处弥漫着香味，图书馆、教室里，学生学习一如往常。我们可以自由地出入校园、乘坐公交、逛街购物。我想，如果不是强有力的防疫措施，不会有现在这样的景象。

今年夏天，我原本打算硕士毕业后回到俄罗斯，利用专业知识和外语优势找一份与俄中贸易相关的工作。现在，我决定继续留在中国深造，再读一个硕士。我选择了一个全新的方向——旅游管理。尽管疫情防控期间，各国实行的旅行限制措施对全球旅游业造成沉重打击，但我对职业发展前景并不担忧。在中国学习生活的几年里，我领略了不少中国的大好河山，也在这一过程中观察到了中国旅游消费的快速增长。今年"十一"黄金周期间，大批游客来到舟山，大街小巷热闹非凡。数据显示，"十一"黄金周期间，中国出游人次超过6亿，显示了中国旅游市场的强劲复苏。未来，随着全球范围内疫情的结束和中国人民生活水平的不断提高，与中国相关的旅游市场还会有更大发展机遇。

不久前，学校组织我们在校留学生到普陀蚂蚁岛，参观三八海塘、创业纪念室等，向当地居民学习晒鱼干、织渔网、搓草绳，感受舟山民众自力更生、艰苦创业的精神。这种团结一心、勤劳勇敢、敢啃硬骨头的精神，在中国人民团结抗疫和国家建设的过程中都得到了体现。

面对疫情，全世界都应该团结起来。疫情结束后，各国人民都将迎来新的生活。作为留学生，我将力争做文明交流的使者，向世界讲述一个又一个精彩的中国故事。

（作者为浙江海洋大学留学生，本报记者窦瀚洋采访整理）

见证中国人民强大的行动力
[瑞典] 科而詹·乌尔格

从2007年起，我几乎每年都会来中国出差。去年，我加入宜家采购及物流东亚区管理团队，从瑞典搬到中国上海工作生活，开始更深入、全面地了解这个国家。

在与中国同事和商务伙伴交往的过程中，我时常感受到中国人民勤奋敬业、信守承诺、努力奋斗的品质。在抗击新冠肺炎疫情的行动中，这些品质激发出了强大的力量。每个人都凝聚在一起，遵守严格的检测和隔离等措施，这不仅是为自身安全考虑，也是为他人着想。中国各地都建立起严密的防控体系，企业一丝不苟地执行各项防疫规定。在这些共同努力下，中国经济社会秩序有序恢复，我现在可以自由地在青岛、深圳等区域办公室出差、考察供应商。

如今，中国经济稳定转好，前三季度增速由负转正，出口不断增长，在全球产业链供应链中发挥越来越重要的作用。以当前需求量极大的医疗防护用品为例，短短几个月，中国在这一领域的生产能力迅速提高，不仅为国内民众提供了充足的防护装备，也在很大程度上满足了世界其他地区的进口需求。要实现这一点，企业需要获得足够的原材料和零部件，还需要迅速投资相关机器设备建立起高效的生产线，这显示出中国产业链的完整以及自动化水平之高。由于中国的产业链供应链不断完善，中国已成为宜家的第二大供应市场。

我很庆幸能够在上海这样一座国际大都市工作生活。这里人口超过2400万，秩序井然，生活便利，让人很有安全感。去年，上海开始强制垃圾分类，当地居民很快就建立起精细的生活垃圾全程分类体系，让我见证了中国人民强大的行动力。对普通人来说，理解细致的垃圾分类规则并不容易。为此，政府部门通过各种渠道进行宣传教育，在互联网上"垃圾分类"也成为热门话题，给我留下深刻印象。环境问题是全世界面临的巨大挑战，但我相信，拥有这样的执行力，中国有能力在2060年前实现碳中和目标。

……

（作者为宜家采购及物流东亚区副总经理，本报记者尚凯元采访整理）[1]

四、多元文化的发展（Development of Multiculturalism）

由于全球性移民潮的不断发展，多元文化主义（multiculturalism）重塑了当今社会的结构。多元文化是指在人类社会越来越复杂化、信息流通越来越发达的

---

[1] 《这一年，在中国，我们挺好》，《人民日报》2020年12月2日，第17版。

情况下，文化的更新转型也日益加快，各种文化的发展均面临着不同的机遇和挑战，新的文化也将层出不穷。我们在现代复杂的社会结构下，必然需求各种不同的文化服务于社会的发展，这些文化服务于社会的发展，造就了文化的多元化，也就是复杂社会背景下的多元文化。

以现代的美国社会为例，现今的美国可以说是一个由多元民族和族裔构成的国家，根据2019年美国人口普查数据，美国人口总比率中，虽然白人依然是美国最大的种族群体，但到2055年，也就是未来几十年内，西班牙裔和亚洲人口的增长将增加近三倍，估计细分为48%白人，24%西班牙人，14%亚洲人和13%黑人。由于不同民族、族裔、性别和文化传统的美国人在美国的经历截然不同，因此美国的文化传统也不能以某一民族或群体的历史经验为准绳。由美国社会的多元化进程可以看出，群体认同和群体权利是多元化主义的重要内容，也是全球化为每一个社会带来的必须面临的事实。

对于多元文化的问题，有以下几点结论得到了普遍的认同：

1. 从全球范围的移民历史看，自民族形成之初始，一直存在多元和元与元的差异。最初阶段，国家文化内的主流文化是占绝对优势的存在，其他处于非优势地位的各元文化与主流文化的关系主要以和平共处为主，随着时代的变化，元与元的差异性突现，族裔要求权利的呼声逐渐高涨，并最后以多元文化主义的形式体现。

2. 多元文化主义是特定时代的产物，与特定时代下社会的巨大变化相关，包括家庭、婚姻、宗教、教育和种族关系等领域的新变化，甚至与国际大背景紧密相关。多元文化主义是对这些变化的理论回应，也代表了当前国际学术界的文化研究倾向。

3. 每个国家内部都存在一个核心文化，但此文化的内涵也不断地发生变化而充实。这种文化的发展过程是一种动态的平衡，这也是多元与一元的关系。新移民的到来往往对原先存在的社会产生冲击，导致社会发生一系列变化，原有的平衡被打破，经过长期的冲突和融合，新的一轮动态平衡又形成，如此循环往复。

4. 多元文化主义的提出无疑具有积极的、进步的意义。多元文化主义的争论也显示社会本身的进步，体现了各种族融合的成功。也就是说，由于多元文化的冲击，人类基于主流文化而诞生的生活基本规范，不再像以前一样是单独而生的特例。多元文化的复杂结构，使得人们不得不重新学习如何面对因文化的不同所带来的沟通障碍与可能发生的文化冲突。

五、邦国概念的模糊化（Deemphasis of Nation-State）

由于多元文化在全球范围内的普及，国家认同（national identity）的问题开始显现。第一，由于不再也无法在政治或者经济问题上不与世界其他国家进行交往，越来越多的国家开始选择结成区域性同盟，而这样的同盟越来越多，甚至产生交叉与融合，如亚太经济合作会议（Asia-Pacific Economic Cooperation，APEC）、欧洲经济合作组织（Organization for European Economic Cooperation，OEEC）、北美自由贸易协定（North American Free Trade Agreement，NAFTA）、石油输出国家组织（Organization of Petroleum Exporting Countries，OPEC）等跨国甚至跨区域组织，将国家的概念淡化。

以上这五种趋势形成了整个全球化的浪潮，已经覆盖了人类所能达到的各个领域，这种潮流是无法抵御，也是无法抵抗的。随着全球化的进程，整个世界的相互依存性与联系性已经大大增加，而同源文化也已经渐渐变得同质化。在这样的趋势下，如果要开展与世界潮流并进的思维方式，那么，培养自身对于文化、种族、宗教、国家与性别的多面向的理解与认同就变得势在必行。唯有如此，我们才有办法使得自己拥有更丰富的经历，具有更具价值的人生意义，而这样的能力势必要经过跨文化交流的学习。

第二节　跨文化交流学发展史

对于整个传播学史来说，跨文化交流学是一门相当年轻的学科，从其创立至今，也不过几十年的实践。根据陈国明教授的归纳，跨文化交流学被划分为四个发展阶段，即创始期（1959年之前）、基础期（1960—1969）、巩固期（1970—1979）以及发展期（1980年至今）。

一、创始期（1959年之前）

"Intercultural Communication"这一名称首先出现在美国人类文化学家爱德华·霍尔（Edward T.Hall）于1959年发表的著作《无声的语言》中。这一词组的出现，标志着跨文化交流学作为一个研究领域正式诞生。同时，《无声的语言》也标志着跨文化交流学开始了比较有系统性的发展。

一般传播学者普遍认为霍尔是跨文化交流学的创始人，不仅是因为其丰富的关于人类文化的著作，同样也因为其创造了大量属于跨文化交流的专业词汇。早在1950年，霍尔就提到"跨文化紧张"（Intercultural Tensions）和"跨文化问题"（Intercultural Problems）等专业用词，把人类引入了跨文化交流的研究。

霍尔对于跨文化交流学的奠基和发展有以下几大贡献：

1. 霍尔把针对人类单一文化层次的研究，拓展为针对多个文化的比较研究（comparative culture study），尤其着重于研究来自不同文化的人们之间的互动关系。而这种研究方法至今仍是跨文化交流学的主要研究方向之一。

2. 针对模糊的文化概念，霍尔从宏观角度的研究转向了微观角度的研究。

3. 霍尔将文化的概念延伸到传播的研究，使得对于传播的研究渐渐独立起来，这种转变在美国的传播理论加入后更加明显。

4. 霍尔认为，传播是具有规律性的，内含可学习和可分析的变量，这种看法直接带来了传播理论化的可能性。

5. 霍尔认为跨文化交流的必要条件并非全盘了解对方的文化，而是用来了解对方文化的项目，比如：语声（voice）、手势（gesture）、时间（time）和空间（dimension）的使用。这些项目已经成为跨文化交流研究的主要课题。

6. 除了《无声的语言》之外，霍尔还出版了《隐藏的空间》（*The Hidden Dimension*）、《超越文化》（*Beyond Culture*）、《生命之舞：时间的另一个向度》（*The Dance of Life: The other Dimension of Life*）与《了解文化差异》（*Understanding Culture Difference*）等书和一系列论文。这些书籍和论文经由其他传播学者的继承和发扬，使得跨文化交流学成为一个近于成熟的领域。

爱德华·霍尔创立跨文化交流学的初衷是基于"二战"后美国在全世界范围内的"差评"。在"二战"之后，美国开始实施"马歇尔计划"，大量的美国科学技术人员、工程师和各类专家被派遣至欧洲各地，参与援助项目和重建工作。他们中的绝大多数人都因为缺乏对当地社会文化的了解而出现不适应的情况，这使得援助工作进程缓慢。与此同时，在赢得"二战"的胜利后，美国安定繁荣的社会环境吸引了大量的移民与留学生，随着美国多元化社会的形成，社会中的文化习惯和价值观念也产生频繁的冲撞。

此时，正在美国国务院下属的外交服务中心（Foreign Service Institute）工作的爱德华·霍尔就在自己的培训和教学工作中提出了跨文化交流的基本概念，并着手对美国外交人员提供跨文化交流训练。至今，霍尔在外交服务中心所建立的训练方式，部分仍受到使用。例如，他倡导以受训者在海外的实际经验作为教材，提出受训者和外籍人士做实际的交流和教导在先，但是学生到了地主国之后必须继续学习的主张。

在《无声的语言》中，霍尔这样写道："美国的对外援助并没有赢得爱戴，也没有换得尊敬，反而招来许多厌恶，或者勉强容忍。尽管美国人生性慷慨、满怀善意，但外国的敌意大都由于美国人自己的言谈举止而引起……美国人常被批评的方式主要是：傲慢、不成熟和幼稚。"

二、基础期（1960—1969）

毫无疑问，霍尔对于跨文化交流学的影响是相当深远的，自《无声的语言》出版后，越来越多的传播学者开始着手于跨文化交流方面的研究，在这个时期，美国匹兹堡大学也开设了世界上第一个跨文化交流学课程。

在此期间，有两本专著《文化与传播》（*Culture and Communication*）和《传播与文化》（*Communication and Culture*）为跨文化交流学的进一步发展奠定了基础。在《文化与传播》一书中，作者首次运用到了跨文化比较的方式，对于东西方不同文化的传播与交流方式做出了比较。而论文合辑《传播与文化》涉及了13个传播学领域，对跨文化交流学做了深入的探讨。

三、巩固期（1970—1979）

随着国际间交往的进一步加深，在70年代对于跨文化交流的研究愈演愈烈，而此时跨文化交流学最主要的期刊《跨文化交流国际周刊》（*The International Journal of Intercultural Relations*）在1977年发行，此期刊对于国际文化交流研究与实际运用的发展做出了相当杰出的贡献。

这一时期尤其需要关注的是一本由约翰·康登（John Condon）和法蒂·尤瑟夫（Fathi Youself）编写的《跨文化交流学介绍》，这本跨文化交流学的教科书被广为采用，这本书以语言学的背景融合了人类学和传播学的研究。而书中对于文化价值取向和沟通行为的阐述，对于跨文化交流学中的两个重要理论，即霍尔的高语境与低语境文化（High and Low Context）和霍夫斯泰德的文化行为模式，有着深远的影响。另外，书中关于语言和非语言传播以及文化内涵的研究也是目前跨文化交流的两个至关重要的领域。与此同时，作者探讨的语言、思想形态和文化的互动性，连接60年代文化比较研究的传统，也吸引着更多的学者投入跨文化交流学的领域。

四、发展期（1989年至今）

80年代之后，跨文化交流学已经发展出相当清晰的研究走向，而且具有清晰的研究轮廓，同时发展出对于理论建立和研究方法的诉求，显示出跨文化交流学寻求自我认同的努力。经过近30年的发展，此时的跨文化交流学已经是一门成熟的学科，对于理论的研究主要体现出以下两点。

1. 对于跨文化交流的研究沿用了传统传播学的研究理论，如建构主义（constructivism）、沟通适应理论（communication accommodation theory）、网络理论（network theory）等。

2. 以上这些理论大多建立在人际间沟通（interpersonal communication）的形态上。这两项特色也代表了跨文化交流在80年代后研究的主流。

经过数十年的实践，跨文化交流学也已经形成自身的研究方法。

1. 实证法：从经验入手，采用程序化、操作化和定量分析的手段（问卷、数据、变量、相关性、因果关系、描述和预测等），实现对社会现象的精细化、准确化研究。

2. 解释法：参与观察与田野调查。又称为主位研究、客位研究和主客位结合式研究。主位研究指的是观察者不以自己的观点介入，尽可能以当地人视角看待文化问题，听取当地人的观点和认识，进而对得到的资料进行整理和分析。这种方式的问题在于，观察者可能会忽略一些司空见惯的问题。客位研究指的是观察者作为外来者，以客观的标准，用比较和历史的视角来解释文化中人们的行为和由此导致的结果。主客位结合式研究则是根据需要采用以上两种方法的研究优势。

3. 批判法：与解释法一样，强调人类的行为的主观意义，强调交流发生的背景的重要性。这样的方法更注重被研究对象的宏观背景，要求研究者不仅仅要理解文化，更要对自己研究的文化问题产生影响。批判法可以修正许多实证法的问题：比如，西方娱乐电影中的华人形象为什么普遍不受欢迎？犯罪人群都是什么样的背景？

值得一提的是，跨文化交流学在20世纪90年代也进入中国学者的视界内。北京大学的关世杰教授在1995年出版了《跨文化交流学：提高涉外交流能力的学问》，其后于2004年出版了《国际传播学》，把跨文化交流学延伸到国际传播领域。

阅读与讨论

意大利奢侈品牌杜嘉班纳（Dolce & Gabbana，缩写D&G）原定于2018年11月21日在上海举办品牌大秀，并为本次大秀用上了"杜嘉班纳爱中国"（D&G Loves China）的标签。然而，其广告宣传片却被指涉及辱华内容，其设计师随后在社交网站上发布了辱华言论，由此引发广泛争议。

杜嘉班纳于11月17日在Instagram和微博上先后发布主题为"起筷吃饭"的宣传片。有网友指出片中具有辱华成分。迫于舆论的压力，杜嘉班纳官方微博在24小时内撤下了该广告，但是在国外社交媒体上，杜嘉班纳的官方账号并未将该广告撤下。斯蒂芬诺·嘉班纳在和网友对话过程中，称不会下架视频，随后破口大骂，发表辱华言论，并称不怕被网友曝光。2018年11月21日，国内多名受邀参加杜嘉班纳品牌大秀的明星发声抵制，多名走秀模特纷纷表示罢演。随后，杜嘉班纳官方发布消息称，原定于2018年11月21日晚8时在上海世博中心举行的杜嘉班纳品牌大秀因故改期。

不尊重中国的筷子文化是该广告引起中国网民不满的主要原因。不过，在关于此事件热门微博的讨论区中，网民对杜嘉班纳这支广告是否具有辱华性质的讨论还存在一定的分歧。广告片本身反映出了杜嘉班纳对中国文化缺少尊重，疏于了解且充满偏见，但我们却不必将其上升到辱华高度。至于其设计师的回应，则一致被网民评论为具有辱华性质，严重伤害了中国人民的感情。[①]

---

① 单波主编：《跨文化传播研究（第一辑）》，中国传媒大学出版社2020年版，第122—134页。

第三节　跨文化交流学的内涵

作为传播学的一个领域，跨文化交流学和传播研究具有相同基础领域，即交流与沟通（communication），但是将传播与文化（culture）相结合后，才成为跨文化交流学的学科正身。

在1974年，为了学习和研究的方便，里奇（Andrea Rich）首先将跨文化交流学分为五个领域：

1. 跨文化交流学（Intercultural Communication）

在这个领域内，主要探讨不同文化背景下人与人之间的互动关系，在研究时，主要突出文化背景的不同。

2. 国际交流学（International Communication）

在这个领域内，主要探讨来自不同国家的人之间的互动关系，在研究时，主要强调国家与国家的界限和背景。

3. 种族间交流学（Interracial Communication）

在这个领域内，探讨一个国家内部的多数（major）民族和少数（minority）民族之间的互动关系。在研究时，强调的是国家内部的民族活动背景。

4. 少数民族间交流学（Interethnic Communication）

在这个领域内，主要探讨的是国家内部的少数民族之间的互动关系。在研究时，强调的是国家内部的少数民族活动背景。

5. 逆向交流学（Contracultural Communication）

在这个领域内，主要探讨的是跨文化交流转入种族间的过程，如从哥伦布发现新大陆到目前白人与印第安人之间的关系。

从里奇的角度来看，跨文化交流研究的对象以人际间的互动为主，并且以沟通与交流为主。但陈国明教授认为，虽然这样的定义为跨文化交流的学习带来了很大方便，但对于有些定义的理解较为狭隘，而且与目前既存定义有所不同。[1]

1978年，古迪·昆斯特（Gudy Kunst）尝试把跨文化交流研究的领域做出一个更为明确的归类。他以互动的 — 比较的和人际间的 — 媒介的四个观念为两根主轴，把社会文化和传播的研究划分为四个领域：

1. 跨文化交流（Intercultural Communication）

泛指来自不同民族、国家和语言的人们超越政治边界进行交流，也指来自同一民族、社会、性别和文化的人们之间的交流。[2]

2. 跨文化传播（Cross-cultural Communication）

指的是处于不同文化背景的社会成员之间的人际交往与信息传播活动，也涉及各种文化要素在全球社会中迁移、扩散、变动的过程，及其对不同群体、文化、国家乃至人类共同体的影响。主要关联到两个层次的传播：第一，日常生活层面的跨文化传播，主要指来自不同文化背景的社会成员在日常交往互动中的融合、矛盾、冲突与解决方式，等等；第二，人类文化交往层面的跨文化传播，主要指基于文化系统的差异，不同文化之间进行交往与互动的过程与影响，以及由跨越文化的传播过程所决定的文化融合、发展与变迁。与之相应，跨文化传播学的研究目标就涉及：描述特定文化之间传播的性质，揭示文化的异同；基于对文化异同的理解，研究消除人们由于文化屏障造成的传播差异的途径；更好地理解自己的文化，理解文化的创造和分野的进程。[3]

3. 国际间传播（International Communication）

国际传播是在民族、国家或其他国际行为主体之间进行的、由政治所规定

---

[1] Andrea L. Rich, *Interracial Communication*, New York: Harper & Row, 1974, p.76.

[2] Claire Kramsch, H. G. Widdowson, *Language and Culture*, Oxford: Oxford University Press, 1998, p.128.

[3] William B. Gudykunst, *Cross-cultural Intercultural Communication*, California: California State University Press, 2003, p.7.

的、跨文化的信息交流与沟通。国际传播与国家利益相关联，带有明显的政治倾向性和意识形态色彩。可以将国际传播分为广义和狭义两种。

广义的国际传播包括所有国家与国家之间的外交往来行为，例如首脑互访、双边会谈、地区间峰会以及其他相关事务。广义的国际传播活动是随着国家的出现而出现的。狭义的国际传播是随着大众传媒的出现和发展以及信息全球化的逐步展开而兴起的，在大众传播基础上所进行的国与国之间的传播。例如开设国际广播电台，向其他国家发送广播节目等。①

4. 比较大众传播（Comparative Mass Communication）

除新闻比较之外，比较大众传播还聚焦于大众传播媒介如新闻、电视和互联网等一切传播媒介之间内容的比较。借助文化与传媒的框架，比较大众传播可以从文化话语角度对于跨文化研究进行深入探讨。②

有学者认为按照中国人的思维习惯来说，是由时空上的"从大到小"到交流程度上的"由外到内"，所以对于中国人来说比较能够理解的跨文化交流学的五个层次应该按照以下标准划分：

（1）超国家形式的交流（如国际组织、地区联盟、国家集团、非政府组织等）；

（2）国家之间的交流；

（3）国内（次国家各层次）的交流；

（4）团体之间的交流；

（5）个人之间的交流。③

总而言之，目前跨文化交流学的研究仍着眼于人与人之间的沟通行为和不同文化间的互动，这门学科采用传播学的研究方法，并且注重实用。跨文化交流学在学科发展中体现的最大特色即为理论与实际并重，由此见得，这也是一门由实际沟通需求而产生的学科与研究领域。

---

① Robert S. Fortner, *International Communication: History, Conflict, and Control of The Global Metropolis*, San Francisco: Wadsworth Press, 1993, p.6.
② Boguslawa Dobek-Ostrowska, Michał Głowacki, Karol Jakubowicz, Miklós Sükösd, *Comparative Media Systems: European and Global Perspectives*, Budapest: CEU Press, 2010, p.3.
③ 潘一禾：《超越文化差异：跨文化交流的案例与探讨》，浙江大学出版社2011年版，第5页。

第四节　学习跨文化交流的必要性

一、当代大学生的必修课

在当今，全世界总是处于一种变化的状态中。面对这样不断变化的社会，我们需要一种力量驱使我们面对社会前进的步伐。[①] 跨文化交流学就恰恰解决了这样的问题，它促使我们跟上世界前进的步伐。我们生活在这个不断变化的世界中，总是由于这样或者那样的原因去直接接触或者间接接触一些来自不同文化的人，但文化之间的差异让我们不能进行良好的沟通。如果你仔细观察一下你所生活的社会，会发现我们已经并且将来会继续和外来族群，甚至一些看起来相当奇异的人群一起置身于各种各样的场合。

随着跨文化交流的进一步发展，其已经成为21世纪最为重要的人文学科之一，许多欧美国家大学将其作为学生的通选课程，同时还强调学生在大学期间的学习中应有或必须有"境外求学"的国外大学学分，其目的就在于增加学生的跨国学习经历，加强学生对于跨文化交流的理解，强化他们的文化素养。

---

① 参见[美]拉里·A. 萨默瓦、理查德·E. 波特《跨文化传播》（第四版），闵惠泉等译，中国人民大学出版社2010年版，第10页。

对于中国人来说，随着中国在世界各个领域内地位的逐渐增强，我们已经与世界建立起了相当紧密的联系。对于成长在新世纪的中国大学生来说，除了学习必要的知识外，还要具有更宽阔的视野，更熟练的交流能力，只有这样，在今后进入社会时才能取得属于自己的一席之地。因为当代大学生通过学习跨文化交流，不仅能更好地进行个人间的社会交流，还能促使其更好地进行不同团体间的交流。

在大学课程结束后，不少大学生即将进入国家外交部门、外资企业，或者在生活工作中也会代表个人或国家与来自别国的个人或团体展开跨国交流与对话。需要注意的是，代表国家与代表企业、学术团体与个人，在对话的个性上差异巨大，我们经常能看见一些个体在代表国家时过于"个体"，如个别中国代表团成员对外讲话时不懂礼貌、不懂规则，也经常能够看见某些名人动不动就代表"中国人民"对外讲话，而他们所说的话往往是我们并不认可的空话、假话和套话。一个具有良好素质的人应该知道，要在合适的场合，用合适的身份，对合适的对象说合适的话，而通过跨文化交流的学习就可以掌握这样的对话技巧，使得来自不同文化之间的沟通更加顺畅。

二、同文化内部也有跨文化交流

对于中国的大学生来说，即使是同一个国家的人，其面临的内部交流也可以被认为是跨文化交流。我们说，同文化内部交流指的是拥有相似文化背景的人之间的交流，而跨文化交流是指拥有不同文化背景。中国作为一个地域辽阔且多民族的国家，存在于内部的文化差异一点也不亚于国家间的文化差异，所以并不是都同为中国人就不存在文化差异、不存在跨文化交流。所以，作为现今的大学生，需要拥有最起码的跨文化交流意识和敏感性，才可能从自身的人际交往经历中获取大量的跨文化交流的基本经验、知识和能力。

三、跨文化胜任力的培养

为什么有的人能够在跨文化的情境中如鱼得水，更好地发展自我，而有的人却难以适应、问题连连？组织又该如何筛选出更能胜任国际性任务的员工？个体该如何判断自己是否适合出国留学、工作，如何帮助自己更好地适应不同的文化？为了探讨这个问题，研究者们引入了这个在理论和实践中都受到广泛关注的"跨文化胜任力"（Intercultural Competence）概念。

对于跨文化胜任力的定义，不同研究者和业界人士统一的一个观点是，它代表一种个体能够在不同文化环境中发挥积极作用的能力。具体说来，包括以合适的方式进行思考和行为、具有跨文化工作的基本知识技能和个人特质等。在这一共识的基础上，研究者们发展出了与个体跨文化胜任力相关的300多种构念，这300多种构念可被归为三大领域：一是跨文化的特质，二是跨文化的态度和世界观，三是跨文化的能力，以及跨文化胜任力中影响较大的一种综合性模型——文化智商。

（一）跨文化特质（Intercultural Traits）

跨文化特质和心理学上个人特质的概念类似，个人特质指的是决定个体在不同情境下稳定行为表现的个人特征，而跨文化特质指的就是决定个体在不同文化情境中典型行为表现的个人特征。跨文化特质的例子包括思想开放性、对差异的包容性、对模糊性的容忍度、认知复杂性、灵活性、求知欲、对冒险的需求、耐心，以及情绪调节能力等。

（二）跨文化态度和世界观（Intercultural Attitudes and Worldviews）

与跨文化特质不同，跨文化态度和世界观主要关注了个体是如何感知其他文化以及来自其他文化的信息的。个体对于跨文化交流可能持有积极或消极的态度，而有较高跨文化胜任力的人一般对于跨文化的交流都持有积极的态度。而个体持有的对于不同文化的世界观也有多种，或者是以本民族为中心的，或者是强调不同文化间的复杂性与冲突性，以及潜伏在差异下的相似性。具有高度跨文化胜任力的个体对于不同文化间的差异和相似性也会有更为复杂的认知，而非只是一种简单的、以本民族为中心的看法。用于测量这种个体在跨文化态度和世界观上差异的构念包括反映个体文化世界观、全球视野、对不同类群包容性的测量表。

(三)跨文化能力(Intercultural Capabilities)

拥有了适宜的个体特质和跨文化态度,有没有能力真正在跨文化的交流中适应、存活,并发挥作用,才是更重要的问题。跨文化能力就强调了个体怎样做才能有效胜任跨文化的交流。这方面的例子包括,个体能够展现出与他国文化相关的知识背景,在元认知、动机性、具体行为上的跨文化智商,语言能力,社会适应灵活性,交流适应能力,以及在与人合作、学习中的文化协调性。

(四)跨文化胜任力的相关模型——文化智商(Cultural Intelligence)

跨文化胜任力的模型有多种,有的针对三大领域中的某一方面,有的则包含了多种方面。在这里,仅介绍一种受到较多认可、应用前景较好的模型——文化智商。文化智商是一系列可塑的能力,能够使得个体在不同文化的情境下有效发挥自身能力。

基于斯腾伯格等人对智商的划分,文化智商模型也包括如下四种维度:一是基础文化智商,这来自一个人在家庭、社会与宗教影响下获得的基本文化认知;二是认知性文化智商,是个体具有的关于特定文化和文化差异的知识和知识结构;三是动机性文化智商,针对个体调用自身精力和资源使自身在跨文化情境中有效发挥作用的能力;四是行为文化智商,指个体能够在跨文化交流中随情况灵活表现。

要注意的是,动机性文化智商是文化智商模型中不可或缺的一部分,因为个体即便具有这些跨文化认知,却不一定有充足的动力去真正使用这些认知资源。动机会具体影响个体是否及在多大程度上会调用自身精力去学习文化差异以及理解这些差异。

基于这一文化智商模型,一些研究者发展出了一种包含四个维度、共20个条目的文化智商测量表(Cultural Intelligence Scale),这一测量表的结构和一致性在多种文化下(目前包括韩国、新加坡、土耳其、美国)都得到了认可。

并且,文化智商对于多种跨文化适应中的多种心理结果(包括跨文化心理适应程度、工作适应性、心理幸福感、情绪衰竭、外派者完成任务意愿、外派任务满意度)、行为结果(如跨文化的知识分享频率及程度、跨文化社交网络的建立情况、跨文化合作程度),及工作绩效(任务/情境绩效、跨文化团队领导绩等）都有显著预测作用。实证数据还表明，尽管这四个维度都能显著预测积极的心理和绩效表现，动机性文化智商与心理结果关系最强，而元认知及行为文化智商则与绩效结果更为相关。

在个体水平的结果之外，文化智商还会影响许多二元水平、团队水平及公司水平的结果。在二元水平上，文化智商会影响交流双方的关系水平，包括基于情感的信任程度、合作关系、协商结果等。而在团队水平上，文化智商在跨文化团队中发挥的作用更加明显，由于跨文化团队经常会存在一些负面分个体间冲突，具有较高文化智商的个体成员或团队领导可以帮助减轻这些文化冲突带来的不利影响，建构适应不同成员的团队共同价值观，促进成员间的融洽关系及团队的融合。

四、相互性

在跨文化交流的实际情景中，来自不同文化背景的双方，必须齐心协力建立起一个具有平等性质的互动空间。这里的平等性质是指，这样的互动空间不是建立在自己或对方的文化基础之上。在沟通的过程中，双方也必须了解到，积极寻求一个可以畅通无阻分享各自心声的空间的重要性，而任何硬性地要求以自己的文化背景作为沟通标准的互动，都是在制造跨文化沟通的障碍。

本章推荐阅读书目

[1][美]爱德华·霍尔:《无声的语言》，何道宽译，北京大学出版社2010年版。
[2][法]弗雷德里克·马特尔:《主流:谁将打赢全球文化战争》，刘成富等译，商务印书馆2012年版。
[3]魏明德:《全球化与中国——一位法国学者谈当代文化交流》，商务印书馆2002年版。
[4]吴玉伦编著:《跨文化交流与沟通》，中国社会科学出版社2013年版。

本章参考书目

[1] 潘一禾:《超越文化差异:跨文化交流的案例与探讨》,浙江大学出版社2011年版。

[2] 陈国明:《跨文化交际学》,华东师范大学出版社2009年版。

[3] [美]拉里·A. 萨默瓦、理查德·E. 波特:《跨文化传播》(第四版),闵惠泉等译,中国人民大学出版社2010年版。

[4] Ann Carroll Burgess, *Guide to Western Canada 7th* ed., Globe Pequot Press, 2005.

[5] Colin J. Marsh, *Key Concepts for Understanding Curriculum: Perspectives*, London: Falmer Press, 1997.

[6] Frederic P. Miller, Agnes F. Vandome, John McBrewster, *Guardian.co.uk*, London: Guardian, 2010.

[7] Gunder Frank, *Re Orient: Global Economy in the Asian Age*, Berkeley: University of California Press, 1998.

[8] Martin Albrow, *Elizabeth King & Elizabeth King, Globalization, Knowledge and Society*, London: Sage, 1990.

[9] Thomas L. Harper, *Dialogues in Urban and Regional Planning*, London: Taylor & Francis, 2011.

第二章　文化的定义与功能

> 我被托付一件困难的工作，就是谈文化。但是在这个世界上，没有别的东西比文化更难捉摸。我们不能分析它，因为它的成分无穷无尽。我们不能叙述它，因为它没有固定形态。我们想用文字表述它的意义。这正像把空气抓在手里似的。当我们去寻找文化时，除了不在我们手里之外，它无所不在。
>
> ——劳伦斯·洛威尔[1]

---

[1] Abbott Lawre Lowell, *Facts and Visions: Twenty-four Baccalaureate Sermons*, Edited by Yeomans. H.A., Cambridge: Harvard University Press, 1944, p.12.

第一节　文化的定义

一、文化定义的发展过程

如同著名的文化研究学者雷蒙德·威廉斯（Raymond Williams）所言，文化可以说是"英语之中最复杂的两三个词语之一"[1]。可以说，对于文化研究者而言，文化是最难以被定义的词语之一。在联合国的官方定义中，文化被认为是"社会或者社会团体独特的精神的、物质的、思想的和情感特色"。从此可以看出，我们当前对于文化的认识不仅仅限于艺术与文化，还包含着共同的生活方式、价值体系与宗教信仰。

对于跨文化交流学的学习与研究来说，最为重要的就是把握对于文化定义的脉络，所以我们应该在一开始就清晰地了解所谓的"文化"到底指的是什么，它又是如何影响我们的。正如同在本章开始所引用的美国文化人类学家洛威尔所

---

[1] Raymond Williams, *Culture and Society 1780–1950*, London: Cgatto and Windus, 1958, p.24.

言，文化可以指的是很多东西。文化包含的东西是如此复杂，里面的元素既可以相互依存，又可以相互排斥，正是因为如此，定义文化成为一件非常困难的工作。在20世纪50年代早期，美国的两位人类学家艾尔弗雷德·克罗伯（Alfred Kroeber）和克莱德·克拉克洪（Clyde Kluckhohn）对于当时存在的"文化"概念进行总结的时候，曾经统计出164个对于"文化"一词的不同定义。[1] 现今对于文化的定义就更为广泛多样。所以，对于文化定义的过程，也反映出我们对于文化的认知。今天，文化的含义已经经过多次定义与修订，可以从中看到人类文化历史发展的脉络。

（一）文化定义在西方世界的发展

在西方，代表文化的"culture"一词来源于拉丁文"cultus"，其意义范围非常广阔：第一有农地耕种的含义；第二有居住的意义；第三含有练习的意义；第四含有留心或者专注于某件事情的意义；第五则有一定的宗教含义，后来被引申为人的身体与精神的延展。在西方古典主义进化论中，"文化"是具有层次感的集合体，爱德华·泰勒在1871年出版的《原始文化》中如此描绘："文化，或文明，就其广泛的民族学意义来说，是包括全部的知识、信仰、艺术、道德、法律、风俗以及作为社会成员的人所掌握和接受的任何其他的才能和习惯的复合体。"这一论述至今被许多学者视为文化意义阐释的经典。

马修·阿诺德的《文化与无政府状态》被认为对于文化研究有着至关重要的作用。阿诺德尝试在此书中确立一种研究文化的基调，在阿诺德看来，文化最为重要也是最为明显的一层含义是：文化是一种知识的实用体，用他的话来说即文化是"世人所思、所表的最好之物"。从通俗的意义上来理解，阿诺德眼中的文化就是个人从成长经历过程中所汲取的相关知识，并且还能够传播并分享这样的知识，使得社会向善。那么如何获得这样的"知识"呢？阿诺德给出的答案是，"无私而主动地通过阅读、沉思与观察以尽力获取我们所能获取的一切"。因此，阿诺德对于文化的定义也就多了一层，即对"所思、所表的最好之物"及知识体

---

[1] A. L. Kroeber, Clyde Kluckhohn, *Culture: A Critical Review of Concepts and Definitions*, New York: Random House, 1952, p.25.

的获取，将习得的知识作用于自身，将这些只是用于净化自己的"精神与灵魂"的内心世界。

最后，阿诺德还认为，文化能够"治疗我们这个时代的病态灵魂"，"文化并不直接对我们的朋友和同胞施以援手……文化只存在与同胞们追求文化的过程之中"。在这里，文化被定义为其本身就是对于文化的追求过程（culture is seeking of culture）。

在马克思的哲学主义体系中，虽然没有专门对于文化做出定义而是直接使用"文化"一词，但是我们可以发现，马克思眼中的文化具有两重意义。一是与"文明"（civilization）一词意义相同，用于比较人类社会中"野蛮"的社会状态；二是相比"物质财富"而言，即人类社会的"精神财富"。在《哥达纲领批判》中，马克思提到，"劳动是一切财富和一切文化的源泉""随着劳动的社会性的发展，以及由此而来的劳动成为财富和文化的源泉""劳动只有作为社会的劳动，才能成为财富和文化的源泉"。

作为文化研究者，雷蒙·威廉斯做出的贡献无疑是巨大的，他跳出了其他学者对于文化定义上的描述，将文化的定义分为三个层面，而现今我们谈论文化的时候，也恰恰从这三个方面入手。

第一，文化可以被描述为"智力、精神和美学发展一般过程"[1]，例如在我们讨论中国文化发展历史的时候，我们可以将范围缩小，仅仅从涉及智力、人文精神和美学的方面来进行讨论，如中国伟大的哲学家、艺术家和诗人。这里的文化主要集中在所谓"高雅文化"之中，其意义与"艺术"或者文明相近。

这里尤其需要注意的是文明与文化之间的区别，可以说文明与文化是经常紧密联系在一起的两个词汇，虽然经常混用，但是如果引用英国学者以赛亚·柏林的话来说，就是："文明是要不要穿鞋子，文化是穿不同的鞋子。"[2] 我们可以这样理解，文明是共享的，而文化是共享的不同维度。

第二，文化一词也可以被用于描述"一群人、一个时期或一个群体的某种特别的生活方式"，如果用这样的方式来描绘文化发展史，我们就不能仅仅去考虑

---

[1]［英］雷蒙·威廉斯:《关键词：文化与社会的词汇》，刘建基译，生活·读书·新知三联书店2016年版，第65页。
[2]［英］以赛亚·柏林:《自由论》，胡传胜译，译林出版社2003年版，第25页。

如智力、人文精神和美学成就，还需要从更细节的，与生活方式相连的指标去探索，如教育情况、休闲方式、宗教等内容。因为从这个角度的定义来说，文化是一个既定人群的全部生活方式，比如，当我们说起"工人阶级文化"或者"中国饮食文化"的时候，我们所说的就是这层意思。在这层含义中，"文化"被定义为某个群体思考、理解、接受和表达自身信仰时所能够表达的一切"特征"的方式。

为了更好地了解这样的文化表达方式，我们不妨来看看这样一则例子：

> 早上，一人来向我建议在我的地窖安装一扇窗户，代替那扇被堵住的窗户，我进到地窖里面，碰到一堆粪便，于是我发现特纳先生的办公室（里的厕所）的粪便满了并且溢到我的地窖里，这让我很是烦恼，不过我能补救它。我走上地面去主人那儿，拜访了几处商铺，在那儿我和男主人还有女主人一起用餐；男主人很愉快并且话题非常高雅，比如他如何找到法国厨师，如何找到驯马师。尤其是女主人说她能为女儿珍找到一位不错的商人，他（男主人）回答道，他宁可看到他的女儿背着小商贩的包裹嫁给一位绅士，也不愿意看见她嫁给一个平民。下午，我穿过伦敦市区拜访了克罗家，参观了他家的装修；在圣·巴塞洛缪，看到了在阿尔德门遭袭击的新叛军的尸体，那是一幅凄惨的景象；上周到这周有流血事件，10人被绞死、溺死、斩首。回到家，给我的叔叔写了一封信，然后就上床睡了。①

以上的文章节选自英国日记作者塞姆尔·佩皮斯（Samuel Pepys）在1660年10月20日星期六的一篇日记。在这篇日记中，我们不难发现，作者对于邻居的厕所污染物满溢到自家地窖中的情形似乎习以为常，虽然感到烦恼，但是却表示"能补救"，并让工人处理这一问题。而且，在已经更加奉行平等主义的时代，佩皮斯所提到的男主人的势利着实让人吃惊，因为他认为他的女儿应该嫁给一位"绅士"而非中产阶级"市民"。同样，在佩皮斯回家的时候，他也并不认为在伦

---

① Samuel Pepys, *The Diary of Smuel Pepys – A Selection*, ed. Robert Latham, Harmondsworth：Peguin, 2003, pp. 87 – 88.

敦市中心看见被绞死、溺死和斩首的血淋淋的尸体是不正常的。这一切对于文章的作者却是习以为常的,他并未意识到他所生活的环境,就如同我们已经对于我们所生活的环境的理解一样,也就是说,我们并未普遍地体验到我们生活在被文化所塑造的环境中,对于我们来说,这只不过是生活而已。

然而,我们在研究文化的时候,所讨论的不仅仅是某个个体的生活世界。如果将眼光放得更为广阔的话,我们会发现当前世界的人们实际上共享着同一个世界,当然不同的群体成员对于我们这个世界中的看法各不相同,我们可以按照国家、阶级、种族群体等不同群体来划分,简而言之,文化塑造了不同的群体,不同的群体塑造了对于这个世界的不同看法。当我们谈及某个人生活的世界时,需要注意,我们谈论的是由不同群体中所有相互交织的文化力量所组成的世界,这个世界由存在于其中的社会语境所构建。

第三,文化可以被用来描述"智力,尤其是美学所创造的作品和实践"①。所以,用这种方式来理解文化发展史的话,我们首先需要理解,这里的文化所指的是一系列的"文本和实践",而这些文本和实践的主要功能是对意义(meaning)的指涉和生产,并且为这个过程提供场所。因此,我们可以把中国文化在发展中所产生的文化产品,如戏曲、歌曲、小说等纳入我们文化研究的范畴,而这些内容就被称为文本(text)。所以,一般程度上的文化研究,大多都是基于文本和实践上的研究,就如同我们在前文中用英国日记作者塞姆尔·佩皮斯的文学日记来解释文化本身含义一样。当然在进行文本研究的时候,所选用的材料也并非都像上文引用的那样不大文雅,如英国阿伯丁大学讲师戴维·英格利斯(David Inglis)在分析日常生活中的文化现象时,引用了英国女作家西尔维亚·史密斯(Sylvia Smith)的一段经历:

> 一个周四的晚上,鲍勃邀请我去他家共进晚餐,我们约好在他家附近的地铁站会面,由他开车过来接我。他做了一份三分熟的牛排,十分美味,还炸了一些法式薯条,配上一份精心装点的沙拉和一杯红

---

① [英]雷蒙·威廉斯:《关键词:文化与社会的词汇》,刘建基译,生活·读书·新知三联书店2016年版,第90页。

葡萄酒。餐后，我们坐在沙发上，品尝着余下的葡萄酒。可是我发现他过于多情，除了亲吻，我拒绝了他进一步的要求。最后，他开车把我送到地铁站，并提议下个周四还在这儿见面，但是要我带上一磅香肠，因为他没有时间买。第二个周四，我在约定的时间到了那个地铁站，却不见鲍勃的踪影。我也不知道他具体住在哪儿，只好在那儿等了40分钟，但鲍勃还没有来。我只好带着我的香肠回家了。

英格利斯在进行分析的时候，指出这对于史密斯本人的确是一番特别的经历，因为毕竟谁也不会在被爽约的时候还抱着一磅（近一斤）的香肠，所以在一定意义上这段经历是独特的。但是在另一面上，大多数人都有过类似被爽约的经历，或者说，我们每天都有类似相似的经历，这些经历让我们每天的生活过得"普通"[①]。

（二）文化定义在中国的发展

在中国，"文"与"化"第一次并用是出现在《易·贲卦·象传》中，其写道："观乎天文，以察时变；观乎人文，以化成天下。""文"与"化"在词汇上合并是在西汉时出现，主要指相对于野蛮而言的教化与文治作用，如在《南齐书》中所记载："及至权臣内侮，蕃屏陵上，兵革云翔，万邦震骇，裁之以武风，绥之以文化，遐迩清夷，表里肃穆。"此句中，"文化"在此处可以理解为"教化"的意思，与"武风"互为对仗。在南宋一本关于社会风俗习惯的《宾退录》中，作者赵与时在谈及使用灯笼的风俗时这样说道："太宗皇帝丁时太平，以文化成天下，既得诸国图籍，聚名士于朝，诏修三大书。"这里的"文化"同样也是表达礼仪教化之意。至明朝，"文化"一词又可指为书籍、艺术品和工艺品之意，在《九边图说》中有这样的描述："后来建州实食此关（指抚顺）之惠于无穷。关市相连，不独货物之灌输，即中国文化，亦由马市而将率边郡。更由边关，吐此等文化而输出塞外。"清朝乾隆时期，由当时史学家重新修录的《旧五代史》中，"文化"一词出现在篇末的跋文中："窃意是时南朝先已摈废《薛史》，北朝文化自知不逮，故起而从其后，自是其书遂微。"在书中的"文化"则又意指为政治方面的影响

---

① ［英］戴维·英格利斯：《文化与日常生活》，张秋月、周雷亚译，中央编译出版社2010年版，第2页。

力。由此可见，在清朝中期前，中国关于文化的定义是围绕着武力政权之外的"影响力"，如风俗习惯、艺术、教育乃至文字印刷品等。

中国关于"文化"的定义发生重大转变发生于清晚期，1896年严复翻译了赫胥黎的《进化论与伦理学》，其中有这样一段表述：

> 世之有政治，乃五洲不谋而合之一事……最始是图腾社会，如台湾生番之"社"，西南夷之"峒"。其次乃入宗法社会，此是教化一大进步。此种社会，五洲之中，尚多有之。而文化之进，如俄国、如中国，皆未悉去宗法形式者也。最后乃有军国社会……

在这段话中，"文化"与"教化"两个词所表达的意义相同，交替使用，但和清朝中期的含义有了很大的差异。1914年开始编纂的《清史稿》中，"文化"出现的频率非常高，而且含义和我们现在所要表达的意义相当，如在《清史稿·戴鸿慈传》的中说："中国地处亚东，又为数千年文化之古国，不免挟尊己卑人之见，未尝取世界列国之变迁而比较之。"新文化运动之后，很多中国学者不仅仅从字面上探究文化的含义，更借由对于文化意义的阐释，来表明中西方在文化方面的差异。比如梁启超在《什么是文化》中这样写道："文化者，人类心能所开积出来之有价值的共业也。"[1] 梁漱溟在《东西文化及其哲学》一书中认为，当今的社会发展离不开文化的影响，他认为东西方社会在历史发展过程中在政治制度、价值观念、艺术、医学和哲学领域中存在差异。在文化的定义上，梁漱溟认为"文化是人类生活的样法"。在另一本书《中国文化要义》中，梁漱溟对于文化的描述则更为详尽：

> 文化，就是吾人生活所依靠之一切。如吾人生活，必依靠于农工生产。农工如何生产，凡其所有器具技术及其相关之社会制度等等，便都是文化之一大重要部分。又如吾人生活，必依靠于社会之治安，必依靠于社会之有条理有秩序而后可。那么，所有产生此治安此条理秩序，且维持它的，如国家政治，法律制度，宗教信仰，道德习惯，

---

[1] 梁启超：《什么是文化》，载《梁启超论中国文化史》，商务印书馆2012年版，第1页。

法庭警察军队等，亦莫不为文化重要部分。又如吾人生来一无所能，一切都靠后天学习而后能之。于是一切教育设施，遂不可少；而文化之传播与不断进步，亦即在此。那当然，若文字、图书、学术、学校，及其相类相关之事，更是文化了。①

在当今中国，随着社会的飞速发展，社会中对于文化的定义的认知又有了新的变化，总的说来"文化"的含义可以大致分为四类：（1）对于个体或者群体教育水平和道德修养的评价；（2）某个群体所追求或者共享的道德价值观念，如"企业文化"；（3）在产业方面的资源，如"饮食文化""旅游文化"；（4）表示特定的兴趣爱好团体，如"二次元文化"。

如果我们细心观察，会发现在我们周围有很多有趣的，具有深厚文化背景的文本形式值得我们去观察与研究。在欧美，很多文化学者致力于研究流行文化现象，比如《星球大战》（Start Wars）背后映射的社会文化现象，恐怖电影与邪典电影（Cult Movie）的文化含义，类型广告中的特定形象，等等，这些研究能够帮助我们更好地了解社会文化发展的方向，尤其是里维斯主义者口中的"大众文化"的发展趋势，让我们更好地了解自己，了解别人。

阅读与讨论

阅读以下材料，结合你对于文化的理解，说一说现今互联网文化对于青少年的影响。

北京师范大学心理学部副教授张锦涛认为，互联网时代中网络成瘾已成为一个世界性的心理健康问题，"社会有责任帮助儿童、青少年树立良好的网络使用意识，培养起他们健康的网络使用习惯，让孩子们能主动地选择对自己长远发展有利的信息，不沉迷于虚拟网络"。

---

① 梁漱溟：《中国文化要义》，世纪出版集团、上海人民出版社2011年版，第7页。

......

经记者梳理，据中国互联网络信息中心于2017年发布最新数据显示，截至2016年12月，中国网民规模达7.31亿，19岁以下网民达1.71亿，约占全体网民的23.4%。未成年人面临着网络沉迷、网络欺凌、网络犯罪、不良信息侵害、个人信息泄露等一系列问题，且这些问题在全国范围内均呈高发趋势。

"现在孩子们生活在一个触摸屏的时代，小网民的数量越来越多，有的80后父母告诉我，自己的孩子只有两岁就特别喜欢玩《王者荣耀》。"腾讯研究院院长司晓称，在目前情况下，社会有责任引导青少年健康上网，"有的孩子通过打网络游戏获得认同感和成就感，那么家长可以疏导孩子用别的积极方法获得这种心理满足，而不要脱离现实，沉迷网络世界"。[1]

二、寻找合理的文化定义

在各种类型文化研究盛行的今天，对于文化的定义也越来越多，而由于章节的限制，我们并不能在这里一一阐述。现在，站在跨文化交流学的角度上审视多达400多个文化定义的时候，我们认为从事跨文化交流学习的人们应该更关注于描述出包含文化和交流是如何相互作用的定义。由此，英国文化学者安东尼·马赛拉（Anthony J. Marsella）对于文化的理解更符合我们的需要：

文化就是为了提升个人和社会的生存能力，增强适应能力，以及保持他们的成长和发展，一代一代传承下来，并通过后天习得的共同行为。文化有外在形式（如艺术品和等级制度）和内在形式（如价值观、态度、信仰、感知/感情/感觉方式、思维模式以及认识论等）。[2]

---

[1] 和海佳：《沉迷网游？青少年网络健康使用手册今发布 教孩子合理用网》，2017年4月15日，未来网（http://news.k618.cn/dj/201704/t20170415_11017105.html）。

[2] Anthony J. Marsella, "Cultural Aspects of Depressive Experience and Disorders", *Online Readings in Psychology and Culture*, Vol.10, No.2, Feb., 2003, pp.62–65.

之所以我们认为马赛拉的定义适合于跨文化交流学的研究，是因为这个定义不仅仅定义了阿诺德口中的"美好之物"，同样也将文化的外在形式和内在形式表现出来，显示出威廉斯所认为的文化定义的层次性。引用萨默瓦和波特的话来说，就是：

> 它包含了从人生阶段意识到内在精神的所有内容。试想一下你所秉持的文化理念对你的世界观的影响，以及它们之间的相互作用。你看到美国国旗与看到古巴国旗的反应是不同的，这是你文化身份的一部分。你对工作、移民、自由、年龄、教师给的分数、整洁和卫生、道德、服饰、财产所有权、礼节、医疗和健康、死亡和丧事、戏剧、法律、魔术和迷信、谦虚、性爱、社会地位、求爱、正式性和非正式性、体会等等的观念，都是你文化身份的一部分。[1]

而有些学者认为，对于中国的跨文化研究来说，应该使用"中义"的文化概念。首先，应将文化的定义归分为三类：

> 广义的——成果说，即文化之一切人所创造的文明成果；
> 中义的——模式说，文化是人们的生活方式，包括思维取向、行为模式和制度导向；
> 狭义的——信仰说，文化主要指基本信念或意识形态。[2]

在潘一禾教授看来，我们从事的跨文化交流讨论的是"中义"的文化，也就是所谓的生活方式差异。由于文化是可思的、可学的、可与之相处的，我们之所以能称之为人，不仅仅是因为我们能使用工具，能够运用自己的语言进行交流；而是我们具有由知识、经验、理解、意义、语言、信息所构成的观念体系，也就是文化或文化模式。所以在他看来：

---

[1] [美]拉里·A.萨默瓦、理查德·E.波特：《跨文化传播》（第四版），闵惠泉等译，中国人民大学出版社2010年版，第34页。
[2] 潘一禾：《超越文化差异：跨文化交流的案例与探讨》，浙江大学出版社2011年版，第6页。

首先，文化不是"天造地设"、不可改变的个体或人类团体的"宿命"，而是人创造出来、为人所用的精神和物质产品。由于人性的相通性，就像孔子所说的"性相近，习相远"，文化作为"人造品"所体现的价值观或生活理念，虽然可能有地域和习俗上的明显差异，仍应该是可以被绝大多数人类成员所"跨文化"地理解和解释的。其次，文化既然是为人的、教化人的，它也就是可以相互学习、彼此交流和共同改变的，是可以代代相承和不断发展的。再次，文化即使有再多的丰富性和差异性，也应该是能够让绝大多数人类成员所"跨文化"共同相处的；如果一种文化以特殊性为理由直接或间接地损害到其他文化的生存与发展，那么这种"特殊的"文化必须随着跨文化交流和碰撞而改变，尤其是改变其不能让其他文化与其"共处"的极端特殊性。①

三、解释文化常用的一种比喻

文化并不像世间存在的客观事物一样，是看得见摸得着的。如同我们之前学到的那样，文化是抽象的。但我们仍然可以通过将其形象化的方法来更好地了解什么是文化。解释文化常用的一种比喻是"文化洋葱理论"，在将文化形象化之后，我们可以这样说，文化如同洋葱一般分层，一共具有三层：表面层、中心层和核心层。

文化洋葱理论示意图

---

① 潘一禾：《超越文化差异：跨文化交流的案例与探讨》，浙江大学出版社2011年版，第6—7页。

（一）文化表面层

在表面层上，是我们在平时就能够注意到的文化差异。

当你来到一个陌生的国度时，你可能会发现这里的环境和你所熟悉的大为不同，从建筑风格、室内装修偏好到饮食习惯，再到音乐类型，与你所在国家截然不同。表层文化所展现出来的特征由明显具有冲击性的元素构成，以展现出文化的存在与力量。

> 日本男人爱喝酒。很多人下班后不直接回家，先到居酒屋喝一杯。居酒屋是日本酒文化的象征，也是传统与现代节奏结合的产物。与通常意义上的酒吧和酒馆不同，居酒屋是很多人聚在一起喝酒的地方，顾客多为上班族。在日本，无论乘电车穿梭于城镇乡村，还是漫步在大街小巷，居酒屋的招牌随处可见。居酒屋白天也营业，但晚上的生意最火。
>
> ……
>
> 日本人饮酒不仅有情致，也较文明。他们一般不劝酒，也不猜拳行令，以酒当罚，可一旦进入角色，不用劝也绝不会少喝。日本人也常喊"干杯"，但未必喝干，只是号召大家一致行动，而真正干杯的时候往往处在喝啤酒的场合。日本人去酒馆往往有自己的定点，而且买下一大瓶写上自己的名字，然后寄存在酒馆分几次饮用，喝光后再续上一瓶。也有的日本人喝酒喜欢"接力式"，常常一连喝几个酒馆，一醉方休。日本人聚会时，喝酒都用自己的酒杯，没有猜拳行令时多人共用杯子的现象，再熟的朋友也不例外。[1]

可见，文化的表面层往往是通过外在载体或表现来体现的，如电影、话剧、绘画、艺术品甚至上面案例中所提到的居酒屋，都属于文化的表面层。同样属于文化表面层的还有语言，虽然语言不是我们能够轻易掌握的，但却能被我们听到和察觉到，是一个客观的存在，同样也是文化表面层的重要组成部分。

---

[1] 王君朝：《日本饮酒习俗——下班不回家先去喝一杯》，《人民日报》2004年11月19日，第15版。

阅读与讨论

阅读下面的文章，想一想为什么语言对于我们如此重要？

  西媒称，白宫网站西班牙语版网页消失引起的争议，再次激起了关于在美国使用的多种语言地位的争论。白宫新任发言人称，白宫网站西语版网页"正在建设中"。

  据《西班牙日报》网站1月24日报道，更令人惊讶的是，现在由特朗普领导的这个国家似乎一直没有官方语言，就连美式英语也不算。几十年来，曾有过几次试图改变这种状况、让所有官方文件和政务活动统一使用美式英语的尝试，但没有取得任何成果。

  报道称，从美国各地的角度来看，语言使用情况存在差异。50个州中有32个将英语确定为官方语言。在夏威夷州，除英语外，夏威夷语也是官方语言。作为世界主要语种之一的西班牙语（全球使用西语的人数超过5亿）仅是波多黎各自由邦一地的官方语言，尽管新墨西哥州等地也将地方法规翻译成西语，而且会在公共场所设置西语标识。

  在法庭上，不懂英语的民众有权通过翻译人员使用任何语言。在美国一些地方，选票也会被翻译成汉语、西语、越南语、韩语等语言。在美国建国时，国内使用着德语、荷兰语、法语等约20种语言，此外还有多种土著语言。1780年，约翰·亚当斯曾向发挥临时政府作用的大陆会议提议成立一个官方机构，负责"净化、发展和规范"英语的使用。但这一提议被指责为有悖民主和个人自由权利。

  报道称，随着时间推移，美国通过了多项限制使用英语以外其他语言的法规，目的几乎都是为了应对外来移民浪潮。[1]

---

[1] 田策编译：《西媒：英语并非美国官方语言 各州语言使用存差异》，2017年1月26日，参考消息网（http://www.cankaoxiaoxi.com/world/20170126/1644109.shtml）。

（二）文化中心层

从建筑、饮食、语言等文化表面现象所折射出来的是一种对于社会的认识和看法，这些文化的表面现象被认为是社会价值观的一种直观体现。文化的中心层就是反映这样的社会规范和价值观。有些学者认为，中层文化可以从社会规范与社会价值观这两个方面进行理解。社会规范所指为某个群体或者团体中多数人在某一情形下会做的事[①]。

回顾一下我们之前提到的例子，为什么大多数日本男人下班后都喜欢去居酒屋喝一杯呢？这实际上就属于社会规范的内容了：

> 居酒屋文化不是说喝一摊就结束，常常要喝两摊，也就是二次聚会，而参加这些聚会都是需要花钱的，这些钱从什么地方来？显然是从妻子给的零花钱里面来的。据统计，日本社会中，妻子给丈夫的零花钱平均为39600日元，而在外边喝一顿酒或吃一顿饭的平均费用是2860日元。像日本三井公司这样的大企业，有的刚进入会社的职员每年为了喝酒，欠款居然高达140万日元。
>
> 很多人想拒绝喝酒聚会，但如果不参加聚会的话，就不能跟公司的其他员工进行精神交流，会成为一个不合群的人，成为一个另类的人。有的妻子看着丈夫下班回来早了，就会说，你不去和大家一起喝酒，说明你在公司的表现非常不好。你在外边不能做一个好的员工，回家来也不能做一个非常好的丈夫。[②]

当然，每一个国家的社会规范都有所不同，这取决于这个国家的文化理念。文化理念的差异同样也会导致对于价值观之间的差异。一个社会的价值观决定着这个社会对于"好与坏"之间的定义，与社会群体共有的理想密切相关，比如在婚姻观念上，中美两国之间的差异就十分明显。

[①] 陈晓萍：《跨文化管理》，清华大学出版社2005年版，第12页。
[②] 蒋丰：《日本女性掌握家庭经济大权 掌控丈夫晋升之路》，2013年6月4日，全球华语广播网（http://china.cnr.cn/guantianxia/201306/t20130604_512741546.shtml）。

张女士和美国丈夫 John 结婚快 5 年，但是每逢过年过节，丈夫 John 对妻子要购买大包小包的礼物然后挨个跑亲戚的习惯依然不适应。

丈夫 John 问自己的妻子，为什么不把大家聚一起，见一次面不就都解决了，既省事又省力。John 认为，亲戚平时和自己的家庭生活没有什么太多关系，为何要如此兴师动众。他对妻子张女士说，他家里的兄弟姐妹也就偶尔感恩节或圣诞节欢聚一下，除圣诞节会多准备一些礼物，其余时候不怎么需要送礼。而对于聊天的内容，丈夫 John 也不喜欢妻子的亲戚太过关注夫妻的收入、什么时候生孩子等一些私人话题。

而张女士则认为，丈夫 John 虽然亲友间走动不多，但更喜欢节假日把朋友召集来，吃烧烤、喝啤酒。此外，John 对妻子赡养父母的义务既不支持也不反对，所以，他自己从不给岳父岳母任何财务上的支持。

其实，许多美国人都没有赡养父母的传统，所以，不要对美国太太或先生帮自己赡养父母抱太大的期望。此外，过于频繁的人情往来也会使其难以适应，如何把握其中的分寸也要靠自己慢慢摸索①。

（三）文化核心层

从宏观角度来看，文化中的核心文化是整个社会中人们最为关心，也是体现整个社会中核心价值观的问题，比如人们是应该注重个人利益，还是注重集体利益；是应该对于未来早做计划，提早打算，还是应该着眼于当下？

可以这样说，在这个世界中，在某一个社会中认为理所应当的事情，在另外一个社会中的人看来是完全不可理解的。比如美国是一个建立在移民基础上的国家，人人生而平等，每个人都拥有同样的权利和自由。这对于每个美国人来说是无需置疑的，同样也是美国的社会基础和基本准则。但是在印度，由于种姓制度的存在，使得社会中很多人认为人是生而不平等的。当我们审视一个社会所拥

---

① 《中美跨国婚姻样样观 通往幸福 or 充满未知？》，2012 年 10 月 8 日，中国新闻网（http://www.chinanews.com/hr/2012/10-08/4229954.shtml）。

有的价值观的时候，总是想问一句"为什么"，要对这个问题进行解释是一个相当漫长的过程，因为它涉及这个国家的历史、社会制度、宗教以及家庭结构等种种方面，在第四章中，我们将对此进行详细的讨论。

总之，文化洋葱理论将文化分为了三层，这三层之间有着相互分离而又相互联系的关系，核心文化驱使着中间文化，而中间层文化则对表面层文化有着深切的影响。

第二节　文化的特征

如同美国文化学家亨廷顿所说，文化的核心包括语言、宗教、价值观、传统以及习俗。[①] 文化具有三大特征，即习得性、整体性和动态性。在仔细研究这三个特点时，你会发现文化对于我们之间交流的影响，而且在了解文化的过程中，你也会惊讶地发现，你之前是如何处于一种文化的无意识状态。了解文化，了解文化之于你的作用、价值观甚至是思想塑造，认识到文化中所包含的因素，对于你来说是一种难得和令人吃惊的经历。

当然，社会文化的紧密—宽松程度受到多种多样原因的影响，但主要原因为以下三个：

1. 社会的稳定性，尤其是意识形态的稳定性。比如日本社会在近百年中经历了许多意识形态的变化，现代日本社会各种理念共存，从社会形态、宗教认识到家庭观念等诸多领域都经历着巨大的变化，可想而知，今日的日本文化较之100年前，其紧密度应该是要低得多。

2. 社会人口的同质性，同质性越高，其紧密度越高，反之则紧密度越低。

[①] Samuel P. Huntington, *The West Unique, Not Universal*, Foreign Affairs, Vol.75, No.6, Nov.–Dec., 1996, pp. 28–46.

当我们审视美国这个移民国家的时候,可以发现其文化宽松程度非常高。

3.社会人口疏密度,人口越是集中,其文化紧密度就有可能越高。

一、文化的习得性

想象一下,作为一个新出生的婴儿,在第一次睁开眼睛的时候,世界是怎样的?而在这个阶段中,这个婴儿对于世界的感受是如何的?显而易见,婴儿只能对光线、声音或者味道等一些感觉有初步的感受,而这些感受并不具有意义。但从此刻起,作为一个人类,这个婴儿对于意义的追求贯彻了他的一生。这样说也许很难理解,但如果回想一下迄今为止你所做的一切:从一个单词到另一个单词的不停学习,从一件事到另一件事的不停习得,从一个人到另一个人的不停交往,在这个过程中,你始终是处于学习状态,并对这些事与人赋予意义。最为重要的一点就是,在整个人生过程中,你对于事物的认知能力是后天习得的,并且以文化为基础。

在现今社会中,我们所遵守的日常生活规则,如基本礼仪、办事惯例、如何穿着、对于契约的遵守和对待时间的态度等都是通过文化习得的。在这个过程中,文化能加强人们的价值观。

价值观是指个人对客观事物(包括人、物、事)及对自己的行为结果的意义、作用、效果和重要性的总体评价,是对什么是好的、正确的总看法,是推动并指引一个人采取决定和行动的原则和标准。价值观是人用于区别好坏、分辨是非及其重要性的心理倾向体系。它反映人对客观事物的是非及重要性的评价,人不同于动物,动物只能被动适应环境,人不仅能认识世界是什么、怎么样和为什么,而且还知道应该做什么、选择什么,发现事物对自己的意义,设计自己,确定并实现奋斗目标。这些都是由每个人的价值观支配的。价值观决定、调节、制约个性倾向中低层次的需要、动机、愿望等,它是人的动机和行为模式的统帅。一旦确定则反过来影响调节人进一步的需求活动。[1]

---

[1] [美]梅格·惠特曼、琼·汉密尔顿:《价值观的力量:全球电子商务教母梅格·惠特曼自传》,吴振阳等译,机械工业出版社2010年版,第78页。

如果不通过跨文化交流，人们往往意识不到自身的文化特点与文化特征，也不可能自觉意识到价值观与行为规范的差异性是广泛存在的。潘一禾教授也提到，即使不出国、不与外国人交往，我们每个人其实也经常进行着文化内部的跨文化交流。

阅读与讨论

阅读以下文章，想一想"我族中心主义"是如何形成的？

1906年，美国文化人类学家萨姆纳（W.G.Sumner）在《民俗论》一书中提出了"我族中心主义"（Ethnocentrism）的概念，即人类团体普遍存在"我族中心主义"。其由两个重要的部分组成，一方面将自己习得的文化与价值观看作是理所当然；另一方面是将自己的文化看作至高无上的，并且在其他群体、种族、民族和文化前保持一种优越性。这种理所当然、自以为是的优越感，很容易造成对于其他文化的歧视、偏见和拒绝。

跨文化交际中，尤其在交际双方关系比较紧张时，宽容是迫切需要的，辨别出对方不同于己的地方的同时，要尊重其他民族的个性。关注了解对方的文化背景，有意识地避免贬低对方文化，明确地完全地察觉到交际过程中产生的不愉悦感非常重要，这种情况经常发生在少数群体成员身上，尤其是孩子和年轻人。多数群体还要顾及它与少数群体不平衡的状态，要有乐于肯定少数群体的存在的精神，激发不同文化的共存与融合。即使在基本相同的思维方式之下，也存在着个人的或小群体的文化取向偏差。比如，一位欧洲女性可能有着与一位欧洲男性全然不同的时间概念。因此，在跨文化交际中，先调查确定对方的个性特点，有利于与对方和谐相处。另外，应完全抛弃对文化的衡量和编排分类，即使人们自以为已经找到了对策并已克服了这些问题，但种族主义和沙文主义依然隐匿其中。因为不能够归纳、添加和批判性地使用自己不了解的事物，人们尝试着把迎面而来的陌生事物归入自己已掌握的本质、存在和结构当中。这样的情况下,经常会对结果失去控制。因此,审查、检验自己对于其他文化的和跨文化行为的掌握,是必不可少的,以此也可改正之前没有意识到的错误。①

二、文化的整体性

由于文化是一个繁复而模糊的概念,其本身就包含许多要素,核心部分涉及一个国家的历史、生活在国家中的人们的身份、宗教信念、价值观与世界观等。核心的外层是人们的活动、规章制度、风俗习惯和交往方式等范围。最外层的则是一个国家的制度与规范,比如经济制度、政治制度、教育制度和医疗卫生体制等。

虽然我们在这一章中从文化的各个方面开始进行分析与研究,好像这些就是分开独立的部分一样。而事实上,我们只是出于讲授与分析的便利性才这么做,文化始终是由相互联系的部分组成。如同交流一样,文化从始至终就是作为一个整体,系统化地发挥着自身的作用。

阅读与讨论

阅读以下案例,试想一下,尊重文化整体性在这则案例中起到了什么样的作用?

第二次世界大战快要结束之前,美国战争情报处组织了一个由30人参加的专家队伍,以调查研究不同文化价值观、民心和士气为背景,讨论如何做好"战后重建"工作。这个研究组通过对日本民族的心理和价值观分析,向美国政府提出了不要打击和废除日本天皇制度的建议,并依此建议修改要求日本无条件投降宣言的具体措辞。事后证明,他们的跨文化理解和沟通建议在战后日本的改造和重建实践中是十分有效的。②

---

① 公斐:《民族中心主义在跨文化交际中的危害》,《时代文学(下半月)》2015年第1期。
② Edward T. Hall, *The Silent Language*, Garden City, NY: Doubleday, 1959, p.12.

虽然文化作为一种整体而存在，但有时候过于坚持文化的整体性也并无益处，因为如果过于坚持一些所谓的"地方性"与"民族性"的文化特色，很可能会影响国家形象和国家利益，从而影响各国关系和世界的和平发展。

日本将重启"科研捕鲸"活动　捕获量上限略减 ①

日本水产厅9日宣布，将于本月11日起至8月下旬在西北太平洋海域开展"科研捕鲸"活动。该厅称，将通过调查胃中食物等了解生态，从而对水产资源管理发挥作用。

日媒称，鉴于捕获量上限在2014年大幅减少，今年也会保持同一规模，其中，塞鲸和布氏鲸分别为90头和25头。

……

而以小须鲸为对象的日本宫城县三陆海域科研捕鲸活动，今年4月也在该县石卷市的鲇川港启动。这是日本在西北太平洋实施的科研捕鲸活动之一，数量上限与2014年相同，为51头。

日本的捕鲸历史 ②

在日本历史当中，距今3000年前左右就开始有关于捕鲸的记载，在8世纪的奈良时代文献当中开始出现了"捕鲸"一词。17世纪初期的江户时代，在日本各地开始出现了专门的捕鲸团体。捕鲸的主要目的是加工成鲸油和鲸肉等产品。当时，最大的捕鲸团体甚至达到了3000多人的规模。近代以来，欧美的捕鲸船只开始在日本周边海域进行大规模的捕鲸作业，曾经导致当地的鲸鱼数量急剧减少，给日本的传统

---

① 《日本将重启"科研捕鲸"活动 捕获量上限略减》，2015年6月9日，中国新闻网（http://www.chinanews.com/gj/2015/06-09/7332437.shtml）。
② 参见王洋《日本政府表示正在讨论提前停止今年的捕鲸活动》，2011年2月17日，国际在线（http://roll.sohu.com/20110217/n303284067.shtml）。

捕鲸业带来了巨大的打击。上世纪30年代，日本又开始了在南极海域的捕鲸作业，但"二战"开始以后便中止了。

"二战"以后，为了改善日本的粮食情况，鲸肉作为一种高蛋白食物，再次受到了瞩目。于是日本又重新开始了在南极海域捕鲸。但近几十年来出于保护鲸类的目的，全世界出现了反对捕鲸的浪潮。在国际捕鲸委员会1986年禁止商业捕鲸之后，日本一直在持续着科研捕鲸的活动，每年捕获的鲸的数量在数百到千余头。有报道说，在日本，鲸肉的年销售额大约在50亿到70亿日元，大约合人民币4亿到5.5亿元，而他们也就是用这部分资金来维持着他们所说的"科研捕鲸"的活动。

大致看来，日本政府坚持捕鲸的借口无非是基于"悠久的历史"和"传统的文化"。但如果结合我们之前给出的"我族中心主义"来看的话，就不难发现这是一种将自身的文化特殊性放置到了和普世价值呈对立面的行为。

三、文化的动态性

哲学家赫拉克利特在两千年前就曾经表述："人不能两次踏入同一条河流，因为其他的河水不停地流入。"我们也可以如此来形容文化，如这句话所言："文化不能存在于真空中，因为文化是易变的。"[①] 在第一章中，我们就介绍到，由于今日媒体的高度发达，我们所处的文化环境一直被外来的观念和信息所闯入，这些信息有可能来自我们内部的文化，也有可能来自其他国家。

文化的动态性体现在文化变迁的过程中。文化并不是一成不变的，族群社会内部的发展或由于不同族群之间的接触足以引起一个族群文化的改变。促使文化有这样动态性的原因，一是由社会内部的变化而引起；二是由外部自然环境的变化及社会文化环境的变化如迁徙、与其他民族的接触、政治制度的改变等而引起。文化具有动态性的主要动力是因为创新、传播与文化适应。

---

① [美]拉里·A.萨默瓦、理查德·E.波特：《跨文化传播》（第四版），闵惠泉等译，中国人民大学出版社2010年版，第32页。

(一)创新

巴尼特(H. G. Barnett)的《创新：文化变迁的基础》被认为是研究文化动态性的基本著作。他得出了创新是文化动态性基础的结论，指出"创新应被界定为任何在实质上不同于固有形式的新思想、新行为和新事物。严格说来，每一个创新是一种或一群观念；但有些创新仅存于心理组织中，而有些则有明显的和有形表现形式"。从普遍定义来说，创新一般被定义为对于新的经验、工具和概念的发现，有些创新最终会被所处的社会环境所接受，并且会对社会习惯和行为有所改变。[①] 让我们想想在之前介绍的里维斯主义的一段中，各种媒体形式的出现对于大众文化产生的影响；再想一想新媒体如电脑、手机的出现对于我们的行为、语言甚至是社会功能的改变；现代社会女权运动、同性恋权益运动等是对于文化构成的突出影响，通过这些，我们不难发现在科技时代中，随着更多的创新不断涌现，我们的社会开始经历着更多更快的改变。

但是，很多文化现象和行为都是在人们"习惯成自然"的思想中形成，由创新带来的改变往往是令人害怕、恐惧甚至是厌恶的。我们可以在很多文化中发现，由创新带来的文化变革很多时候都不能在一开始时被广泛接受，想一想你们的周围是不是依旧有人喜欢观看传统媒体如电视、报纸，也依旧拒绝或者反对使用智能手机，而有一些人也依旧保持着传统的"重男轻女"的观念，对于妇女要求获得同男人一样的平等权利横加指责。

如同我们在论述文化整体性时看到的案例一般，虽然日本的捕鲸习俗已经延续了3000多年，是固守的旧有文化习俗。相信这样的文化习俗在几百年前甚至是几十年前也从未被任何人或者国家横加指责过，为何今日就变成不可被普遍接受的文化习俗？一个很重要的原因就是因为随着人类近代文明的飞速发展，借用科学技术解决环境问题已经成为常态，这引发了环境与气候的变化，由此引发的对于生活方式与生活理念的变革也随之而来，再加上信息与科技时代高速发展的媒体影响力也起到了前所未有的跨文化交流作用，这都促使人类对于某些自身行为的深刻反省，同时也促使人类对于传统的反思与现代化变革。

---

① Serena Nanda, *Culture Anthropology 5th ed.*, CA: Wadsworth, 1994, p.63.

（二）传播

传播是反映文化动态性的重要内容。早期的文化研究者在研究文化的动态性上不仅强调发明和发现，也指出了传播的作用。可以说，传播是一种机制，即一种文化向另一种文化产生输出，也可以是两种文化相互融合的过程。当我们回顾历史，可以发现这样的传播无处不在，无论是丝绸之路的开辟和郑和下西洋，还是现今随处可见的麦当劳和肯德基，文化的扩散无处不在。

由于文化的整体性和习得性的存在，一个社会的文化能够接受符合其自身价值观和信仰的东西，同时也能接受符合自身情况而不带来任何混乱的东西。回顾历史，我们会发现文化之间开始直接和经常的接触时，与异文化的同化就加速了。[1] 回顾一下我们改革开放几十年来社会的变迁，就不难发现我们与世界进行着诸多的文化与商业活动，在这个过程中我们始终与国外文化保持着持续的交流，现今中国的社会文化很大一部分已经与西方社会无异，而西方文化社会也在这个过程中对于中国文化产生了完全不同的认识与了解。

阅读与讨论

阅读以下文章，想一想文化传播是否能够对于文化产生足够的动力，以影响文化发展和变迁？

第82届"奥斯卡"颁奖典礼于当地时间7日在美国洛杉矶柯达剧场举行。评委会将最佳纪录长片奖颁给了路易－西霍尤斯导演的《海豚湾》。然而，这部片子的获奖却在日本渔民中引起轩然大波。《海豚湾》的拍摄人员曾潜入日本和歌山县太地町的禁区，安装了数台隐藏在岩石道具内的摄像机。该片记录了十几艘渔船将大群海豚逼入海湾、渔民们用铁棒戳死海豚血染海面的场景。

---

[1] 参见[美]拉里·A. 萨默瓦、理查德·E. 波特《跨文化传播》（第四版），闵惠泉等译，中国人民大学出版社2010年版，第33页。

《海豚湾》的获奖在日本民众中引发了热烈的讨论,其中反对的声音占了绝大多数,甚至有一些人觉得对此很愤慨,认为"影片以片面的方式曲解日本的饮食文化"。一项网上问卷调查显示,有88.9%的网民对《海豚湾》获奖表示"无法接受"。其中反对声最大的来自该影片的摄制地"和歌山县太地町"。一位当地民众表示,影片中的描述"有悖于事实",对影片的获奖"感到非常愤怒"。

日本农林水产大臣赤松广隆9日对媒体表示,影片所造成的误解让日本人有了野蛮的形象,他对此感到非常遗憾。

和歌山县知事仁坂吉伸在接受《朝日新闻》采访时表示,"太地镇的捕鲸是遵守渔业法规定、获得许可的行为。影片却以片面的价值观来对事实进行评判"。

目前,大部分日本人都认为影片没有如实地反映实际情况,制作人员的"偷拍行为"也侵犯了当地人的肖像权,并且是对日本饮食文化的不尊重。日本媒体在报道相关消息时也大都在题目中使用了"隐秘拍摄"或"偷拍"一词。[1]

(三)文化适应

"一个更为主导性的文化并受其影响发生文化急剧嬗变时,文化适应随之产生。"[2] 正如我们在前面所提到的那样,在现今全球化的社会,文化交流愈加频繁,而当两个或者多个独立文化或者群体文化在进行广泛而深入的接触时,文化适应就应运而生了。美国人类文化学家霍贝尔和佛斯特认为文化适应是一种文化的变化机制,"当一个社会接触到各地正在广泛发生,且很多情况是发生在国际移民身上。文化适应作为国际移民要在移民国所经历的一部分,在大多数情况下,这些移民必须开始适应新的文化思维模式和行为模式,并且对于所在国

---

[1] 《日本民众指责影片〈海豚湾〉侵犯渔民肖像权》,2010年3月10日,国际在线(https://world.huanqiu.com/article/9CaKrnJn6hu)。

[2] Adamson E. Hoebel, Everett Lloyd Frost, *Culture and Social Anthropology*, New York: McGraw-Hill, 1994, p.19.

的社会环境产生适应"①。在这种情况下，我们认为文化适应的基本观点为：大多数人虽然在不断适应新的文化，但是仍然保持原文化的许多价值观、习俗及交流方式。

在萨默尔和波特看来，人们是否适应新的文化取决于许多因素，主要有两个。首先，人们能否适应新的文化取决于自身原本的文化。举个例子来说，一个新加坡人如果来到中国生活，那么他适应中国生活的速度肯定要比一个来自美国的人容易。其次，文化适应受到正在被修正的特定行为影响。我们在接受文化的时候，并不是全部照单全收，而是有选择地接受。想想看你在接受西方饮食和餐具的时候肯定要容易得多，但是在选择信仰基督教的时候是不是会慎之又慎呢？在本书的最后几章，我们会更详细地讨论文化适应的过程，以及为帮助你更好地适应异域文化提出一些建议。

---

① Adamson E. Hoebel, Everett Lloyd Frost, *Culture and Social Anthropology*, New York: McGraw-Hill, 1994, p.19.

第三节 文化的功能

就个人而言，文化起着塑造个人人格、实现社会化的功能；就团体而言，文化起着目标、规范、意见和行为整合的作用；对于整个社会，文化起着社会整合和社会导向的作用。以上三个层面的功能是互相联系的。

一、价值整合功能

对于整个社会来说，文化对于价值的整合功能是最实用、最为明显的，同时整合功能也是文化最为基本但也是最重要的一项功能。只有达成共同的价值目标，才能够对于结构与行为进行协调，生活在社会中的人们才能进行群体生活。虽然社会中的人们在价值观上未必能够全部达成一致，但是经由文化熏陶，也会在大多数方面达成基本一致，形成共同的社会道德与社会法律对社会共同成员的行为进行约束。

要维持社会的正常运转，文化对于规范的整合功能同样重要。对于共同价值的需要产生了相同的社会规范，因文化的整合而系统化和协调一致。整合功能使规范内化为个人的行为准则，进而将社会成员的行为纳入一定的轨道和模式，以维持一定的社会秩序。

二、结构整合功能

文化在社会中还发挥着结构整合的作用。社会是一个多元结构的系统。社会的异质性愈强，分化的程度就愈高；多元结构愈复杂，功能整合的作用愈重要。一个复杂的多元社会，是由众多互相分离而又互相联结的部分和单位组成的，每一个部分和单位都具有自己的功能，但这种功能的发挥，必须和其他部分的功能联结起来才能实现，才能对整个社会的运行发挥作用，即所谓功能互补。由于统一文化的作用，使社会结构成为一个协调的功能体系。

文化整合功能是民族团结和社会秩序的基础。一个社会，如果缺乏整合必将四分五裂。一个民族，由于共享一份文化，不论他们是否居住在一起，或者是否生活在同样的社会制度之中，都会有民族的认同感和在心理上、行为上的一致性特征。例如，中华民族的文化，维系着世界各地的亿万炎黄子孙。可以说，文化既是一种政治统治和社会管理的有效工具，也同时是人们生活观念背景和信仰的物质基础，由此可以说，文化是人类社会的灵魂。

阅读与讨论

阅读以下材料，再观看相关电影，想想是什么让战争无法继续了？

《圣诞快乐》讲述了一个第一次世界大战期间德国、法国和英国士兵在圣诞之夜宣布停战的故事。影片以发生在1914年圣诞前夕的一个真实故事为原型：在战场上，原来是敌人的士兵们放下武器，团结起来共同呼唤和平。该片于"欧洲日"前夕在法国戛纳首映成功，赢得了观众雷鸣般的掌声，吸引了更多的人前往观看。

在这部影片中，最令人感到奇妙的是来自不同国家的四个人，以及他们不同的背景：一个苏格兰牧师、一个法国陆军中尉、一个德国男高音歌手和一个丹麦女高音歌手。这些主人公发现，尽管背景不同，但他们却与德国、法国，以及英国的士兵们结下了深厚的友谊。

三、导向功能

文化的整合功能维持社会秩序，而导向功能则推动社会进步。每个社会都有自己的导向系统，如教育系统、科学研究系统、决策系统、计划系统、管理系统及医疗卫生系统等。文化在社会导向中的功能是：

提供知识。社会导向要以新的知识为动力，新的知识包括新的理论、科学、技术等，依赖于文化上的发明和发现。当然，以知识为动力的社会导向可以是善意的，同样也可以出于恶意。

文化导向还能够协调社会工程管理。有计划地推动社会进步，是一项巨大的社会系统工程，它包括决策、规划、组织实施等阶段。在总体系统工程中又包括许多子系统，各阶段和各子系统的协调配合有赖于文化的适应性。首先是目标调适，使社会全体成员认可社会导向的总目标和分阶段目标，使个人和群体目标与社会导向的总目标一致起来。其次是机构和制度的调适。为了达到社会导向的目标，要建立有效的机构和制度，对旧的机构和制度进行调整和改革。再次是行为调适。它使社会成员在行为上协调一致，确定共同的社会导向目标。社会工程是一项庞大而又繁复的工作，这项工作极其依赖文化适应性。

最后，文化巩固社会导向的成果。文化是一份逐步积累的社会遗产。每一次社会改革和社会进步所取得的成果，都有赖于新的制度的巩固。文化在新制度建设过程中以及建成以后，起着协调整合作用，以维持新制度的秩序和稳定。

四、文化的负向功能

文化不仅有正向功能，而且有负向功能。美国社会学家R.K.默顿认为，社会并非总是处于整合状态，非整合状态也时常存在。个人或群体并不总是顺从社会规范，违反规范的情形也是时常发生的。这种非整合状态和违规行为并不是偶然的，而是文化功能的一种表现。例如，社会的机会结构是一种文化安排，这种机会结构使一部分人通过合法的方式去追求自己的目标，而使另一些人通过非法的方式去追求自己的目标。前者是文化的正向整合功能的表现，后者是负向的非整合功能的表现。正向功能保持社会体系的均衡，负向功能破坏这种均衡。①

　　文化的负向功能是在两种情形下发生的：一是文化滞后，二是反文化。在文化变迁过程中，各部分变化的速度并不相同。在通常情况下，非物质文化要落后于物质文化的发展，这就造成了文化滞后现象。当这种情形出现时，文化的滞后部分对于整体所发挥的功能是非整合的负向功能。思想意识、社会制度等常常成为滞后部分，想一想我们之前提到的日本捕鲸的"习俗"，再想一想中国一些地区的旧陋习俗，就可以看出这样的文化滞后还是普遍存在的。

阅读与讨论

阅读以下文章，谈一谈如何正视"文化滞后"现象。

　　外出旅游的人多了，但乱刻乱画、乱扔垃圾等不文明现象也多了；乘坐飞机的人多了，但霸机闹事、任性乱为等不文明乘客也多了；开车自驾的人多了，但野蛮驾驶、强行插队等不文明行为也多了……很多人都把这些不文明现象归结于当事人的道德缺失、素质低下、修养不够。其实，从社会学角度来看，这不仅仅是个人的道德素质问题，也是社会变迁中的"文化滞后"现象。

　　在社会发展过程中，物质文化的变迁必然会引起非物质文化的变迁，但二者变迁速度并不一样，前者较快而后者较慢。一般来说，社会文化的变迁总是先从科技、经济等器物层面开始，然后是法律、规则等制度层面，最后才是风俗、习惯等精神层面。这种文化集丛中的一部分落后于其他部分而呈现脱节的社会现象，被称为文化滞后，在社会变迁中常常不可避免。

　　例如，汽车的发明是科学技术的重大进步，但是也导致了车祸、酒驾、拥堵、污染等许多问题。为此，人们在长期社会实践中逐渐形

---

① 参见[美]R.K.默顿《科学社会学》，鲁旭东、林聚任译，商务印书馆2010年版，第256页。

成了一套与汽车文化相适应的汽车文明，如各种交通规则、尾气排放标准等，以尽可能地消解汽车带来的诸多社会问题。但是，由于观念道德层面的非物质文化存在滞后性，还不能与这套物质文化相辅相成，人们还缺乏汽车文化背后的驾驶观念、行车习惯作支撑，以致强行插队、不打转向灯随意变更车道、随意进到紧急车道、乱开远光灯、随手开车窗扔垃圾、酒后驾驶、乱停车等不文明行车行为屡见不鲜、屡禁不止。

文化滞后不是道德失堕，它和个人道德修养密切相关，但又不完全等同于道德修养。有德之人会自觉地意识到这种文化落差的存在，并会主动地缩减这种差距，但即便这样，也并不能完全避免因为文化发展差异而导致的文化脱节问题。费孝通先生在《乡土中国》中就曾深刻地描述过这种因为社会变迁而导致的文化脱节现象：乡下人初到城里不知道如何躲闪汽车，于是便有司机朝农民吐唾沫，骂他们"笨蛋"。他认为，乡下人不知如何给汽车让道，就像城里人跑到乡下看到苞谷赞叹"麦子长得这么高啊"一样，一切不过是个知识问题，而不是智力问题，因此并不关乎一个人的人格。

……

面对社会变迁中的文化滞后现象，我们一方面要理性看待，另一方面也要直面问题，致力于压缩文化滞后进程，使得非物质文化的发展尽可能地适应和跟上物质文化的发展步伐。改变的关键就在于制度建设与执行。长期以来，不文明旅游、不文明乘机、不文明驾驶等行为，虽然备受非议，但是由于有的是立法欠缺，有的是执法偏软，而并没有得到应有的惩罚，相反，遵法守礼者权益屡遭侵犯，而野蛮违法者责任无从追究。久而久之，便会导致"劣币驱逐良币"。由此，应尽快建立与现代文明社会相适应的行为规范，完善相关立法，加大执法力度，严惩不文明行为，以制度建设消解社会变迁中的文化滞后。[1]

---

[1] 秦强：《正视社会变迁中的"文化滞后"》，《人民日报》2016年7月5日。

阅读与讨论

阅读以下文章，想一想反文化与文化滞后的区别在哪里？

20世纪六七十年代美国青年的反文化运动，表现为否定一切纪律和秩序，崇拜主观自发、任意发挥的东西；轻视社会科层制、崇拜自然和肉体自然，所以在两性关系理解和交往行为上放荡不羁。例：《阿甘正传》中的珍妮，就曾经参加过此类反文化活动——反主流文化的亚文化活动。他不仅在阿甘不知情的情况下私生了一个孩子，还在自己积极参加的反文化活动中不幸感染了艾滋病，年纪轻轻就离开了人世。应该注意到的是，作为青少年的"反文化"现象是很普遍的，为个体我们称之为"叛逆期"，作为社会运动我们称之为激进派运动，因为其中可能同时包含了推动社会进步的动力和一些盲目冲动的言行。①

本章推荐阅读书目

[1][美]R.K.默顿:《科学社会学》，鲁旭东、林聚任译，商务印书馆2010年版。
[2][美]拉塞尔·雅各比:《杀戮欲——西方文化中的暴力根源》，姚建彬译，商务印书馆2013年版。
[3][英]以赛亚·伯林:《自由论》，胡传胜译，译林出版社2003年版。
[4][英]戴维·英格利斯:《文化与日常生活》，张秋月、周雷亚译，中央编译出版社2010年版。

本章参考书目

[1] Adamson E. Hoebel, Everett Lloyd Frost, *Culture and Social Anthropology*, New York: McGraw-Hill, 1994.
[2] Alfred Louis Kroeber, Clyde Kluckhohn, *Culture: A Critical Review of Concepts and Definitions*, New York: Random House, 1952.

---

① 潘一禾:《超越文化差异:跨文化交流的案例与探讨》，浙江大学出版社2011年版，第20页。

[3]Abbott Lawre Lowell, *Facts and Visions: Twenty-four Baccalaureate Sermons*, Cambridge: Harvard University Press, 1994.

[4]Denys Thompson, *Culture and Environment*, Connectcut: Greenwood Press, 1977.

[5]Matthew Arnold, *Culture and Anarchy*, London: Cambridge University Press, 1960.

[6]Samuel Pepys, *The Diary of Smuel Pepys - A Selection*, ed. Robert Latham, Harmondsworth: Peguin, 2003.

[7][美]拉里·A.萨默瓦、理查德·E.波特:《跨文化传播》(第四版),闵惠泉等译,中国人民大学出版社2010年版。

[8][英]雷蒙·威廉斯:《文化与社会》,高晓玲译,商务印书馆2018年版。

[9][英]约翰·斯道雷:《文化理论与大众文化导论》(第七版),常江译,北京大学出版社2019年版。

[10]潘一禾:《超越文化差异:跨文化交流的案例与探讨》,浙江大学出版社2011年版。

第三章　文化的深层次结构

不同文明中的人对上帝与人、个人与集体、公民与国家、父母与儿童、丈夫与妻子间关系有不同的看法，同时他们对权利与义务、自由与权威、平等与等级孰轻孰重的看法也是不同的。[1]

——S.P. 亨廷顿

---

[1] Samuel P. Huntington, "The Clash of Civilization", *Foreign Affairs*, Vol. 2, No. 72, Aug., 1993, p. 22.

第一节 文化的深层结构

在了解完文化的定义、构成以及功能后,你是否依旧存有疑问? 为何说文化塑造了我们的生活? 为什么来自不同文化的人们对于现实的反应和理解各不相同? 当我们环顾四周,可以发现,就如同没有两片相同的树叶一般,来自不同文化的人们对待事物的态度也截然不同。当然,在日常的生活经验中,我们也通过自身或者媒体了解到一些地区的风俗习惯,比如西方国家的人们见面握手示意,而来自日本的人们见面则鞠躬致敬,或者知道有些国家的人推崇长辈,而有些国家文化则依赖年轻人的创造力,尽管这些行为对于跨文化交流来说很重要,但是我们需要弄清楚到底是什么样的力量在驱使着它们。如果要弄明白这一点,我们需要弄清楚相当多的关于心理、意识形态和形而上学的问题。无数的文化研究者认为,通过对于文化深层结构的研究,能够找到观察世界运作的方法,这种文化深层结构正是每一种文化都能够保持自身独特和完整性的要点。

一、文化的深层结构

王先生来自中国台湾,在日本一家大证券公司工作,他讲了一段近似笑话,但却是千真万确的事情。在公司已工作了10年以上的王先生两年前升任课长,课长是日本公司最中坚的人物,在第一线带兵冲锋陷阵,外国人要升任课长并非易事。王先生一向与公司上司和同事相处甚好,但升任课长后不久,却被部长"大训一顿",理由是他对下属"不凶"。部长表示,身为课长一定要保持权威,并指出这是公司的传统。

王先生说,接受部长"训斥"后,他开始痛苦地学习,并"找机会"大声训斥部下。过了一段时间,他发现,大声训、大声骂部下倒是件蛮舒服的事,慢慢也越来越顺口,当然也赢得了上司的赞赏。

也许是因为越骂越顺口,王先生后来无意中针对上司的一些问题也开始骂了起来。很快他又被叫到部长处挨了一顿训,理由是,部长叫他对部下要凶、要骂,可没有叫他连上司也骂,对上司绝对服从是公司传统。[1]

结合以上案例,想一想自身的跨文化交流经历,你会察觉到虽然很多的跨文化交流问题都产生在人际交往层面,但是在这些表面现象的背后都能够追溯到人类的文化背景根源上来。这就触及我们将要讨论的一个核心问题:一种文化对其所包含的成员影响有多深刻? 正如萨默瓦和波特所言,在文化现象的背后所体现的正是文化的深层次结构。在世界各地的传播与交流、冲突与对抗,都可以归结为"对一种文化的主要运行机制的攻击"。所以在讨论文化的深层结构的时候,不仅要从人际间的交往出发,更要思考到在全球各地发生的文化冲突所显露出来的文化深层结构。

总结一下我们之前谈论过的关于文化冲突的案例,你可以发现这些问题(如宗教、家庭、国家、自由观念等)数千年来一直都是文化的组成部分,也就是说所有的这些问题都深深扎根于文化之中,反过来规定了文化的属性。就如同亨廷顿所说,将来人类的文化交流是随着人们的文化信仰而碰撞产生的,一些较大的分歧和冲突的主要根源都是来自文明之间的冲突。所以为了更好地理解文化,就需要更好地了解文化自身的深层结构。文化的深层结构扎根于文化的运行机制

---

[1] 林一、刘珺主编:《跨文化交流案例分析》,经济日报出版社2012年版,第4页。

中，文化产生社会机制，同时这些社会机制又与文化产生互动作用，如果能找到这两者的契合点，那么就不难发现文化构成的基本要素。[1] 我们在这一章的目的就是找到这样的契合点，以方便我们理解和认识为什么不同的文化对于世界有不同的认识。

二、文化冰山理论

在我们开始寻找文化与社会机制的契合点之前，首先我们需要明白文化的构成结构。就如同在上一章所陈述的那样，作为文化的特点之一，文化的整体性始终客观存在，但在这样的整体性之上，我们需要看到不同的文化因素在组成文化的时候分为显性和隐形的两部分，就如同冰山一般。这一理论把文化比喻成冰山：露出水面的只不过是冰山的一小部分，且这一部分需要隐藏于水下的部分作为支撑，而这一隐藏部分往往是重要的基础。

事实上，文化中存在某些显性的部分，例如：建筑、艺术、烹饪、音乐、语言等。但是文化中更为重要的基础部分则不易被察觉，例如：代表某一群体文化的历史、习俗、价值观以及对于空间、自然和时间的态度等。

一方面，文化冰山模式认为文化的隐性部分通过显性部分展现；另一方面，文化冰山模式还认为，在特定文化中生活的人们对自己文化深层的部分浑然不觉，而对于外来文化的人们来说，在异文化生活也只能接触到其文化的显性部分，而不能了解到其文化背后的隐藏部分。并且这一理论也告诉我们，有时去了解来自不同文化的人难度有多大，因为我们往往能够发现其他文化的文化冰山中的显性部分，但却不能立即发现支撑显性部分的隐性基础。也就是说，我们所注意的文化并不是可见可闻的，除了外在的行为模式和制度规定之外，还有很多看不见的观念左右着人们的言行和交流。大多数情况下，这一理论往往作为进一步审视文化的出发点，能够帮助我们更好地理解为什么有时我们很难了解其他文化。

---

[1] Jean Stefancic, Richard Delgado, *No Mercy：How Conservative Think Tanks and Foundations Changed America's Social Agenda*，IH：Temple Univ Press，1993，p.13。

阅读与讨论

阅读以下材料，想一想制服在日本的作用是什么？

  日本人认为，主人迎接客人必须要以一定的礼节并换上新衣。因此，在客人访问农家时，如果农民还穿着劳动服，那就必须要稍等片刻，因为在没有换上适当衣服并安排好适当礼节以前，那个农民将毫无迎见之表示。主人甚至会若无其事地在客人所等待的同一房间更衣打扮，直到打扮齐整。在此前简直就像客人不在这个现场一般。

  ……

  那是发生于我在英国大学教课时的事。我们三个人邀请铃木先生出外共进晚餐，约好8点钟在公共酒吧同他会面。了解到他比较注意礼节，我们都穿上了西服。可当走进酒吧时，我们远远地看见他穿着衬衫和便裤，这让我们一下子感到很兴奋，趁他未看到我们之前匆忙返回寝室换上便装。而当我们回到酒吧时，却发现铃木先生已穿上漂亮的蓝色西服站在那里等着我们呢，原来他早已看到我们了。还真是都够累的。①

三、文化深层结构的持续影响

  文化研究者们一致认为，世界观、家庭结构和国家（社区及政府）是文化产生集体性原因的根源，也就是说，自从世上形成最初的文化观念之时，在这三种社会力量的共同影响下形成的才是人类集体行为的能量，也正是这三种社会力量一直在持续生产、传播、保持和加强人类的文化。正如萨默尔和波特所言：

  教会、家庭和国家这三种社会体制带来了至关重要的相关信息。

---

① 万景路：《日本人为什么那么爱穿制服？》，微信公众号"一览扶桑"（https://www.sohu.com/a/466707897_157309）。

你的宗教、父母和政府被委任以"教导你"的重任，教你指导什么是重要的事情，什么是你应该努力争取的事情。无论是拥有物质财富的愿望，还是满足精神需要的欲求，这三种社会体制都在帮你做出重要的抉择。它们告诉你如何去适应事物的普遍规律，告诉你是应该相信命运还是相信自己的选择，告诉你为什么人生会有苦难，告诉你应对生活有何种期待，甚至告诉你如何应对死亡。总之，以上以及一系列其他问题都逃不脱这三者的影响。①

当我们试图理解一些国家的风俗习惯时，就应该把历史上这一地区曾流行的宗教信仰对这个国家世界观的影响考虑进来。

阅读与讨论

阅读以下文章，分析一下日本送礼文化形成的原因。

  交换名片这种交流，普通是一次性的，与此相对，赠礼和回礼，作为问候、交流的一种形式，不限一次，可以多次或定期地反复地进行。因依托于礼物，可谓之"物的交流"。
  赠礼和回礼，原则上是赠和回赠的相互交换，但有时未必有回赠。可是日本人的赠礼和回礼，同交换名片一样具有相互确认地位的机能，不回赠本身也被人看作一种问候。比如地位高的人接到下属的礼物，未必需要回礼。就是说不回赠，"零的交流"，才表示了上下的关系。这时，表面上看好像只单方面赠礼，实际可以看作既有赠也有答。
  这样的赠答，作为确认赠方和受方微妙的地位的方法，受到重视。特别是季节性的赠礼和回礼，礼品的种类、质量、趣味、价格、赠送方

---

① [美]拉里·A. 萨默瓦、理查德·E. 波特：《跨文化传播》（第四版），闵惠泉等译，中国人民大学出版社2010年版，第76页。

式等综合地表现了对上司、长辈的敬意。馈赠礼品时，赠方必须考虑受方将会对礼品和赠礼的方式给予怎样的评价。

根据法学上对赠与的研究，因赠礼、回礼的旧习的繁琐和浪费，明治二十年（1887），由当时著名的东京帝国大学教授等发起，建立了"废除赠礼会"，其宗旨书和会章说：

馈赠，"依社会学观之，原为野蛮人种由于畏惧或爱情，欲得其欢心而兴"，"时值百事改良之今日，不只依沿袭旧规，而且依事情性质，愈趋郑重，岂非咄咄怪事？""此风习徒费无益之手续与思虑，尚且束缚交情，或反而成疏远之媒"，为此，"吾辈设此会，欲以联合之力，加以适于时世之斟酌"。

会章认为成年、婚丧、祭祀（成年、婚丧、祭祀，日本习惯的说法是"冠婚葬祭"，比中国"红白喜事"一词内容广），"赠礼少许"虽可，但"回赠之习……一切应予废之"。其中强烈主张应废除的具体项目有："元旦、雏节（三月三日）、端午、彼岸（春分和秋分前后的七天，本为佛教活动，但在日本是一般民俗节日）、中秋、中元、岁末等一切与节令有关的互赠，皆应废之"，"久别赠礼、地方土特产之类临时无必要之赠礼，皆应废之"，等等（见比较法学会编《赠与的研究》、来栖三郎著《日本赠与法》）。

明治三十四年（1901），由当时的政治家板垣退助、西乡从道等发起，成立了"风俗改良会"，又加进了"应废除虚伪不必要之赠答"的项目。

可是，这样的运动一向毫无成效，现今赠礼和回礼的行动，莫说废除，相反一年比一年兴盛。

今天大部分礼品，是通过百货商店送的，中元、岁末的礼品，不只没有季节的区别，也难以一一考虑品质、价格、爱好等因素。在一年两次馈赠的礼品中，日本人饮食生活中不可欠缺的海苔（紫菜）等定型食品占首位。与其说这是因为受人喜好，不如说便于赠方选择。下面谈及日本人生活行动定型化时，将还会谈到。

据近年的调查，比如关东地方的主妇中，84.5%的人有岁末赠送礼品的习惯。馈赠对象平均有六家，大多是亲戚。购买礼品的地方，百货店占60%。最多的礼品是食品，这一倾向多年来一直如此，显示了百货店礼品的定型化。

因日本人对人际关系的意识过敏，在馈赠的行为上，虽然考虑很细致，但最终又必须按不可改动的"型"去办。

赠礼和回礼是"尽义理"。为此，其形式是仪式化的，人们企图通过依"型"而作，减轻自我不确实感。因为他人和自己的关系经过定期的、定型的仪式得到确认，可以从中得到安心感。

西欧人对日本人中元、岁末等按季节赠礼的日本式的社会现象，不能理解。

西欧人也送礼，他们是送给并不需要通过交换礼品相互确认自他关系的亲密者。而日本人送礼，第一，送给比亲密者更重要的平素疏于交往的人，下对上、上对下，尽义理之礼。第二，并无特别的意义，在一年之间某个传统节日期间惯行赠礼。第三，通过赠礼相互确认，尽义理，托以义理。不是心先行，而是心随赠礼而去。这里出现的是反向的心理关系。第四，通过赠礼和回礼方式（如上司接到下属的礼物时的还礼方法等），能够显现出自、他的复杂的地位关系。

总之，赠方和受方通过赠和还的行动，分别能够确认彼此相对的地位关系。通过对方送来的礼物，可以了解对方对自己的看法。

除上面所述中元、岁末赠礼和回礼以外，日本独特的送礼方式，还包括会见时亲手携带土特产，它表示对未来的期待。例如，有一个日本职员，去日本公司在纽约的支店赴任，初见美国支店经理时，带有"请今后多多关照"的问候之意，亲手送上日本带去的土特产，而美国人经理，十分困惑不解。这种送礼，是对支店经理义理的表示，它包含着希望建立好的上下级关系的预前愿望。这出于终身雇佣的想法。根据终身雇佣的原则，今后肯定将长期一起共事，这是不说自明的。但在美国，企业实行彻底的合理主义，"Hire is fire"（雇佣即解雇）。这样的作法自然不能通用于美国。[1]

---

[1] ［日］南博：《日本人的心理 日本的自我》，刘延州译，文汇出版社1989年版，第55—58页。

四、文化深层结构影响我们的理解

无论是在学习还是在生活的过程中，人类之间的交流是持续的、不间断的，这样的交流结果有时候是顺利的、成功的，有时候则是缺乏效率的、失败的，究其原因是因为文化深层结构，也就是文化冰山中深层的因素对于我们交流之间的影响。回想一下，当你的言行遭到误会时，或者别人无意中做出的一些举动导致了你的困惑或者敌意，你就可以深刻理解家庭、国家等一系列文化深层结构对于我们自身理解和表现的影响。

英国的一位高校讲师，就因为发信息太爱加问号"？？？"，被学生投诉之后，被学校撤职了。事件的主人公叫诺伊·索布那克（Binoy Sobnack），他是英国拉夫堡大学的讲师。他获有剑桥大学博士学位，并从1999年开始，在拉夫堡大学主授凝聚态物理学。

2002年起，索布那克还被聘为校内学生公寓 Warden of Harry French Hall of Residence 的管理员。在公寓内，除索布那克外，还有一些副管理人员来帮助他一起工作，他们通常是大学的博士生。2018年7月，其中一位管理人员对索布那克博士提出投诉，并说索布那克的离职将是"公寓里最好的事情"。

次年（2019）4月，另一位管理人员指责索布那克发送给她的信息具有"攻击性"。

为什么大家都这么讨厌他呢？

原来，索布那克有一个习惯，就是在发送信息的时候，一连加上好几个问号。

比如说来自索布那克副手那的投诉中，是这样写的："索布那克向我发送了'具有攻击性'的聊天信息。"

信息中，索布那克希望这个副手坚持已经决定的事情，并质问对方"你为什么不听"。需要强调的是，索布那克在这句话后连用了6个问号。

翻译成中文视觉效果上是这样：你为什么不听？？？？？？

投诉抱怨，这样的信息让自己感到丢脸，"索布那克用那么多的问号制造了一种不恰当的语气"。

在另一则投诉中，学生表示她被索布那克通知要去参加某个会议，但是索布那克的语气十分不善："你一定要留下来吃晚饭吗？？？？"是的，索布那克连用了四个问号强调参加会议的重要性与紧迫性。

收到这样的信息的人认为，索布那克使用多个问号的语气是强硬的，具有威胁性和压迫性。

在收到几次投诉后，校方决定对索布那克进行调查，学生服务处主任曼努埃尔·阿隆索（Manuel Alonso）介绍，校方当时调查认定，索布那克在沟通交流中的语气和方式是"毫无帮助的情感宣泄"，并称这些信息令人感到羞耻，索布那克博士使用了很多问号，造成了一种"不合适"的语气。[1]

五、文化深层结构赋予我们社会身份

正如同美国文化研究学者霍贝尔和弗罗特所指出的那样，一个人的文化身份对于他的生活方式有着深远的影响。[2] 想想你在所处社会中的地位，首先你是家庭中的一分子，可能你有自己的宗教信仰，你的居住地是在美国。无论我们研究何种文化，这样的身份对于我们正在进行的跨文化交流十分重要。然而，我们刚刚来到世间的时候是没有身份的，在与其他人产生交往后身份才应运而生，开始具有了各种各样的身份。比如，你在学校内是一名学生，你在家里扮演的则是儿子或者女儿的角色，将来你可能为人父或者为人母，也可能在政府或者企业中担任要职，与此同时你可能还会参加各种各样的聚会……然而，在这些种种不同的身份中，对你至关重要的身份都是通过文化深层次的体制而获得的。也就是说，家庭、教会和国家给了一个人特定的身份。

---

[1] 参见《高校老师因发消息爱打"？？？"被学生投诉，遭撤职上诉获赔13万》，2021年4月4日，募格学术（https://www.sohu.com/a/459285511_100138206）。

[2] E. Adamson Hoebel, Everett Lloyd Frost, *Culture and Social Anthropology*, New York：McGraw-Hill, 1976, p.324.

第二节 世界观

在我们谈及"世界观"这个定义时,通常所用的定义为:"一个文化或者社会信仰系统的中心,且具有普遍或者恒久性的部分。"[1] 可以说,世界观对于你的影响是十分巨大的,如果我们将世界观(worldview)拆开来看,"世界(world)"和"观(view)"表明你所拥有的世界观对于你生活的方方面面都是具有影响的,因为它是你对于这个世界的看法。可以说,世界观是人们对整个世界以及人与世界关系的总的看法和根本观点。这种观点是人自身生活实践的总结,在一般人那里往往是自发形成的。正是由于世界观的存在和影响,我们在理解这个世界的方方面面上都会各有不同,我们的思维方式以及信仰和价值体系也会受其影响。正如陈国明教授所概括的那样:

> 作为人类信仰系统的核心,世界观提供一个了解人们在同一个文化内认知、言谈与思想的架构。它是人们对宇宙的本质与宇宙对整个人类环境影响的信仰系统。世界观反映了一个文化如何处理有关超自然、自然、人类本身与动植物界的本质问题。经由对这些对象提出它

---

[1] 陈国明:《跨文化交际学》,华东师范大学出版社2009年版,第60页。

们是什么、为什么与如何这样或那样的一套稳定的看法，世界观有助于人类对这个大环境的适应与生存。因此，世界观具有橱窗作用，经由它，人们可以容易地透视文化之间的差异。①

因此，我们将世界观当作文化的核心来看待是理所应当的。所谓的文化核心，正如霍贝尔所说的那样："在选择日常生活方式的时候，即使是最微不足道的事情，这个社会也会根据它自己的思维方式和偏好来进行选择。这种方式适合有关事物本性以及人的好恶的基本假设。"② 毫无疑问，世界观在社会中无所不在，其强大的影响力可以影响到一个国家的社会、经济和政治生活。

可以说，世界观涉及我们一生中的各个阶段。在解释和谈论世界观这一复杂概念的时候，我们更倾向从"生活的意义"这一相对清晰的概念开始解释。林语堂在其名著《吾国与吾民》中曾经有一段对于中国人的世界观相当精彩的描述：

> 吾们倘把中华文化加以检讨，而描绘出他们的民族德性，则可以举出下列种种特征：（一）为稳健，（二）为淳朴，（三）为爱好自然，（四）为忍耐，（五）为无可无不可，（六）为狡猾俏皮，（七）为生殖力高，（八）为勤勉，（九）为俭约，（十）为爱好家庭生活，（十一）为和平，（十二）为知足，（十三）为幽默，（十四）为保守，（十五）为好色。

且不论林语堂的上述观点是否正确，这十五条对于中华民族德行的描绘，其实就是代表中国人的世界观。

---

① 陈国明：《跨文化交际学》，华东师范大学出版社2009年版，第60页。
② Adamson E. Hoebel, *Man in the Primitive World: An Introduction to Anthropology*, New York: McGraw-Hill, 1958, p.159.

阅读与讨论

阅读以下报道，想一想世界观是如何影响我们的日常活动的？

据路透社东京12月2日报道，耐克日本推出的一条反对欺凌和种族主义的视频广告在网络上引发激烈反应，包括出现抵制该公司的呼声。

报道指出，日本历来以种族单一而自豪，不过网球明星大坂直美等成功的混血运动员正在挑战这种形象。

这条片名为《永不止步：你自己，未来》的广告片于11月30日发布，内容是几名少女在学校因为种族或其他差异受到欺凌，但她们最终凭借非凡的足球技术找回信心。

视频中有一个场景是，一名父亲是黑人的女孩被同学围住，大家冲她大叫，还扯她的头发。

报道称，截至当地时间2日中午，这段视频在耐克日本推特账号的点击量达到1410万次，获得6.3万点赞，但也遭到大量差评，许多网民留言发誓再也不买耐克的产品。

一个网名为"hira1216"的用户写道："如今，不同国籍的人平安无事地上学是常有之事。心存偏见的是耐克。"

另一个用户问道："指责日本这么有趣吗？"

报道介绍，大坂直美也在这条广告片中短暂出镜，因为耐克是她的赞助商。大坂直美广受日本体育迷的喜爱，她曾在另一个赞助商日清食品公司的一条广告片中被设计成卡通人物，但是肤色偏白、头发为浅棕色，而且有喜剧艺人表示她"需要一些漂白剂"。

耐克日本没有立即就网民的负面反应发表评论，但在其网站上说，它相信体育运动的改造力量。

该公司还说："长期以来，我们一直在倾听少数族群的声音，支持并为符合我们价值观的事情发声。"

"我们认为，体育能够展示一个更美好的世界是什么样子，让人们团结起来并鼓励他们在各自社区行动起来。"①

一、世界观与宗教

尽管宗教在很多人的眼中过于神秘,但无论是在亚洲普遍存在的佛教,还是在欧洲与美洲有着重大影响力的犹太教、基督教,或者是阿拉伯国家内广泛流行的伊斯兰教,这些宗教对于人们的世界观有着至关重要的影响。如果我们能够理解宗教对于一个文化中世界观的影响,那么我们观察和理解这种文化的行为和动机的时候,便能够拥有一种正确的理性思维。

当我们试图理解一些宗教国家风俗习惯的时候,就必须要把宗教对这个国家的世界观的影响考虑进来。

正如同美国心理学家斯科特·派克所言,对人生的认识和了解,属于我们的宗教范畴。同样的宗教在不同的社会中有不同的表现,因为如同文化受到的影响一样,宗教同样也受到家庭和社会制度的影响会产生变化。所以对于不同宗教习俗和宗教规定,我们需要做到入乡随俗,而当我们面对由宗教引起的世界观差别时,理解沟通是首要选择,这些方式我们会在稍后的章节讲到。但恰如斯科特所言,当面对文化或者宗教问题的时候,我们并不能从自身世界观出发:

> 我们毕竟不是"超人",我们无法超越自身文化、父母乃至童年经验的影响,我们只能依据狭窄的人生参照系来待人处事。人类世界充满矛盾,人们面对自己和他人,有着各种感受和观点,它们起源于过去的经验。人们很少想到,他们的经验不是"万灵药",不是"放之四海而皆准"的法则,他们对自己的世界观并没有通盘的、深入的认识。专门研究国际关系的心理学家布兰恩特·韦吉,对冷战时期的美苏关系深入研究,发现美国人和俄国人在对人性、社会、世界的理解上,存在着惊人的差异,这些差异在很大程度上,操纵着双方的交往和谈判,

---

① 郭骏编译:《外媒:耐克日本广告涉欺凌及种族歧视议题 引发日网民不满》,2020年12月7日,参考消息网(http://www.cankaoxiaoxi.com/sports/20201207/2426214.shtml)。

他们却浑然不觉。由此导致的结果是：美国人觉得俄国人怪里怪气，在谈判桌上的言行不可理喻，甚至可能心存歹毒，俄国人对美国人也有同样的反感。我们都熟知"盲人摸象"的寓言，其实我们就像寓言里去摸大象的盲人，没人知道这个"怪物"真实、完整的面貌。我们一味坚持自己的"小宇宙观"，为此不惜与别人对抗，不惜把每一场争执扩大化，甚至将其演变成一场圣战。①

二、世界观与商业

显而易见，人们持有的世界观不同，那么面对商业竞争的时候，不同世界观的人们持有的行为也会截然不同。在西方国家的两本经典著作——美国学者马克斯·韦伯的《新教伦理与资本主义精神》和英国学者R.H.托尼的《宗教与资本主义的兴起》中，有着对于宗教、商业与生产力结合的绝妙描述。这三者在西方社会的联系之紧密让人难以想象，如同巴特斯（Robert Bartels）所言，文化与社会商业行为共同决定了一个国家的发展方向，这个国家内人民的宗教与哲学信仰决定了人们对于自己所扮演角色的理解、行为模式、道德准则和经济活动中制度化的运作方式。②

当在商业领域面对持有不同世界观的人时，我们在与其交往的过程中就可以发现世界观是如何影响对方待人处事之道的。例如，一种文化看重与人委婉而含蓄的交往，并且在解决问题时不愿意公开反对别人意见，那么在商业领域解决问题的方式就和注重科学方法的文化大为不同，比如下例：

> Alice 在英国有一家服饰公司，她听说中国的服装物美价廉，并且在英国占据了越来越多的市场，就非常希望跟中国的嘻嘻服装厂合作。在几经周折后嘻嘻服装厂终于同意以 Alice 认为合适的价格给她的公司

---

① M. Scott Peck, *The Road Less Traveled and Beyond: Spiritual Growth in an Age of Anxiety*, New York: Simon & Schuster, 1997, p.89.
② Robert Bartels, "National Culture-Business Relations: United States and Japan Contrasted", *Management International Review*, Vol.22, No.2, Jan., 1982, pp.4–12.

发货，她很高兴。但当服装到达 Alice 的公司时，她才发现嘻嘻服装厂应该在衣服的标签上用英语和法语共同注明品牌，以方便更多的法国人认识和购买。Alice 立即和嘻嘻服装厂的销售经理小王说明了这种情况，小王有点为难，小王说他们的公司比较小，而且没有法语翻译方面的人才，请外面的专业人才需要很大一笔资金，就没有同意。但是在 Alice 的再三劝说和请求下，小王勉强地说："好吧，我们会尽力而为的。"Alice 听完这句话，一直悬在心中的石头便落下了。

Alice 一直都没有担心这件事情，大约过了一周，货发过来了。她满心期待地打开包装，却看到衣服的标牌上是用英语和汉语拼音写的牌子。她怒气冲冲地给小王打电话，让他解释为什么说好了是用英语和法语现在看到的却是中文拼音。小王很委屈地说："我们实在是没有找到合适的人员，而且合同上并没有注明这一点，我们就疏忽了。这也不能怪我们啊，当时我们说的是尽力而为，并没有答应你啊。"Alice 听完后很气愤，她觉得中国人太言而无信了，打算退回这笔订单。正巧她的中国好友丽丽打电话问候她，Alice 就把事情告诉了丽丽，丽丽听了很无奈地说，这就是我们中国的文化习惯啊，我们是不会拒绝别人的，即使拒绝也不会直接说出来，小王只是在很委婉地拒绝你。Alice 听完很感慨，真的要好好学习中西文化的差异啊。①

这个例子有趣的地方在于，由于受到不同的世界观影响，来自中国和英国的人在商业领域中的语言表达是极为不同的，同时也可以看到世界观与人之间行为的联系。

三、东西方不同世界观的比较

在这一章节中，我们曾经反复强调过，首先，世界观是随着文化交流而变化的，其次，世界观包含的内涵要比宗教丰富许多。在以下的论述中，我们会

---

① 林一、刘珺主编：《跨文化交流案例分析》，经济日报出版社2012年版，第27—28页。

以这两点为基础，来讨论中国文化中世界观的特点，并与其他文化的世界观相比较。就如同我们在之前讨论过的那样，中国人的世界观一定程度上是由儒家、道教及佛教这三种因素作用驱动的，而众多的学者也认为，中国人的世界观主要为三项本体论：

1. 宇宙是一个变动不断的大整体，人类沟通因此也是一个动态性的改变与转化的过程。
2. 宇宙的变化是一个环形的运动，人类沟通也随着宇宙的轨道运动，像日夜的更迭与潮汐的涨落一样变化着。
3. 宇宙的变化是一个无休止的过程，人类沟通也是一个永远没有完成的过程。①

华人历史学家孙隆基在《中国人重"肉身"》中也提出，在儒家思想文化的影响下，中国人的人生哲学是以人伦关系而为最终导向的哲学。这种思想渗透到了中国人日常中的方方面面：

> 与西方人或是拉丁人不同，中国人把个人看作是一个"身"，也就是一个身体，对于中国人来说，身体比心灵或是灵魂都更加重要，所以中国人特别注重养身。中国人的语言当中对个人的描述也充满了这样的概念，例如，描述自我，便可称为"自身""本身"，讲一个人的所有，叫"身家"，讲一个人的来历，叫作"出身"，讲一个人改变了命运，是"翻身"，讲一个人的感觉，叫"体会"，"身体力行"，对一个人的攻击，叫作"人身攻击"，等等。古代中国士人也讲"修身、齐家、治国、平天下"。可见，对于中国人来说，对一个人的描述，完全是身体性的，一个中国人，就是一个"body"，而他的心灵与灵魂，就不那么重要了。而对中国人来说生活最大的主题，就是保存这个身，就是"明哲保身"。

---

① 刘长林：《汉语、汉字与意象思维》，《汉字文化》2006年第5期。

中国人也有心理活动，但是中国人的心不是用在自己身上的，而是用于关照他人。上一辈的中国人总会教导年轻人"先人后己""毫不利己，专门利人"。中国人讲与"心"有关的词，总与他人有关，如"关心""伤心""寒心""操心"等。中国人讲究人与人之间的"合和"性，认为只有自己先关心了他人，他人才会关心自己，于是在不太熟悉的人相见的时候，先要将自己的"心"作用于他人身体之上，然后别人才会将他的"心"交给你，作用于你的"身"之上，双方"交心"之后，于是都"安心"，这样就变成了自己人。①

可以非常明显地看出，中国人的世界观具有一种明显的天人合一倾向，即重视天、地与人之间的和谐关系，这样的世界观成为中国人的主要价值观念。但美式的世界观却与中国人的世界观截然不同，如霍贝尔和弗罗斯特所概括的那样：

历史地看，美国人的世界观是经历文艺复兴、宗教改革运动和欧洲工业革命洗礼、积累和沉淀下来的，是受古希腊和基督教文明影响的派生物。在美国社会背景下，这些传统焕发出了新的生命力。②

虽然美式世界观具有浓厚的希腊—基督教背景，但是在美国，机械论的世界观也普遍流行。对于机械论的世界观，各种研究学者说法不一，有的人认为这是一种理性与感性之间的倾轧，有人认为这是以科学发展为基础与以宗教精神为基础的理念博弈，还有人认为这是以客观性为基础还是以主观性为基础的思维方式。但是无论这样的思维是一种什么样的方式，他们所指的都是美国人观察世界的一种方式，如霍贝尔和弗罗斯特所总结：

美国人的思维方式是理性的，而不具有神秘主义。他们信奉机械

---

① [美]孙隆基：《中国人重"肉身"》，《当代工人（C版）》2015年第6期。
② Adamson E. Hoebel, Everett Lloyd Frost, *Cultural and Social Anthropology*, New York：McGraw-Hill, 1976, p.331.

论的世界观。在这种世界观中，世界就是一个按照可知的科学规律，并且以既定方式运行的物理系统，这样的观念占据了主导的地位。而且，正是这样的世界观，才使得每一个美国人隐隐感觉到，每一个人都能操纵这个系统。人们不需要全盘接受它，却可以利用它做些什么。如果人们掌握了足够的知识，提高了自己的技术水平，甚至可以去改变它，使得它更符合人们的要求。①

机械论的世界观可以体现在很多方面。例如，划分清楚了宗教与科学的边界，并且将科学作为探索世间真理的又一途径。从英国哲学家培根生活的时代开始，西方人就开始坚信理性是人类的最高才能和成就。而对于美国人来讲，其世界观对于事实和理性的依赖也是由来已久。对于很多美国人来说，理性要比建立在"感情"和"直觉"基础之上的感性思考要可靠得多。这种世界观与东方文化对于世界的看法截然不同。如同我们之前分析过的一样，很明显东方的世界观相较于西方的机械论来说，更重视来源于内心的直觉，或者是旧有的经验，理性的思考反而并不那么重要。

---

① Adamson E. Hoebel, Everett Lloyd Frost, *Cultural and Social Anthropology*, New York: McGraw-Hill, 1976, p.340.

第三节　宗　教

如果你已经学习完前面两章，那么你会发现我们的文化和世界观与宗教有着千丝万缕的联系。我们的世界观源于自身所处的文化环境，并且可以通过各式各样的形式，从各种各样的渠道传播散发出去。宗教是一种普遍存在于这个地球上的现象。无论你翻开《圣经》《塔木德》还是《古兰经》，抑或是在佛教或者印度教宣扬的教义中，你都能感受到宗教所倡导及追寻的并不是简单的生存，而是存活于世的价值，或者说，是教导人类如何观察和解释世界的信条。

毫无疑问，已经在世上存在几千年的宗教自有其存在的必然性，因为古代的人们依靠着宗教或者其宗教领袖给予的忠告、价值观和合适的引导生存，而地球上的数十亿人也似乎认可了法国人类学家涂尔干的那句话："宗教是一种逻辑上的必然性，人们之所以被迫承认和接受宗教的存在，不仅因为宗教是历史事实，还因为它是一种逻辑上的社会必然性。"[①] 之所以如此说，是因为宗教始终致力于解决一个问题，那就是发生在我们周围生活中无法解释或者解决的难题。我们每个人都需要面对生与死，也时常思考宇宙的不解之谜，在面临社会与社会团体的关系、个人与群体的关系以及人与自然的关系之时都难免会产生疑惑，而宗教本身

---

① ［法］爱弥尔·涂尔干：《宗教生活的基本形式》，渠东、汲喆译，商务印书馆2011年版，第23页。

就尝试着对于这样一些问题给出一些答案。而通过这样的描述，你是否能感受到，就如同本章节所一直强调的那样，文化深层结构一直与那些对人们起至关重要的话题有关。

虽然宗教教典和教义中也和人们的日常生活有着紧密联系，但宗教的起源是和大自然的"神秘"现象密不可分的，比如雷电、洪水、彗星、旱灾或者疾病这样的具体现象。在生产力较弱的过去，人们渴求着对于这些现象有一种具体的解释，而宗教恰恰担任着这样的一种角色。

需要注意的是，随着社会的演进，越来越多的宗教随之诞生。而我们在谈及宗教时，一般需要遵守这样的原则，即这些宗教需拥有悠久的传统，这些传统长达数个世纪，塑造了亿万人的生活，并以它们的深度与广度而赢得人们的尊敬。犹太教、基督教、印度教、佛教和伊斯兰教是目前影响较大的几种宗教。而我们需要知道的是这些宗教的共同点，就如同我们之前一再强调的那样，跨文化交流所注重的是人们的共同点而非差异。

阅读与讨论

阅读以下报道，用你自己的理解阐述一下，邪教与正统宗教的区别。

1978年11月18日，一个名叫"人民圣殿教"的美国教派的900多名信徒，突然在该教派设在圭亚那首都乔治敦附近的一个营地里集体服毒自杀。这件惨案震动了科学和物质文明高度发达的美国社会。

据报道，"人民圣殿教"是由一个名叫琼斯的美国人在15年前创建的。他声称"圣殿教""反对种族主义的魔鬼、饥饿和不正义"，经常宣传"世界末日"即将到来和核战争恐怖，鼓吹自杀才是"圣洁的死"。他以经办农业为名，带领教徒到荒野、丛林中过着脱离社会现实的生活。1974年该教派的信徒首次来到圭亚那，1975年在圭亚那西北部地区占据了数千英亩土地。1977年夏，一本美国杂志揭露了这一教派野蛮虐待教徒和绑架人的情况。后来，"教主"琼斯也来到圭亚那。在他的蛊惑下跟着他到圭亚那的有1200人。

这个教派的教徒是一些对生活感到绝望的人和得不到社会帮助的人、吸毒者、老年人和孤独的人。他们对社会现实不满，对前途感到渺茫，对核战争恐惧异常。不少人受虚无主义思想影响，认为人生无常，活着是一种痛苦。因而他们入教之后，经常议论自杀。"圣殿教"的"教主"在圭亚那还组织过"集体自杀演习"。

这一教派的教规极其野蛮。信徒入教之后，从经济、信仰到肉体都受教主支配。信徒常受到殴打、鞭挞和种种精神折磨。小孩违犯教规，也要受罚，甚至可能被投入水中溺毙。它的教主极其专横，生活腐朽透顶。这一教派因此受到了外界的抨击和信徒亲属的控告；但是，却得到一些美国统治阶级人士的赞扬。众议员瑞安就是到圭亚那调查教徒受虐待的情况的。在他启程回美国时，有约20名信徒要求随他离开营地。这时"圣殿教"教主下令枪杀了瑞安和随行的记者等人，然后又强迫营地全体信徒服毒自杀。

11月29日，集体自杀的最后一批尸体已从圭亚那运回美国。法律界、外交界、心理学家以及家属们都在深思这一令人费解的问题。他们想得到这样一个答案，为什么一位奇怪的加利福尼亚人的900多追随者会在南美洲的丛林中进行集体自杀？

身穿绚丽衣着的迷信者们的尸体横七竖八地躺在圭亚那琼斯敦的"人民圣殿"的地上。死里逃生的只有80人左右，他们说，圣殿成员在自杀仪式上吞下了含有"苦尔—艾德"氰化物的调制品。幼儿被用勺喂下了这种致命物，而较大一点的孩子则被命令自己吃下。成人们自愿吞食，之后便相互拥抱着倒下。他们的领袖，詹姆斯·华伦·琼斯，别名吉姆·琼斯牧师，被发现死在接受圣餐的圣坛上，头部有枪伤。

在"人民圣殿"教派中，除了年轻人之外，还有许多早在加利福尼亚州时就追随琼斯的中下阶级人士。当时许多政治家也支持琼斯提出的解决社会问题之纲要。后来传言，他强迫教徒将财产转让给他，并阻止人们退出教派，这时人们才对他心生怀疑。不久琼斯率教徒迁往圭亚那热带丛林，努力开垦荒林，并将居住地取名琼斯敦。一位追随者说琼斯要每人都相信他就是上帝。另一些人说他是妄想狂、性狂乱和权力狂患者。很显然，加利福尼亚的国会议员李奥·瑞安的来访，激怒了琼斯。瑞安乘船去圭亚那琼斯敦，调查信徒成员违背个人意愿参加活动的情况，信徒们被强迫放弃他们的私人财产，并被强制进行奇怪的性活动仪式。

据说琼斯命令他的信徒伏击瑞安及其一行人员，他们在距琼斯敦8英里的凯图玛机场进行伏击。这位国会议员的尸体在泥土飞机跑道上被发现，旁边躺着几个美国记者，鲁·哈里斯、摄像师罗伯特·布朗，摄影师葛里葛利·鲁宾逊和帕特里夏。布朗一直在拍摄录像，直到子弹连续不断地射来，其中一颗击中了他的头部。

目击者说，琼斯命令他的追随者自杀，因为这之前他知道瑞安的一些随从逃脱了他们的伏击。早些时候琼斯曾经说过，如果他的社团被攻击的话，他将毁灭这个团体。他曾经训练他的追随者做自杀仪式，而他们没有谁进行反对。毫无疑问，这些人都经过了他的"洗脑"，因此，当他宣布"到另一个世界相逢时刻来到了"的时候，这些追随他的迷信崇拜者就和他一道行动了，而美国政府还以为他们一直在从事农业开垦。[①]

[①] 刘旭：《"人民圣殿教"900多信徒集体自杀》，2009年11月16日，中国网。

第四节 家 庭

每一种文化都强调家庭在每个人生活中的重要性。可以说,家庭是人类所有社会体制中最为重要,同时也是最为古老的构成单位,并且能反映不同文化的实质特征。作为社会中的一员,我们自小出生在家庭,成长在家庭,成人后自己组建家庭。除了这些普遍的家庭责任外,如同施耐德和西尔弗曼讨论的那样,每一个家庭都需要面对特定的义务:

> 家庭约束人的性生活,监督其成员遵守性道德规范。家庭负责繁衍后代,以确保人类社会的延续,并且要对所生的孩子实行教育。家还要负责照顾和保护其成员的身体,以及给他们精神支持和关怀。[1]

家庭代表着生命的起点,在我们离开母体那一刻起,我们就来到了家庭的怀抱中。马克思和恩格斯认为:"每日都在重新生产自己生命的人们开始生产另外一些人,即增殖。这就是夫妻之间的关系,父母和子女之间的关系,也就是家

---

[1] Linda Schneider, Arnold Silverman, *Global Sociology: Introducing Five Contemporary Societies*, New York: McGrew-Hill, 2012, p.165.

庭。"① 奥地利心理学家弗洛伊德认为家庭是"肉体生活同社会机体生活之间的联系环节"。美国社会学家 E.W. 伯吉斯和 H.J. 洛克在《家庭》（1953）一书中提出："家庭是被婚姻、血缘或收养的纽带联合起来的人的群体，各人以其作为父母、夫妻或兄弟姐妹的社会身份相互作用和交往，创造一个共同的文化"。

一、家庭的重要性

在我们阐述家庭对于你和对于社会的重要性之前，不妨来看一则美国心理学家斯科特所遇到的一个心理学案例：

> 斯图尔特是位出色的企业工程师，他50多岁时，突然极度消沉起来。他的事业一帆风顺，又堪称理想的丈夫和父亲，他却觉得自己毫无价值，甚至是个坏家伙。他抱怨说："也许我哪天死掉了，对这个世界更有好处。"他的话完全是内心感受。他感到自卑，经常失眠，烦躁不安——这是忧郁症的典型症状。他还曾两度自杀未遂。病情严重时，他甚至无法吞咽食物。他觉得喉咙严重梗塞，有时只能进食流质食物。但是，X光以及其他检测证明，他的身体没有任何问题。对于他的"宗教"，斯图尔特没有怀疑，也没有抱怨。他认为自己是无神论者和科学工作者。他对我（斯科特）说："我只相信看得见、摸得着的东西。据说，假如信奉充满爱心的上帝，或许对于我的成长更有好处。可是，我从小就听够了这一套谎言，我是不可能再上当的。"他的童年，是在观念保守、民风淳朴的美国中西部度过的。父亲是基督教牧师，母亲也是虔诚的教徒，不过斯图尔特长大以后，很快与家庭和宗教脱离了关系。
>
> 经过几个月的治疗，斯图尔特在我的鼓励下，开始对我说起他做过的短暂的梦："我回到童年时代，回到了在明尼苏达的家乡。我好像还是个幼小的孩子，可我分明知道，我仍旧是现在的年龄。有一天晚

---

① 《马克思恩格斯全集》第3卷，人民出版社1960年版，第32页。

上,一个男子突然走进房间,想要割断房间里每个人的喉咙。我好像从没见过这个人;奇怪的是,我知道他是谁——他是我高中约会过的一个女孩的父亲。梦做到这里就结束了,我惊恐地醒过来。我知道,那个男人想割断我们的咽喉。"

……

"既然如此,想必你的童年一定很幸福,是吗?"

他瞪大眼睛说:"你是开玩笑吗?我根本不幸福。我的童年太痛苦了。"

"为什么痛苦呢?"

"我几乎天天挨打。皮带、木板、扫把,都是父母教训我的工具。不管做错什么,我都会挨打。他们还说,每天打我一顿,可以让我的身体更加健康,而且能促进我的道德修养。"

"他们是否威胁过要掐死你,或割断你的喉咙?"

"没有。不过我相信,这是因为我小心谨慎的缘故,不然他们真的可能那样做。"说到这里,斯图尔特突然停住了,他沉默了好久,脸上露出沮丧的神情。他面色凝重地说:"我好像明白是怎么回事了。"

斯图尔特不只是唯一相信"恶魔上帝"的人。很多病人都对上帝有相同的认识和看法,提到上帝,他们就感到恐惧。当然,在人们的头脑中,"恶魔上帝"的观念并不是一种普遍存在的情形。我说过:在孩子的心目中,父母就像是神和上帝,父母处理事情的方式,就是宇宙间的至高法则。孩子对所谓神性的了解,往往来自父母的人性——父母充满爱心,悲天悯人,孩子们就会相信上帝充满爱心、普度众生。这样,即便到了成年,在他们的心中,世界仍和童年时一样,充满爱和温暖。假如父母言而无信、睚眦必报,孩子成年后,就会感觉世界充满邪恶。从小得不到关心的孩子,长大后就会缺乏安全感,对世界和周围的人充满戒心和敌意[1]。

---

[1] M. Scott Peck, *The Road Less Traveled and Beyond : Spiritual Growth in an Age of Anxiety*, New York : Simon & Schuster, 1977, p.282.

在这个案例中，我们看到了家庭对于我们文化认知的重要性。首先，家庭是连接个人与社会的必要桥梁，人们往往是通过对于家庭成员的了解，才能慢慢地进入社会与其他人进行交流。家庭在社会中的首要责任是将一个人由一个生物转变成为具有与其他人共同生活在社会里的能力的"人"。所以说，社会中最基本也是最首要的组织就是家庭，没有家庭，就无所谓社会的存在。我们看到，案例中的斯图尔特人到中年后，自身的心理危机造成其无法正常与其他社会成员交往的最终原因在于其童年在家中的境遇。其次，虽然在文化的深层结构中，文化的核心价值源自其主导的宗教观念和文化的世界观，但家庭在文化深层结构中所担任的角色是这些观念和价值的守护者，同时也在把这些观念和价值传递给在家庭中诞生的新成员。在上面的案例中，父母对于斯图尔特的施暴与压力无疑传达出了一种扭曲的社会阶级观念，从而对于斯图尔特在今后的社会认知中造成了阻碍。最后，家之所以重要，是因为家庭赋予了我们第一个社会身份。想一想我们的姓，它证实了我们从属于何种家庭，来自哪里。家教也能给孩子们带来他们所生活社会的基础知识，也能带给关于他们所处的文化的永久性信息，以及具体的行为习惯、社会传统和能够与同社会人交流的语言。

二、家庭的类型

按照家庭的规模划分的家庭结构有：

核心家庭：由一对父母和未成年子女组成的家庭。

主干家庭：由一对父母和一对已婚子女（或者再加其他亲属）组成的家庭。

扩大联合家庭：由一对父母和多对已婚子女（或者再加其他亲属）组成的家庭。

扩大家庭曾经是中国人的梦想，人们常常用"子孙满堂"来表述长辈的成功与幸福。有人指出，中国传统社会是以大家庭为主其实是一种误解。人们确实是以大家庭为理想，但并未普遍存在过所谓的大家庭。事实上，所谓的大家庭主要存在于世族门阀之中，而且这样的人毕竟是少数，绝大多数居民是以核心家庭或者主干家庭为主的小家庭，扩大家庭式的大家庭并不广泛存在。

除了传统的家庭组成外，现今的社会也广泛存在非传统家庭结构：

单亲家庭：由单身父亲或母亲养育未成年子女的家庭。

单身家庭：人们到了结婚的年龄不结婚或离婚以后不再婚而是一个人生活的家庭。

重组家庭：夫妻一方再婚或者双方再婚组成的家庭。

丁克家庭：双倍收入、有生育能力但不要孩子、浪漫自由、享受人生的家庭。

空巢家庭：只有老两口生活的家庭。

断代跨代家庭：无父母的未婚子女共同居住家庭，以及由实体婚姻产生的其他多人共居组合家庭。

古往今来，一个社会的家庭结构并不是一成不变的。家庭结构的不同主要是由于社会经济因素，全世界的家庭结构正在逐渐朝核心家庭的方向转变，这种趋势与城市化、工业化以及现代化相关联。

三、文化与家庭

家庭是社会的基本组成单位，而受文化所影响的社会毫无疑问也对家庭造成着影响。在人类社会中，不同的文化造就了各式各样的家庭，这些各式各样的家庭在社会中又扮演着不同的角色。著名的美国人类学家玛格丽特·米德对于存在于家庭、文化和世界观的强大联系有着一番精彩的论述：

> 初生的婴儿可以成为任何社会的成员……无论他们成为何种类型的人，都取决于他们如何被教育培养、如何被爱护惩罚。如果我们对此有所研究，找出这些婴儿之所以成为这种而不是那种人的发展脉络，我们就会对他们了解得更多……给婴儿洗澡或者喂养他们的方式，惩罚或者奖励他们的方法，都为我们了解一种社会特性的形成提供了大量的线索。[1]

---

[1] Margaret Mead, *Comparisons: Four Families (Part I)*, *National Film Board Production*, New York: McGraw-Hill Films, 1965, p.76.

正如中国一句俗语所言："龙生龙凤生凤，老鼠的儿子会打洞。"一个人在成长道路中会有许多不同的道路，而家庭就是决定着那些道路走向的因素之一。生活在非洲大陆的孩子们天生就懂得大家族的概念，因为他自小就同许多家人一起成长。而中国的孩子也明白如何尊敬与善待老人，因为绝大多数中国人的孩子生活在有老人的家庭中。这些生活经历能够将与家庭相关的成千上万条信息联系起来，而在这样家庭背景下成长起来的孩子们就会自然而然地被塑造成为他们所在的那种文化成员。在这里需要注意的是，家庭所扮演的并非硬性灌输原则、信仰和习惯给孩子们的。家庭在影响你的所作所为时，是通过更为广义的文化空间所传达的。

阅读与讨论

阅读以下文章，谈一谈家庭对于个人成长的意义。

早在5年前，作家老鬼推出对自己的母亲、《青春之歌》的作者杨沫的纪念作品《我的母亲杨沫》之时，其"尽可能大胆地再现出一个真实的、并非完美无缺的杨沫"，在书中控诉杨沫身上母性、亲情的泯失，"对孩子冷酷无情"的种种表述就一度成为街谈巷议的热点。

彼时，这样"另类"的对父母的"控诉声"还只局限于小众的、个别先锋作家的行为，然而如今，已经有越来越多的孩子在一个名为"Anti-Parents父母皆祸害"的网络小组表达类似的犀利声音。这个让无数父母震怒的名字，源自英国作家尼克·霍恩比的小说《自杀俱乐部》，少女杰丝在姐姐出走后，与陷入神经质的母亲及任教育部长的父亲关系愈发紧张，在小结自己失败的青春期时，杰丝如是说。

这个小组的横空出世引发了社会大讨论。有人认为，这只是一种有害无益的发泄组织，很多伤痛是他们臆想出来的，很快就会消失；也有人认为，虽然小组的名字听上去比较尖锐和负面，但究其内容，不乏理性的思考。

这个名为"Anti-Parents父母皆祸害"的网络小组成立于2008年1月

18日，现在已有15824个成员。其宣言曰："反对不是目的，而是一种积极手段，为的是个人向社会化进一步发展，达到自身素质的完善。我们不是不尽孝道，我们只想生活得更好。在孝敬的前提下，抵御腐朽、无知、无理取闹父母的束缚和戕害。这一点需要技巧，我们共同探讨。"

在公开的小组讨论中，有这么一些帖子排在前几位：《没有父母不爱自己的孩子，这是这个世界上无数谎言中的No.1》《可怜天下父母心》《他们将孩子当作了一个"物"，而不是人》《为人儿女的路规》等等。里面的有些文章常常被转载，比如《为人儿女的路规》就被当成是年轻人独立自主的参考准则。第一条，22岁大学毕业了就不应该再跟父母同住了。事实上读大学就应该选择离开家乡去另外的地方。这跟父母祸害与否没关系，是成长必需的断奶期。第二条，成年之后不要让父母太干涉你交朋友、约会甚至找工作，这些应该是你自己的事，你应该设法养活自己，并且决定自己的生活道路。第三条，成年之后就尽量不要跟父母要钱了，他们给你钱是心疼你，当礼物收下，要知道感激，但不能靠它过日子……

既然名为"Anti-Parents父母皆祸害"，那么他们在反对父母什么？在帖子《心理学上定义的非爱行为》中，有这样的表述：心理学上有一种界定，说现代人的交往中，有一种行为叫作"非爱行为"。什么意思呢？就是以爱的名义对最亲近的人进行的非爱性掠夺。这种行为往往发生在夫妻之间，恋人之间，母子之间，父女之间，也就是世界上最亲近的人之间。夫妻和恋人之间经常会出现这样的场面：一个对另一个说：你看看，我就为了爱你，放弃了什么什么；我就为了这个家，才怎么怎么样，所以你必须要对我如何如何。不少母亲也经常会对孩子说：你看看，自从生了你以后，我工作也落后了，人也变老变丑了，我一切都牺牲了，都是为了你，你为什么不好好念书呢？所有这些，都可以称为非爱行为，因为，它是以一种爱的名义所进行的一种强制性的控制，让他人按照自己的意愿去做……

帖子还说：我曾经看到有一本写如何为人父母的书，作者是一个英国的心理学女博士。她在书的开头说了一段非常好的话。她说：这个世界上所有的爱都以聚合为最终目的，只有一种爱以分离为目的，那就是父母对孩子的爱。父母真正成功的爱，就是让孩子尽早作为一个独立的个体从你的生命中分离出去，这种分离越早，你就越成功。从这个意义上来讲，距离和独立是一种对人格的尊重，这种尊重即使在最亲近的人中间，也应该保有。

值得注意的是，这个被贴上"幼稚""叛逆期青少年""心智不成熟的成年人"标签的群体，大多数是温和而坚强的。组员们在一起互相安慰时，最多的还是说"独立起来，离开他们，走得越远越好"。豆瓣网上有人在评论他们时表示，他们有的想反抗，有的想放弃，更多的是迷茫，他们措辞激烈，但并不见得是暴力，他们都是受过伤的孩子，比别人更加柔软，故作决绝凶狠的言辞只是一件蛋壳做的盔甲，尽管看起来很坚硬。①

本章推荐阅读书目

[1][德]马克斯·韦伯:《新教伦理与资本主义精神》，阎克文译，上海人民出版社2018年版。
[2][德]马克斯·韦伯:《中国的宗教：儒教与道教》，康乐、简惠美译，广西师范大学出版社2010年版。
[3]杨国枢:《中国人的价值观：社会科学观点》，中国人民大学出版社2013年版。
[4][法]爱弥尔·涂尔干:《宗教生活的基本形式》，渠东、汲喆译，上海人民出版社2006年版。
[5][美]奥斯卡·刘易斯:《桑切斯的孩子们：一个墨西哥家庭的自传》，李雪顺译，上海译文出版社2014年版。

本章参考书目

[1]Adamson E. Hoebel, *Man in the Primitive World: An Introduction to Anthropology*, New York: McGraw-Hill, 1958.

---

① 陈祥蕉:《"父母皆祸害"引万人大讨论 爱的名义被滥用》，《南方日报》2010年7月30日第13版。

[2] Adamson E. Hoebel, Everett Lloyd Frost, *Cultural and Social Anthropology*, New York: McGraw-Hill, 1976.

[3] Albert R. Gilgen, Jae Hyung Cho, "Questionnaire to Measure Eastern and Western Thought", *Psychological Reports*, Vol.44, No.4, Jun., 1979.

[4] André Burguière, *A History of the Family*, Vol.4, MA: Harvard University, 1996.

[5] John J. Macionis, *Society: The Basics, 4th ed.*, NJ: Prentice Hall, 1998.

[6] Keith Crim, *The Perenial Dictionary of World Religions*, New York: Cambridge University Press, 1989.

[7] Linda Schneider, Arnold Silverman, *Global Sociology: Introducing Five Contemporary Societies*, New York: McGrew-Hill, 2012.

[8] M. Scott Peck, *The Road Less Traveled and Beyond: Spiritual Growth in an Age of Anxiety*, New York: Simon & Schuster, 1997.

[9] Robert Bartels, "National Culture-Business Relations: United States and Japan Contrasted", *Management International Review*, Vol.22, No.2, Jan. 1982.

[10] Samuel P. Huntington, "The Clash of Civilization", *Foreign Affairs*, Vol.2, No.72, Aug., 1993.

[11] William E. Paden, *Religions World: The Comparative Study of Religion*, MA: Allyn & Bacon, 1994.

[12] William A. Haviland, Harald E. L. Prins, Dana Walrath, Bunny McBride, *Cultural Anthropology*, TX: Harcourt Brace Jovanovich College Publishers, 1993.

[13] 林一、刘珺主编:《跨文化交流案例分析》,经济日报出版社2012年版。

[14] 陈国明:《跨文化交际学》,华东师范大学出版社2009年版。

[15] 刘长林:《中国系统思维》,中国社会科学文献出版社2008年版。

第四章　文化价值观与文化价值取向

> 文化价值观源自宽泛的哲学问题，这些问题又是文化的中流砥柱，它们通过不同的资源得以传承，如家庭、媒介、学校、教堂、国家等等。因此，文化价值观建立的基础广泛，时间比较持久，状态也相对稳定。文化价值观通常具有标准性和衡量性，它使其文化成员知道正误与真假的标准。文化价值界定什么值得我们献出生命，什么值得保护，什么对人很危险，什么是正确的学习对象，什么比较荒谬。
>
> ——萨默瓦、波特[1]

---

[1] [美]拉里·A. 萨默瓦、理查德·E. 波特：《跨文化传播》（第四版），闵惠泉等译，中国人民大学出版社2010年版，第81页。

第一节　文化价值

在上一章节中,我们讨论了影响文化的重要因素,并且简要分析了这些因素的构成。家庭、宗教乃至世界观与文化相互作用和影响,从而体现在一个人的身上。我们通过了解一个社会的世界观、宗教、社会历史制度和家庭,就能够对这个社会的文化特征有一个基础性的了解。而文化价值正是社会文化的产物,生活在社会中的人们不仅是文化价值的需求者,而且是文化价值的承担者。同时,文化价值又是由人创造出来的。不管是人的文化需要,还是满足这种需要的文化产品,都只能在人的社会实践中形成。人们创造文化需要和文化产品的能力,本身也是文化价值,而且是最本质的文化价值。任何社会形态都有该社会特有的文化需要,这种文化需要只有通过人们的文化创造活动来满足。

由于文化需要的复杂多样,所形成的文化价值关系也是形形色色的。对于某个社会生活共同体具有文化价值的事物,对于另一个社会生活共同体可能不具有文化价值,甚至具有反面价值。因此,想要了解文化价值,就需要了解一个人在某种情况下表现出某种行为的基础。[1] 但文化价值并非能直接从我们的感官运作中直接觉察,而必须通过观察其行为的过程,才能够推敲或者归纳出一个人或

---

[1] 参见陈国明《跨文化交际学》,华东师范大学出版社2009年版,第65页。

者一个社会的整个价值系统。简而言之，文化价值源于我们自身的信仰系统。

在文化价值（culture values）这个概念中，价值并非其在商业中的含义，而是指在社会生活中人们的信仰与世界观。我们在之前已经讨论过，信仰与世界观影响着我们对于好与坏、对与错、美与丑、有用与没用的判断，当我们在进行这一过程的时候，价值就立即产生了。因此，文化价值是经由一个漫长学习过程才可以习得的，在这个世界上，不同的文化都会发展出一套不同的价值系统。

正如开篇所言，文化价值促使我们判断什么样的人应该尊重，什么样的人应该鄙视，什么样的事情重于泰山，什么样的事情轻于鸿毛，什么事情值得献出生命，什么事情不值一提。文化价值相当于衡量生活在一个社会中人群的道德标准，它由一系列可经学习的法则构成，这些法则是碰到问题和如何做出决策的依据。可以说，存在于社会中的文化价值是代表大多数人群所期待或者希望的生存法则。文化价值并非流于表面的形式化物品，而是我们用来判断举止行为的一套法则。[1] 这也验证了我们之前所论述的，文化价值不能从感官上有所体验与察觉，必须深入到实际生活中去，通过体验语言的运用、对于下一代的教育、社交行为、聆听这个社会的故事、了解这个社会的法律等才能体验出来。

阅读与讨论

阅读以下文章，讨论一下哈佛大学的"种族配额"有道理吗？

2018年10月15日，持续4年的"哈佛招生歧视亚裔案"在美国波士顿联邦地方法院开庭审理。该案引发了广泛关注，此案结果可能决定全美大学平权措施的命运。

该案备受争议是因为其触及了意在鼓励少数族群在就业及受教育上获得更多机会的《平权法案》（*Affirmative Act*）。法案中"种族配额"

---

[1] Ethel M. Albert, "Value Systems", *The International Journal of Intercultural Relations*, Vol.10, No.2, Oct., 1964, pp.197–213.

的方法是为了平衡不同族裔群体间的权利关系，保障各族裔群体的权益，但这种方法又使亚裔美国人遭遇了一定程度上的歧视，产生了负面效应，比如有学生在招生过程中假扮非裔等。因此，"种族配额"的方法是一把双刃剑，这也使得该案出现了两种声音。

中西方媒体对这两种声音均有报道，但纵观案件的整个过程，媒体对支持原告一方的声音报道得相对更多也更丰富。BBC报道指出，除了学术和课外活动等客观指标外，哈佛大学对申请人使用"个性评分"标准，原告认为，哈佛大学在这项主观分数下为亚裔打了低分，通过这个方式操纵了新生的族裔比例，侵犯了亚裔的公民权利。这一点成为原告方最有力的证据。①

一、文化价值的多样性

文化价值并不是普世价值，其具有复杂与多样化的特性，变化也具有多种方向。文化价值的方向可以是负面的、正面的和中立的。对于美国人来说，强调种族与男女平等的文化价值是正面的，反之则是负面的。对于中国人来说，"团结互助"的集体主义是中国人传统的正面价值观，而"自私自利"的个人主义则会受到批判和轻视，属于负面的价值观。

同时，同样的文化价值在不同的国家也能体现出强与弱的区别。中国人注重对于父母的孝，《礼记》中说："孝子之养老也，乐其心，不违其志。"忠孝是中国文化传统上异常重要且坚固的强烈文化价值观念。但对于生活在西方国家的人们来说，忠孝的文化价值并不能让人理解，但是对于平等、自由与人权观念的重视却并不输给中国人对于忠孝的信念。

在跨文化交流的研究中，研究者需要对于一个社会的文化价值取向做出衡量的时候，往往会运用一些工具来进行测试。罗克奇价值观调查表（Rokeach Values Survey）是国际上广泛使用的价值观问卷，是米尔顿·罗克奇（Milton

---

① 跨文化传播研究小组：《2018年跨文化传播事件评析》，载单波主编《跨文化传播研究（第一辑）》，中国传媒大学出版社2020年版，第122页。

Rokeach）于1973年编制的。罗克奇的价值系统理论认为，各种价值观是按一定的逻辑意义联结在一起的，它们按一定的结构层次或价值系统而存在，价值系统是沿着价值观的重要性程度的连续体而形成的层次序列。价值观调查表中包含18项终极性价值和工具性价值，每种价值后都有一段简短的描述。施测时，让被试按其对自身的重要性对两类价值系统分别排列顺序，将最重要的排在第1位，次重要的排在第2位，依此类推，最不重要的排在第18位。该量表可测得不同价值在不同的人心目中所处的相对位置，或相对重要性程度。这种研究是把各种价值观放在整个系统中进行的，因而更体现了价值观的系统性和整体性的作用。

罗克奇将文化价值分为两个种类。第一种为终极性价值观（terminal values），指的是个人价值和社会价值，用以表示存在的理想化终极状态和结果；它是一个人希望通过一生而实现的目标。第二种类型为工具性价值观（instrumental values），指的是道德或能力，是达到理想化终极状态所采用的行为方式或手段。

表1 终极性价值

1. 舒适的生活	2. 刺激的生活	3. 成就感	4. 和平的世界	5. 平等
6. 家庭安全	7. 快乐	8. 内心的和谐	9. 成熟的爱	10. 国家安全
11. 享乐	12. 自尊	13. 社会的认同	14. 纯真的友谊	15. 智慧
16. 美丽的世界	17. 救赎	18. 自由		

表2 工具性价值

1. 雄心的	2. 宽怀的	3. 有能力的	4. 快活的	5. 洁净的
6. 勇敢的	7. 宽容的	8. 有用的	9. 诚实的	10. 富于想象的
11. 独立的	12. 理智的	13. 逻辑的	14. 钟情的	15. 依顺的
16. 有礼貌的	17. 负责的	18. 自制的		

罗克奇价值观调查表不仅仅在进行不同社会文化价值比较时广泛使用，其同时也能证明同一社会中，不同人群拥有的文化价值有很大差异。相同职业或类别

的人(例如公司管理者、工会成员、父母、学生)倾向于拥有相同的价值观。例如,一个研究比较了公司经营者、钢铁业工会的成员和社区工作者,结果表明三组人的价值观有很多是重叠的,但是,这3类人群也存在着显著的差异,如表3所示:

表3 价值观差异

经营者		工会成员		社区工作者	
终极价值观	工具价值观	终极价值观	工具价值观	终极价值观	工具价值观
1. 自尊	1. 诚实	1. 家庭安全	1. 负责	1. 平等	1. 诚实
2. 家庭安全	2. 负责	2. 自由	2. 诚实	2. 世界的和平	2. 助人为乐
3. 自由	3. 能干	3. 快乐	3. 勇气	3. 家庭安全	3. 勇敢
4. 成就感觉	4. 雄心勃勃	4. 自尊	4. 独立	4. 自尊	4. 负责
5. 快乐	5. 独立	5. 成熟的爱	5. 能干	5. 自由	5. 能干

社区工作者的价值偏好与其他两种人存在着很大的差异,他们认为平等是最重要的终极价值观,而公司经营者和工会成员却分别将这种价值排在第14位和第13位。社区工作者将"助人为乐"排在工具价值观类型里第二重要的地位,其他两类人都将它排在第14位。

这些差异是很重要的,因为经营者、工会成员和社区工作者对公司所做的事情有不同的兴趣。当公司经营者与其他两类人中的股东坐在一起谈判或讨论有关公司的经济和社会政策时,他们可能从各自偏爱的不同的个人价值观出发。在那些个人价值观相当复杂的公司里,要想对某个具体问题或政策达成一致意见可能是相当困难的。[1]

二、文化价值观的比较

由于不同种族、不同社会、不同人群都拥有相异的价值观,不少研究者致力于发现不同的文化价值观,或者比较不同文化间价值观的差异,通过这些研究我

---

[1] Milton Rokeach, *Beliefs, Attitudes, and Values*, CA: Jossey-Bass, 1973, p.112.

们就能够进一步了解这个世界上不同的文化。比如，不少研究者尝试在同一研究中比较不同文化之间的价值观差异。比如在罗克奇的研究中，他发现美国男女之间的价值观有所差异。比如在工具性价值上面，虽然男女首选的皆是诚实，但第二选项中女性选择的是宽容，男性选择的是雄心。在终极性价值观的选择中，和平、家庭安全和自由皆为男女前三项的选择，但是在第四选项上，男性选择的是舒适的生活，而女性选择的为救赎。①

在另外一项研究中，通过对比日本人、韩国人和美国人的价值观，发现在这三个文化价值观中，除了对于自由应居于首要地位有重要共识外，几乎没有其他相似的价值观。在这项研究中发现，美国人重视个体性、民主、平等与诚实，而日本人重视工作，韩国人则重视成就感、诚实与尊敬父母。

而在其他的研究中，不同阶级之间的价值观也有所差异。法国社会学家皮埃尔·布尔迪厄指出，这样迥异的价值观导致了阶级间审美的直接差异。比如，在工人阶级文化价值观中，保持身体强壮更有"男子气概"的男性更具有审美优势，而男性"女性化"的表现则遭到鄙视。而在中产阶级的文化价值观中，男性完美身型是以柔和与身体优雅的观念为基础的。因此，在运动方面，工人阶级的男性更关注于能够展示"男子气概"的炫耀性运动，比如拳击和举重。对于女性来说，中产阶级上层的女性更强调的是"优雅"与"别致"的展现，而工人阶级的美丽更多地依赖于对于身体特性的突出展现，比如惹人注目的染发、裸露肉体、佩戴更为夸张的配饰等等。中产阶级的女性倾向于以"有节制的"方式着装，强调的是所谓"冷面优雅"（cool elegance），选择谨慎地展现裸露一定部位的服装。相反，工人阶级的女性对于女性美丽的标准更倾向于对于身体特征的展示，"花俏"并且"具有挑逗性"的服饰会受到追捧。②

在美国社会学家保罗·迪马乔看来，不同阶级的不同价值观划分了所谓"高雅"与"通俗"艺术：

> 在19世纪之初，在"高雅"与"通俗"的文化和活动之间并未有明

---

① Milton Rokeach, *Beliefs, Attitudes, and Values*, CA: Jossey-Bass, 1973, p.152.
② Pierre Bourdieu, *Distinction: A Social Critique of the Judgment of Taste*, London: Routledge, 1992, p.145.

确的区分，两者都是市场的一部分。例如，莎士比亚的作品就和滑稽剧、和形形色色的表演在同一个剧场演出，包括喜剧演员、小丑、变戏法的，而且买票看莫扎特的表演同时也可以欣赏到民乐和流行歌谣。然而，到了19世纪末，波士顿的上层阶级就已经划分了"高雅艺术"，并将之带离大众市场，放置在一个大型非营利组织的组织网络内。博物馆、音乐厅、展览馆以及其他为所谓"高雅文化"建立起的场所被建造起来了，只有那些被定义为真正"艺术"的文化形式，如莎士比亚的戏剧和莫扎特的交响曲，才允许进入其内。而被定义为"通俗娱乐"的，则本质上被视为商业性的，并且仅仅适合下层阶级，这些文化形式保留在了商业剧场。实际上，一个完整的高雅文化世界已经建立起来，伴有其自己特有的展示场所，还有一系列的文化监控人（cultural police）——文化批评人、博物馆馆长等在周围巡视，他们告诉哪些类别的东西可以入内，哪些不行。对于文化形式进行分类、筛选和甄别并将它们归为"艺术"世界抑或"娱乐"和"通俗文化"世界，那时类似这样的过程贯穿整个西方世界。[1]

至今仍然有文化研究学者致力于研究不同社会、不同人群、不同阶层之间的文化价值观差异，以解决文化交流时所带来的冲突与障碍，对于文化价值观差异而产生的沟通交流问题，我们会在后面的几章中继续探讨。

阅读与讨论

阅读下列文章，试着按照罗克奇价值表中的内容，对于中美文化价值差异进行归类。

---

[1] Paul Dimaggies, "Cultural Entrepreneurship in Nineteenth Century Boston: The Creation of an Organizational Base for High Culture in America", in Richard E. Collins, James Curran, Nicholas Garnham et al. (eds), *Media, Culture and Society: A Critical Reader*, London: Sage, 1986, p.53.

美国社会在思想文化方面有以下几个突出的特点：

1. 美国比较强调个人主义，个人的权利，个人的自由，他们一个重要的观念是一切靠个人奋斗。……

2. 美国坚信资本主义制度，崇尚个人的民主自由，即使这给社会带来负面影响也要坚持。"9·11"事件虽然在社会上引起一些反思，但这种意识根深蒂固，很难改变。

3. 美国的宗教色彩非常浓重，百姓对总统去不去教堂很看重，认为这是总统在价值观上与他们有共同点，从而影响到对总统个人的认同。美国人信奉的是基督教中的新教，美国在建国时把教义里面所体现的精神写入宪法中。

美国老百姓所关心的国家及世界重大事务：

1. 经济政策：希望改进，有的需要国家干预。对此，进步的表示赞同，保守的表示反对。提高赋税，增加福利支出。进步的表示赞同，而保守的表示反对。

2. 犯罪问题：进步的认为是贫穷所致，同时认为罪犯不应判死刑，而保守的则认为犯罪原因是文化素质低，认为应该恢复死刑。

3. 社会政策：人工堕胎，妇女、儿童受教育并得到社会照顾，政治能否与教育在一起。进步的持肯定态度，保守的持否定态度。

4. 国家安全：进步的认为人权是放之四海皆准的原则，而保守的认为人权虽然重要，但首先是生存权。[1]

---

[1] 唐文方：《中美文化价值观的深层比较》，薛连通整理，2003年5月12日，中国网（http://www.wxg.org.cn/jzzx/1524.jhtml）。

第二节　文化价值取向

在1951年，为了更好地研究文化价值观，美国文化研究学者克拉克洪和斯托贝克进一步提出了"文化价值取向"(cultural values orientation)这个概念，以便使用实证的方式对于文化价值观进行观察和研究。在克拉克洪与斯托贝克看来，价值取向是一种可以为社会解决普世性问题的方法，这个定义包括了三项假设：

1. 所有的人类社会必须面对普世性的问题。
2. 不同社会使用不同的方法来解决这些普世性的问题。
3. 解决这些普世性问题的方法有限。[1]

对于文化的深入性研究与探讨，从文化价值观入手是一个极佳的角度，同样也是积累文化知识的主要方法之一。

---

[1] Florence Kluckhohn, Fred L. Strodtbeck, *Variations in Value Orientations*, London: Greenwood Press, 1961, p.143.

阅读与讨论

阅读帕森斯的"角色定义变量模式",想一想是否自己也在生活中有类似的情况?

对于文化价值取向模式的研究很多,而对于文化价值研究奠定基础的是美国社会学家帕森斯(Talcott Parsons)的"角色定义变量模式"(pattern variables of role-definition),用以区分价值形态类型,这个模式包含了五种类别:

1. 满意—惩罚困境(gratification-discipline dilemma),与他人的关系是限制在特定的具体范围里,还是处于宽泛的、不单一固定的范围里。

2. 个人—集体利益困境(the private vs collective interest dilemma),是注重自己的利益,还是注重自己所感知到的集体性需要。

3. 普世主义与特殊主义(universalism vs particularism),在与他人的关系中,行动者是按普遍的规则行事,还是按自己的某种特殊参照方式行事。

4. 成就与天赋(achievement vs ascription),在与他人的关系中,是注重他的效绩或能力方面,还是注重某些先赋性质,如性别、年龄、种族、种姓等。

5. 对于利益范畴特殊性与普及性(specificity vs diffuseness)之间的选择,在与他人的关系中,是按满足当下情感的方式行事,还是在行事时保持情感的中立性。

在每一种社会关系中,行动者都要面临这些关系方式抉择。第一、二对变项涉及行动者自己对他人的界定方式,第三、四对变项涉及行动者自己对他人的取向方式,在后续的研究中,帕森斯取消了第五对变项。这些模式变项是分析工具,可用于人格、行动角色、组织、制度和总体社会的结构分析,不同文化之间的比较研究,以及社会发展与现代化的动态研究。另外,由这五个类别相互结合,可以产生一个系统的、相互依赖的形态。例如，普世主义与特殊主义两个价值取向标准和成就与归因两种社会价值取向标准相结合，就会产生四种价值取向的形态：

1. 普适性成就形态，指的是遵循着普遍适用于这个世界的标准或者通则的情况下，对于一种达成成就的期待。

2. 特殊性成就形态，指的是遵循独特规则的情况下，对于一种达成成就的期待。

3. 普适性归因形态，指遵循着普遍适用于这个世界的标准或者通则的情况下，对一种行动取向的期待。

4. 特殊性归因形态，指依循特殊性规则的一种行动取向的期待。[1]

虽然帕森斯的"角色定义变量模式"颇具规模，而且通过相互交叉结合，能够产生出一个包含16种形态的矩阵模式，但是由于这样的研究模式过为复杂，且在界定时不容易划分，所以在文化研究领域和跨文化研究领域上，只有较少学者采用。虽然帕森斯的模式目前并不在文化领域中受到重视，但其理论对于今后跨文化交流学者进行论述无疑是有影响力的，我们会在后面的几节中，着重论述目前较受跨文化交流学者青睐的文化价值取向模式。

---

[1] Florence Kluckhohn, "Valies and Values-Orientation in the Theory of Action", in T.Parsons & E. Shils (eds.), *Toward a General Theory of Action*, Cambridge, MA: Harvard University, 1951, pp.388 – 433.

第三节　克拉克洪与斯托贝克价值取向模式

美国社会学家克拉克洪与斯托贝克在1951年针对人类社会的价值取向问题研究时，提出了自己的看法。他们认为，在有限的解决范围之内，所有人类社会都面临五个同样的问题，这些问题是普遍存在且持续存在的：

1. 人性的本质为何？
2. 人与自然的关系为何？
3. 人生的时间定向为何？
4. 人类的行动形态为何？
5. 人类之间的关系形态为何？[1]

这五个问题包含了一个作为社会人在其价值观中对于人的本质（human nature）、人与自然（human-nature）、时间（time）、行动（activity）和关系（relation）的看法。在这五个问题上，克拉克洪与斯托贝克给出了三个基本假设，

---

[1] Florence Kluckhohn, Fred L. Strodtbeck, *Variations in Value Orientations*, London: Greenwood Press, 1961, p.110.

也就是说，他们认为人类在解决这些问题上，总要遵循这样的途径来进行：

1. 任何时代的任何民族都必须为某些人类的共同问题提供解决的方法；
2. 这些问题的解决方法不是无限的或任意的，而是在一系列的选择或价值取向中的变化；
3. 每种价值取向都存在于所有的社会和个体中，但每个社会和个体对价值取向的偏好不同。[1]

而对于这五个问题，克拉克洪与斯托贝克也给出了自己的解决方法，也就是价值取向。因此，他们提出了任何社会都要解决的五个基本问题：

1. 人性取向——人性本善（good），人性本恶（evil）或善恶兼而有之（mixed）；
2. 人与自然的关系取向——征服（mastery）、服从（submissive）或和谐（harmonious）；
3. 人类的时间取向——过去（past），现在（present）或将来（future）；
4. 人类活动取向——存在（being）、成为（being-in-becoming）或行动（doing）；
5. 人类关系取向——个体主义的（individualistic）、附属的（collateral）或等级的（hierarchical）。

克拉克洪与斯托贝克的价值取向模式相对帕尔森的价值取向模式来说，更简单扼要，仅针对人类社会最基本的问题提出疑问，且每个问题只有三种价值取向，却在文化研究领域中有很大的应用价值。因此，至今为止很多文化研究学者

---

[1] Florence Kluckhohn, Fred L. Strodtbeck, *Variations in Value Orientations*, London: Greenwood Press, 1961, p.110.

所发展出的文化价值研究模式几乎都是以此为基础。在下面的内容中，我们会对于这种价值取向模式来进行更细致的分析。

一、人性取向（Human Nature Orientation）

克拉克洪和斯托贝克认为在回答人性取向的问题时要考虑两个方面，首先人性到底是善，是恶或是善恶的混合体；其次还要考虑到人性是否可变。此外，他们进一步提出"混合"既可以指善恶兼而有之，也可指无恶无善。因此，在回答人类的本性这个问题时，我们可以有八种回答：

1. 人性本恶但可变；
2. 人性本恶但不可变；
3. 人性善恶兼而有之但可变（或变好或变坏）；
4. 人性善恶兼而有之但不可变；
5. 人性无恶无善但可变；
6. 人性无恶无善并且不可变；
7. 人性本善但可变；
8. 人性本善但不可变。[1]

不同文化中的人们对人性的看法差别很大，西方人受基督教影响崇尚"原罪说"，认为"人性本恶"，而中国人受儒家学说影响，认为"人性本善"。美国文化对人性的看法比较复杂，不单纯地认为人生来善良或生性险恶，而认为人性可善可恶，是善恶混合体。他们同时认为人性的善恶有可能在出生以后发生变化。从这个角度可以了解到，文化中对人本质的看法如何影响到管理者主要的领导风格。如果国家关注的是人的邪恶一面，则采用更为专制的风格来规范人的行为；而在强调信任价值观的文化中，参与甚至自由放任的领导风格占主流；在混合型

---

[1] Florence Kluckhohn, Fred L. Strodtbeck, *Variations in Value Orientations*, London: Greenwood Press, 1961, p.210.

文化中，领导风格可能会重视参与，但同时拥有严格的控制手段以迅速识别违规行为。

在中国，很长一段时间儒家思想占主导地位，而儒家思想最基本的理论基础就是"性善论"。孟子认为人与其他动物的根本差别，就是人的本性是善良的。人的性善就如水向下流一样，是绝无例外的。中国古代流行的教子歌《三字经》当中的第一句话也是"人之初，性本善。性相近，习相远"。也就是说，在中国的传统文化认知中，人的本性（天性）是向善的，是好的。而且，这种本性是相同相近的，带有普遍性。只因为后天生活习惯和环境的变化，才造成了各种行为的差异，导致背离"善"的现象。因此，尽管在春秋战国时代，有人性本善与人性本恶之争，但当今的中国主流文化还是持人性本善的观点的，因此，在分析具体的文化时，不能武断地将某种取向强加于该文化中的每一个人。

二、人与自然的关系取向（Human-nature Orientation）

根据克拉克洪与斯托贝克的价值取向理论，人与自然之间存在着三种潜在的关系，即征服自然，与自然和谐相处及服从自然。[1]

在中国，儒家人性观从天人一体的角度阐释人与自然的关系，认为人与自然合一既是人性的必然，也是人应该追求的目的，显示出人与自然统一的思想。孟子将天与人的心性联系起来，认为尽心即能知性，知性就能知天。《孟子·离娄上》主张"诚者，天之道也；思诚者，人之道也"，指出人应顺从于天，顺天道而行，真实而无妄。人类要达到与天道的合一，将天所给予人类的东西保存、扩充，并且最终要发扬光大。

然而，西方的人本主义提倡在生活中用理性和意志来改造环境，鼓励人们去征服自然，享受现世的物质生活。这种取向所持有的观点是所有的自然力都能并应该被征服和利用。比如，美国人愿意每年花费上亿经费从事癌症研究，因为他们相信可以找到癌症的病因，发现癌症的治疗办法，最终消除这种疾病。这种

---

[1] Florence Kluckhohn, Fred L. Strodtbeck, *Variations in Value Orientations*, London: Greenwood Press, 1961, p.309.

通过药物对疾病进行控制的行为就是人类改造自然的表现。

除了以上两种取向之外,有些文化认为人与自然的关系是服从自然。比如,对于东南亚海啸事件,大部分的东南亚人将此事归结于命运,认为赶上了海啸是上天的安排,虽然悲痛,但没什么可以抱怨的。也有的东南亚人认为此天灾的降临是人类冒犯自然的结果,是人类应受的报应。而美国人对此的反应则完全不同。他们认为,这是人类预测不精准,对可能的灾难准备不够的结果,如果人类能设计出更精确的科学仪器,或对可能发生的灾难提前做好防御准备,灾难就完全可以避免。

三、人类的时间取向（Time Orientation）

在克拉克洪与斯托贝克的理论中,人类的时间取向可以分为三种:一是过去取向（past-orientation）,强调传统和尊重历史。二是现在取向（present-orientation）,通常注重短期和眼前。三是未来取向（future-orientation）,这种社会强调长期和变化[1]。

过去时间取向主要存在于高度重视传统的文化里。这种时间取向的文化中的人们通常假定生命是遵从由传统或上帝的意志预先注定的轨道,他们崇拜祖先,强调密切的家庭关系。中国人非常重视"过去",他们崇拜祖先,尊敬老人,尊重老师,重视年龄和经验,因为这些方面都与"过去"有关,过去取向一直影响着中国人的行为和思维方式。在中国社会,人们对未来不太感兴趣,除非是很遥远的或理想的未来。人们做事情通常要考虑这个事情过去有没有人做过,有什么成功的经验可以借鉴,有什么失败的教训应当吸取,因此循规蹈矩已成为一种社会规范。

现在时间取向的人们不太关注过去已经发生的事和将来可能发生的事。人们认为只有现在才是最重要的,倾向于只争朝夕地生活,几乎不做明天的打算。现在取向的人们通常只注重短期和眼前。阿拉伯人在时间观念上是现在取向,不

---

[1] Florence Kluckhohn, Fred L. Strodtbeck, *Variations in Value Orientations*, London: Greenwood Press, 1961, p.382.

愿意对未来的事进行预测。菲律宾、拉丁美洲一些国家及美国亚利桑那州北部印第安人的文化也是属于现在时间取向。这些文化与其他文化相比，在对时间的态度上有更多的随意性和随机性。这种对时间有些满不在乎的作风常使西方人产生误解，把它当作懒惰、效率不高的表现。

未来时间取向的文化很注重变化。在这种时间取向的社会里，变化通常被认为是必要和有益的，而过去则是过时的，应当被抛弃的。克拉克洪和斯托贝克与霍尔都认为这种时间取向存在于美国社会。在美国，新产品的种类和包装层出不穷，因为他们认为只有这样才能吸引顾客。

四、人类的活动取向（Activity Orientation）

在克拉克洪与斯托贝克的价值取向模式中，人类的活动取向有三种，即做（doing）、存在（being）和成为（being-in-becoming）。[1] 美国社会是一个强调行动（"做"）的社会，人们必须不断地做事，不断地处在动之中才有意义，才创造价值。美国人工作勤奋，并希望因为自己的成就而获得晋升、加薪以及其他方式的认可。他们同时还注重活动的类型，活动通常要具有外在形式，必须是可以量化的活动类型，能够看得见，摸得着。在评估一个人时，美国人总是问"他/她做过什么？"和"他/她有什么成就？"，如果一个人坐着思考，他就什么也没做，因为思考不能量化，不能测量。

"存在"取向与"做"取向刚好相反。中国文化更注重"存在"取向，提倡"以静制动"，"以不变应万变"。此外，在中国，当人们想了解一个人时，总是先打听他的背景，如家庭出身、教育程度、工作单位、社会关系等。其次才关心这个人曾做过什么，有什么个人成就。

"成为"取向强调的是"我们是谁"，而不是我们做了什么。[2] 人类活动的中心是在自我发展的过程中努力成为更完整的自我。如禅宗僧人，就是一个最好的

---

[1] Florence Kluckhohn, Fred L. Strodtbeck, *Variations in Value Orientations*, London：Greenwood Press, 1961, p.392.
[2] Florence Kluckhohn, Fred L. Strodtbeck, *Variations in Value Orientations*, London：Greenwood Press, 1961, p.401.

例子，为了圆满自己，他们花费一生的时间进行沉思与冥想。

五、人类关系取向（Human Relations Orientation）

克拉克洪和斯托贝克提出人类在处理人与人之间的关系时也存在三种取向，即个体主义取向、等级制取向与附属性取向。个体主义取向以个人自治为特征，个人被认为是独一无二的独立个体。在这种取向下，个人的目标与目的优于群体的目标与目的。等级制取向注重群体，群体的目标优于个人的目标。[1]

在等级制取向的国家中，群体分成不同的层次等级，每个群体的地位保持稳定，不随时间的改变而改变。等级社会倾向于实行贵族统治。很多欧洲国家中的贵族就是这一取向的例子。附属性取向也注重群体，但并不是具有时间延续性的群体而是在时空中与个人关系最密切的群体成员。事实上，这一取向考虑的只是人们的群体成员身份而不是具体的人。例如，中国人习惯把自己看成群体的一员，认为个人不应特立独行，而应尽量合群，与群体保持和谐的关系。当个人利益与群体利益发生冲突时，个人应牺牲自己的利益保全群体的利益。而美国人则恰好相反。他们认为每个人都是独立的个体，都应为自己负责，强调个人的独立性。所以，美国青年18岁就离家生活，即使自己的学校或工作地点离父母家很近，也一定会自己另找房子，独立生活。如果一个美国人在20多岁的时候仍然和父母同住，会被视为不成熟或者是在社会上的失败者，而在中国这种情况很普遍。

用克拉克洪与斯托贝克提出的五大价值取向理论来区分文化能够帮助我们理解许多平时观察到的文化差异现象，并对有些"异常"行为进行合理的解释。克拉克洪与斯托贝克从自己的研究出发，得出结论：不同民族和国家的人在这五大问题上有相当不同的观念，并且这些不同观念会显著地影响他们生活和工作的态度和行为。但该理论没有探索更深层次的原因，即为什么不同国家和民族在这五大价值取向上会如此不同。

---

[1] Florence Kluckhohn, Fred L. Strodtbeck, *Variations in Value Orientations*, London: Greenwood Press, 1961, p.399.

第四节　霍尔价值取向模式

同样是研究文化价值取向，作为跨文化交流学科的奠基人，霍尔选择从沟通的角度，将文化划分为高语境文化（high-context culture）与低语境文化（low-context culture）两种。在1976年出版的《超越文化》中，霍尔这样解释："任何事物均可被赋予高、中、低语境的特征。高语境事物具有预先编排信息的特色，编排的信息处于接受者手里及背景中，仅有微小部分存于传递的讯息中。低语境事物恰好相反，大部分信息必须处在传递的讯息中，以便补充语境中丢失的部分。"[1] 霍尔在研究中，总结了一些高语境与低语境国家：

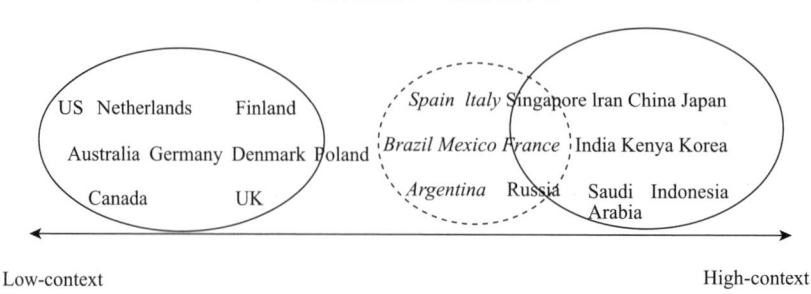

表4　世界各国高—低语境简表

US　Netherlands　Finland　　　　Spain Italy Singapore Iran China Japan
Australia　Germany　Denmark Poland　Brazil Mexico France　India Kenya Korea
Canada　　　　UK　　　　　　　Argentina Russia　　Saudi Indonesia
　　　　　　　　　　　　　　　　　　　　　　　　　Arabia

Low-context　　　　　　　　　　　　　　　　　　　　　　　　　High-context

---

[1] Edward.T. Hall, *Beyond Culture*, *Garden City*, NY: Doubleday, 1976, p.53.

从表中，我们可以看到，日本、中国和中东诸国的文化均属高语境文化，而英美文化则属低语境文化。分属这两种不同语境文化的人在相互沟通和交流时，会受各自的语境所制约而采用不同的语言运用和理解模式，也会因此而面对许多沟通上的问题。在高语境文化中，说话人用含蓄婉转的方式间接地表达自己的意思，期待听话人不仅能依赖上下文来理解自己的话，更能根据特定的社会环境、历史条件、社会关系甚至是宗教因素，对说话人的意图做出正确的判断和理解。

进一步来说，在高语境文化中，在人们交际时，有较多的信息量或者蕴含在社会文化环境和情景中，或者内化于交际者的心中；相对地讲，明显的语码则负载较少的信息量。这也意味着，在高语境环境文化的人们对微妙的环境提示较为敏感。在低语境文化中，交际过程中所产生的信息量的大部分由显性的语码负载，相对地讲，只有少量的信息蕴含在隐性的环境和情景中。这也意味着，在低语境文化中的人们习惯用语言本身的力量来进行交际。

在霍尔的总结中，他认为不同文化中所蕴含的高低语境的差异是明显的，高语境文化偏爱间接的表达方式，就如同低语境文化偏爱直接的表达方式一样，他认为高语境与低语境文化的间接与直接表达方式各具有四个特点。

高语境文化间接表达方式：

1. 不重视明显口语信息（explicit verbal message）。
2. 重要信息通常用一些情境性线索（situational cues）来提示，比如时间、关系与情况等。
3. 高度强调和谐，模棱两可的语言、沉默会经常使用在句子中。
4. 说话时，不善于直接触及重点，而避免直接说"不"。[1]

低语境直接表达方式：

1. 不重视沟通的背景因素（situational context）。
2. 重要信息通常直接在口语中表述。

---

[1] Edward.T. Hall, *Beyond Culture*, *Garden City*, NY：Doubleday, 1976, p.53.

3. 高度重视自我表达、口语流利、能言善辩。
4. 直接陈述自己的看法，并倾向于说服对方接受自己的意见。①

对于高低语境文化的差异，我们可以从两部在中美家喻户晓的情景喜剧中的对话看出，比如由英达在1994年拍摄的情景剧《我爱我家》中，有这样几则幽默对话：

1. 我们要化悲痛为饭量。
2. 这么好的一朵鲜花还愁没有牛粪插？
3. 你这个修正主义的猫好吃懒做，估计也抓不住老鼠。
4. 抓老鼠要结合中国的国情，不要去研究外国的老鼠。

从霍尔的理论角度来看，上面的这些句子都有很强的背景音，里面透着言语不能表达的幽默。例1、例2是原装语句的新编，例3和例4则是我们耳熟能详的政治术语的诙谐利用。这里的幽默从文字上是看不出来的，而是在大家所共享的文化规约中。此处，文字只是手段，真正有意味的是没有书写出来的内容，这很符合处于高语境领域的中国人的幽默、含蓄。

而同年代在美国播出的情景剧《老友记》（*Friends*）中，语言所表达的幽默就截然不同：

1. I don't know how I can speak out those words in front of a B-A-B-Y.
2. In a wedding, you need an administrator and an entertainer, and I can be the enterministrator.
3. I'm here to give you a Monicug (Monica hug) .
4. I have to go now, it's belly time (time to talk to the baby in his ex-wife's belly) .

---

① Edward.T. Hall, *Beyond Culture*, *Garden City*, NY：Doubleday, 1976, p.53.

例1通过BABY这个词汇的拖长音重读传达出一种幽默感，它强调听话人是个孩子；例2中，说话者将administrator和entertainer两个词合并，造出一个新词，很有喜剧性，如果这句话用中文翻译出来，幽默感就会失去；例3和例4属于同样的情况；在例4中，说话者高度浓缩，将括号中要表达的一整句话浓缩成了两个词，却又意义对等，语言的幽默得到了体现。从这些例子中我们可以看出，英语的幽默更多地针对语言本身，不依赖于语境实现。它通过词汇变化产生的幽默，在中文中没有相应的对等，因而也就失去了幽默的味道。

一、霍尔高低语境的研究局限性

在这里需要注意的是，虽然霍尔高低语境模式能够反映社会文化的一定价值取向，是了解跨文化差异的很好方式，但其运用主要集中在跨文化传播与交际领域，因为这种方式虽然能够清楚简明地说明文化差异，但是在具体运用时却忽略了文化的复杂性。我们需要知道，文化差异并非非黑即白的，更不是一种两极对立的情况，在进行文化分析时，不能只注重程度上的差别。

阅读与讨论

阅读以下文章，同时结合你之前所学到的文化价值取向模式，你认为以下的结论的归因是正确的吗？如果不是，错在哪里？

高语境文化与低语境文化中人际关系侧重不同主要表现在：

第一，以中国人为代表的高语境文化交际者在交际过程中体现出较明显的个性，而以美国人为代表的低语境文化交际者则在多种关系和情境中都运用普遍的和客观的模式。也就是说，中国人在交际过程中，依据对方的身份、地位采取相应的交际策略，根据特定的情境区分出不同的等级以调节不同的关系，具有较强的人性化和语境性。比如，服务员会根据顾客的穿着打扮改变服务态度；接待市长与接待一般顾客的态度也会迥然不同。这里的穿着、身份或地位都是语境中，不可缺少的部分。因为交际者确定交际策略的信息已经隐含在这些因素之中了。而低语境交际者美国人却认为，根据不同的情况，对不同的人采用不同的规则，可能违背了公正、平等等体现个人价值的神圣原则。在美国，人际关系不具特殊性，人们排队接受服务时可以随意与一位陌生人交谈，因为低语境交际的信息与语境关系比较松散、依赖程度低。

第二，高语境文化交际中的交际者群体内与群体外成员之间常有明显的区别，而低语境文化交际中的交际者群体内与群体外成员之间区别不明显。中国人的人际交往是内外有别的，群体内的成员亲密，群体外的会较冷漠。因为高语境文化环境下，群体内成员与自己联系紧密，成员之间具有相同的文化规约，具有更多相关的共享信息，具有与自己相同或类似的身份。这些要素正是高语境文化中解读信息的载体，群体外成员不具有这一优势，能够从他们身份等因素上获取的认同信息较少，这就是通常所说的"熟人好办事"。低语境文化下的美国人则一般不这样，人际交往中群体内外基本一视同仁，对事不对人。

第三，高语境文化交际者常利用个人认识的中介人即非正式中介人处理各种关系，而低语境文化交际者只用职业性中介人即契约性中介人处理特定的问题。中国人建立新关系是需要中介的。中介是交际双方的群体内成员，因此双方都不会拒绝中介，因而新关系可以建立。如，某人有两位朋友，一位是其大学同学，现为中学校长；一位是其表哥，现为公司经理，介绍时他会说："这是我表哥，公司经理。"先群体内再群体外。而美国人的中介是职业性的，如契约性律师等，中介是客观的第三者，视交流双方为平等、分离、独立的个体。

第四，高语境文化交际中交际者私人关系与公务关系常重叠，而低语境文化交际中交际者私人关系与公务关系经常分离。高语境文化环境下的中国人会在公务时间处理私人关系，所以可以看到有人会在工作时间打私人电话，而低语境文化下的美国人则会把私人生活和公务尽量分开，工作时间不做私事，而休闲时间也不谈工作。①

二、霍尔高低语境模式的实际运用

在进行文化价值取向的研究时，霍尔的高低语境模式往往作为一种工具，在研究社会组织与传播交际时运用，通过与其他模式的结合能得到相当详尽的结果。一般来说，霍尔的高低语境取向模式能够帮助我们了解不同语境文化的三个语言表达特点。

（一）言外之意

我们首先注意到的是言语中传情达意成分的多寡。此处的传意成分不同于信息量：如果说信息量是指言语所传递的信息多寡的话，那么传意成分则偏重于信息背后的"意"，即那一点点言外之意。

举个例子：在晚宴即将结束的时候，主人问客人：你吃饱了吗？客人对此话的理解和判断过程，实际上会因为主人所处的语境文化而呈现出不同的模式。若主人是一德国人，客人会因为德国文化属于低语境文化，而自然地单纯从字面上去理解这句问话，得出的结论是：他想知道这顿饭的分量对我来说是否足够。若主人是一中国人，客人则会做出这样的判断：中国人的文化是高语境文化，因此这句问话中所包含的潜台词，也许会比词语的字面值高得多，其中不仅有不知这餐饭的分量够不够之疑，也可能有这餐饭是否合你口味、中国菜你是否喜欢吃、你对我的招待是否满意之问。此时，客人就可能选择这样回答：我对这顿饭很满意。中国菜好吃，我很喜欢吃中国菜。我也非常感谢你的盛情款待。如此一来，不同文化语境中对言语理解的负面制约因素就会被破解，沟通顺畅，宾主尽欢。因此，了解不同语境文化的传意成分，有助于我们更准确地判断对方言语的字面值和潜台词，并据此来调整自己的言语表达和理解模式。②

---

① 陈国明：《跨文化交际学》，华东师范大学出版社2009年版，第57页。
② Edward.T. Hall, *Beyond Culture*, *Garden City*, NY：Doubleday, 1976, p.132.

（二）长话短听

其次是言语交际中的用语量大小。人们可能会以为，低语境文化的言语交际全靠话语的字面意义来传递信息，因此人们在交际时就不得不使用更多的词语、更长的句子。其实不然。正如我们在前面所提到的，来自低语境文化的人倾向于使用传意成分高的词语，在遣词用字方面讲求精确、直接、不拐弯抹角，每一个词都能起到其实际的传意效果，因此他们的用语量并不大。反观高语境文化。由于人们使用的是传意成分偏低的言语表达方式，词语附带的理解价值也就相对较低，因此人们可能得讲上好几个回合，兼用婉曲、双关甚至反语，才能间接勾勒出其言的理解背景。

正如前文所提及的，中国、日本文化都是一种谦让文化，人们不仅使用隐晦含糊的词语，而且在表达方式上也是迂迴暧昧的；没有几个回合，无法捕捉其话语的本义所在。就是这样的一推一让，使得用语量大大增加，也同时加深了听话人准确捉琢磨语真正含义的难度。

例如，一个美国人尝试几次邀请一位同路的日本朋友来家做客。刚开始的几次，在家门口简单寒暄之后，日本朋友会说"不用进去了"之类的客套话。要待这位美国人再三提出邀请，叫其不要客气之后，他才会说："那我就不客气打扰了。"刚开始时，美国人感到颇不习惯，但在其了解了日本特有的语境文化特征后，这一切又好像不难理解了。[①]

（三）面子问题

对社会地位和面子问题的考虑，也是高语境文化中不可或缺的重要部分。对于来自低语境文化的美国人、德国人来说，直接提出质问和提出异议，是解决问题的最佳方式。在他们看来，直接是对事不对人，因此不存在尊重与否的问题。然而，处于高语境文化的日本人、中国人，则不喜采用太过直接的方式去直斥对方的不是，认为此举会让人下不来台。尤其是日本人，即使他们不同意别人的观点，一般也不会反驳，而总是退后多步，用迂回婉转的言辞道出自己的意思，让听话人往深一层去揣摩。在日本人看来，这种尊敬度高的举动，是一种有修养的

---

① Edward.T. Hall, *Beyond Culture*, *Garden City*, NY：Doubleday, 1976, p.153.

表现，能给对方留下足够的反应余地，顾及对方的面子。然而，这种退后多步的表达方式，有时却是诸多误会的开始。

事实上，直来直去的美国人，最怕的就是在商业谈判中与日本人交手，因为后者那种模棱两可的表达方式常让他们摸不着头脑。例如，为了表示对听话人的尊重，日本人在表示"不要……"的时候，会用上"最好不要……"或"做……的时候要考虑"等字眼。然而，在处于低语境文化的美国人耳里，这种拐弯抹角的说法并不等于不要做，而是恰恰相反，是表示事情也许还有考虑的余地的意思。这里造成的歧义，不可谓不大。另一方面，来自高语境文化的人在顾及对方面子的同时，也极其希望从对方那里得到同样的面子礼遇。了解这一点，对于来自低语境文化的人，包括欧美人士和受西方教育的新加坡人来说，尤为重要：与其说是雄辩滔滔、咄咄逼人，力求在言语用词上压倒对方，不如采用同样的含蓄表达方式，加强自己用语的尊敬度，让对方感到你对他们的尊重和对其面子的照顾。

第五节 霍夫斯泰德价值取向模式

荷兰文化协会研究所所长霍夫斯泰德，从态度和价值观方面，用20种语言收集了40个国家，包括从工人到博士和高层管理人员在内的共116000个问卷调查数据，在此基础上，他撰写了著名的《文化的结局》一书。根据研究成果，霍夫斯泰德认为：文化是在一个环境中的人们的共同心理程序，不是一种个体特征，而是具有相同的教育和生活经验的许多人所共有的心理程序。不同的群体、区域或国家的这种程序互有差异。这种文化差异可分为六个维度：权力距离（power distance），不确定性避免（uncertainty avoidance index），个人主义与集体主义（individualism vs collectivism）、男性度与女性度（masculine vs feminlity）、长期取向与短期取向（long vs short term orientation）以及自我放纵及约束（indulgence vs restraint）。[1]

---

[1] Geert Hofstede, *Culture Consequences*, Beverly Hills, CA：Sage, 1984, p.92.

一、霍夫斯泰德模式的研究出发点

霍夫斯泰德教授1928年生于荷兰的哈勒姆。他曾经参过军，又做过多年的工程师。1965年，他加入了IBM公司的人事部门。1971年他进入学术界，先后在欧洲多所大学任教，1993年从马斯特里赫特大学退休。还在IBM的时候，霍夫斯泰德教授发现，尽管公司有一套深厚的公司文化，但是IBM遍布世界各地分支机构的员工的文化价值观却差异很大。1968年和1972年，他在IBM员工中做了两次研究，调查了11.6万名员工，这是当时针对员工态度的最大规模的研究。因而，霍夫斯泰德教授的观点在研究跨文化差异时被广为引用。

霍夫斯泰德在研究过程中，首先对文化下了一个定义：所谓"文化"，是在同一个环境中的人民所具有的"共同的心理程序"。因此，文化不是一种个体特征，而是具有相同社会经验、受过相同教育的许多人所共有的心理程序。不同的群体，这种共有的心理程序之所以会在不同的国家或地区的人们中存在差异，是因为他们向来受着不同的教育、有着不同的社会和工作，从而也就有不同的思维方式。[1]

在霍夫斯泰德的研究中，首先是对于企业内部价值取向做出研究，所以在定义文化的过程中，显而易见是针对企业内部文化而做出的。在霍夫斯泰德的观点中，他认为企业文化是价值观和实践的复合体，其中价值观是核心，实践部分则包括意识和象征。霍夫斯泰德首先提出了明确的组织文化层次结构，他认为，企业文化由价值观和实践两个部分组成，其中价值观由三个独立维度（对安全的需要、以工作为中心、对权威的需要）组成，而实践部分则由六个独立的成对维度（过程导向——结果导向、员工导向——工作导向、本地化——专业化、开放——封闭、控制松散——控制严格、规范化——实用化）组成。[2]

---

[1] Geert Hofstede, *Culture Consequences*, Beverly Hills, CA: Sage, 1984, p.142.
[2] Geert Hofstede, *Culture Consequences*, Beverly Hills, CA: Sage, 1984, p.182.

表5 霍夫斯泰德文化维度理论
(Hofstede's cultural dimensions theory)

更趋向平均主义 more egalitarian	−	权力距离 (Power Distance)	+	更趋向于阶层 embaraces hierarchy
集体主义 collectivist	−	个人主义/集体主义 (Individualism vs Collectivism)	+	个人主义 individualistic
性别导向 nurture more important	−	男权化与女权化 (Masculinity vs Femininity)	+	权力导向 power more important
适应不确定性 comfortable with ambiguity	−	不确定性规则 (Uncertainty Avoidance)	+	不确定性焦虑 ambiguity creates anxiety
短期目标为先 put short-term goals first	−	长期取向与短期取向 (Long-term versus Short-term)	+	长期目标为先 put long-term goals first
自我约束趋向 happiness can be bad	−	自我放纵与约束 (Indulgence vs Restraint)	+	自我愉悦趋向 happiness is always good

二、霍夫斯泰德模式的研究简述

（一）权力距离（Power Distance）

权力距离即在一个组织当中，权力的集中程度和领导的独裁程度，以及一个社会在多大的程度上可以接受组织当中这种权力分配的不平等，在企业当中可以理解为员工和管理者之间的社会距离。一种文化究竟是大的权力距离还是小的权力距离，必然会从该社会内权力大小不等的成员的价值观中反映出来。因此研究社会成员的价值观，就可以判定一个社会对权力差距的接受程度。

在权力距离低的国家中，所谓礼节、头衔与地位、性别等差异并不是衡量行事顺序的标准，专业能力在一定程度上比层级结构更为重要。例如，在霍夫斯泰德的研究结果中，美国是权力距离相对较小的国家，美国员工倾向于不接受管理特权的观念，下级通常认为上级是"和我一样的人"。所以在美国，员工与管理者之间更平等，关系也更融洽，员工也更善于学习、进步和超越自我，实现个人价值。在高权力距离的国家中，比如中国，地位象征非常重要，上级所拥有的特权被认为是理所应当的，这种特权大大地有助于上级对下属权力的实施。这些特点显然不利于员工与管理者之间和谐关系的创造和员工在企业中不断地学习和进步。因而要在中国的企业当中采纳"构建员工与管理者之间和谐的关系"以及"为员工在工作当中提供学习的机会，使他们不断进步"这两项人本主义政策，管理者有必要在实践当中有意识地减小企业内部权力之间的距离，才会更好地实现管理目标。

权力距离的差距并不仅仅体现在企业中，而更多地能够在社会中有所体现，让我们来看看以下这个例子：

> 中国学生Faerie在美国的一所小学教授中国传统文化。每天她来到学校的时候都会看到这样的情景：学校的门口有三个老师迎接所有来上学的学生，并且和学生拥抱，开一些小玩笑。进门之后又会有三个老师手里拿着小木偶或者是学生送的小礼物。等上了楼，又会看到很多老师在自己的班级门口笑着迎接学生。Faerie还发现，在美国人家里，家长和孩子之间也像朋友一样交谈。家长和老师都没有因为自己是长者而要管束孩子的感觉，同样孩子在和长辈说话的时候也没有敬畏的感觉。Faerie的寄宿家庭是一个重组家庭，家里的女主人是三个孩子的继母，可他们之间的感情很融洽，孩子可以直呼父母的名字而且经常玩笑，孩子和继母在外人面前也从不讳言，都是很坦然的向自己的朋友介绍："This is my step mum"。[1]

从以上案例很明显能够看出，在权力距离较低的美国，子女与父母之间、学生与老师之间的关系是一种不分等级制度的关系，孩子与老师、家长之间可以随意地交流。作为长辈，老师和父母也并不会对于孩子进行过多的管束，而是通过平等的对话和交流来进行互相了解。而作为从中国来的Faerie，其自小生活在要

---

[1] 林一、刘珺主编：《跨文化交流案例分析》，经济日报出版社2012年版，第78页。

求长幼有序、尊师重道的高权力距离社会，孩子对于长辈的要求要表示尊重，讲究的是人与人之间的秩序与距离。这两方面的价值观念差异，也就导致了两个国家在师生关系、长幼关系上处理的差异。

（二）不确定性避免（Uncertainty Avoidance Index）

在任何一个社会中，人们对于不确定的、含糊的、前途未卜的情境，都会感到威胁，从而总是试图加以防止。防止的方法很多，例如提供更大的稳定性，订立更多的正规条令，不允许出现越轨的思想和行为，追求绝对真实的东西，努力获得专门的知识等等。不同民族、国家或地区，防止不确定性的迫切程度是不一样的。相对而言，在不确定性避免程度低的社会当中，人们普遍有一种安全感，倾向于放松的生活态度和鼓励冒险的倾向。而在不确定性避免程度高的社会当中，人们则普遍有一种高度的紧迫感和进取心，因而易形成一种努力工作的内心冲动。

例如，日本是不确定性避免程度较高的社会，因而在日本，"全面质量管理"这一员工广泛参与的管理形式取得了极大的成功，"终身雇佣制"也得到了很好的推行。与此相反，美国是不确定性避免程度低的社会，同样的人本主义政策在美国企业中则不一定行得通，比如在日本推行良好的"全面质量管理"，在美国却几乎没有成效。中国与日本相似，也属于不确定性避免程度较高的社会，因而在中国推行员工参与管理和增加职业稳定性的人本主义政策，应该是适合并且有效的。此外，不确定性避免程度低的社会，人们较容易接受生活中固有的不确定性，能够接受更多的意见，上级对下属的授权被执行得更为彻底，员工倾向于自主管理和独立的工作。而在不确定性避免程度高的社会，上级倾向于对下属进行严格的控制和清晰的指示。

阅读与讨论

阅读以下文章，想象一下，如果你是 Tori，你应该怎么做？

中国大学生 Tori 去美国做三个月的高中实习教师。刚到学校时，他发现学校没有给她安排办公室,也没有告诉她可以在那里办公。没办法,她只能在教师休息室办公,但休息室是公用的,人来人往很不方便。其实 Tori 很想有自己的办公室,哪怕只有一张办公桌也好。但是她没有直接跟校长反映问题,而是自己慢慢观察看看能不能找到地方。就这样过了三个月,Tori 到回国时也没有解决办公室问题。[①]

(三)个人主义与集体主义(Individualism vs Collectivism)

在霍夫斯泰德之前,克拉克洪与斯托贝克、考顿与尤瑟夫都曾在自己的文化研究和理论中提取并谈论过这样的文化价值取向。

"个人主义"是指一种结合松散的社会组织结构,其中每个人重视自身的价值与需要,依靠个人的努力来为自己谋取利益。比如在个人取向代表的美国,每在公司里担任职务的人都认为自己是一个独立的个体,凡事喜欢自己做决定,并深信每一个人都应该如此。而"集体主义"则指一种结合紧密的社会组织,人们往往以"在群体之内"和"在群体之外"来区分,他们期望得到"群体之内"的人员的照顾,但同时也以对该群体保持绝对的忠诚作为回报。比如在群体主义价值取向高的国家中,阿拉伯公司的员工通常会与整个组织或者公司目标一致,公司也会给予员工一定的保护与回报。在集体主义文化中,决定论(determinism)颇为盛行,例如员工的思想行为应该由团体来决定,民主的作风是不大可能在集体主义取向的文化中盛行的。

(四)男性度与女性度(Masculine vs Feminality)

男性度与女性度即社会上居于统治地位的价值标准。对于男性社会而言,居于统治地位的是男性气概,如自信武断,进取好胜,对于金钱的索取,执着而坦然。有趣的是,一个社会对"男子气概"的评价越高,其男子与女子之间的价值观差异也就越大。美国是男性度较强的国家,企业当中重大决策通常由高层做出,员工由于频繁地变换工作,对企业缺乏认同感,因而员工通常不会积极地参与管理。

在女性度取向高的国家中,文化强调的是细腻、敏感与看护等女性柔性气

[①] 林一、刘珺主编:《跨文化交流案例分析》,经济日报出版社2012年版,第16页。

质。在这样的国家中,人们在进行沟通时比较能够解读非语言表达的线索,而且对于不确定的环境也能很快适应。中国是一个女性度的社会,注重和谐和道德伦理,崇尚积极入世的精神。正如我们上面的叙述,让员工积极参与管理的人本主义政策是可行的。

(五)长期取向与短期取向(Long-term Orientation vs Short-term Orientation)

第五个维度从对于世界各地的23个国家的学生的研究中得出。霍夫斯泰德将长期取向和短期取向定义为:社会长期忠诚国家强调长期承诺,尊重传统,强调长远发展及为未来着想,崇尚节俭及坚忍的人。短期取向文化的社会则强调实时或短期回报,变革随时发生而不必担心"传统"和"承诺"会成为绊脚石。长期取向的价值观注重节约与坚定;短期取向的价值观尊重传统,履行社会责任,并爱"面子"。这一维度的积极与消极的价值取向都可以在孔子的教义中找到,然而这一维度也适用于没有儒家传统的国家。

实际上,长期取向文化与短期取向文化维度侧重于描述该国家/社会/组织/人们对于目标投入的时间规划的区别。长期取向文化是指国家/社会/组织/人们对于各种事务倾向于制订长期目标,并要求坚持不懈、锲而不舍地实现这些目标。人际关系主要依据地位与身份来建立,并认为进步是建立在节俭、储蓄和支出的控制之上。为确保行为规范与实现目标而实施任务责任制。短期取向文化则指人们期待从决定中获得相当迅速的反馈,获得高效的利润,获得经常性的工作评价和晋级。人们更关注持续、稳定、社会压力以致不落人后和自我满足。

表6 长 — 短期取向文化表

长期取向文化(LTO)	短期取向文化(STO)
强调长期承诺	没有或不强调长期承诺
以务实的角度看待问题,重视长远的发展效益,以实现长远目标为主	期望马上获得短期成效
强调节俭,坚持不懈,内心平静,尊重长期稳定状态下形成的人际关系	强调创新获得立竿见影的效果,在人际交往中注重面子
有利于规避风险,克服困难	由于关注即时效果,组织容易被眼前的利益蒙蔽了视角,从而增加发展的风险

美国学者卡恩曾经以长短期取向为标准,来解说亚洲四小龙(中国香港、中国台湾、新加坡和韩国)的经济成就,他认为,这四个国家和地区都受到的长期取向的影响:

1. 家庭内的社会化过程特别强调教育、自制、学习技巧以及严肃地对待工作、家庭和义务。
2. 协助个人所认同的团体。
3. 重视阶层并视之为理所应当。
4. 重视人际关系的互补性。[1]

(六)放纵与约束(Indulgence vs Restraint)

2010年,霍夫斯泰德父子引进保加利亚索菲亚国际大学学院迈克尔·明科夫对放纵与约束的研究,补充了文化的第六个维度:放纵与约束(IVR)。放纵代表一种与享受生活和玩乐相关的人类基本的、本能的欲望得到直接满足的倾向。约束反映的是与享乐有关的满足应该被严格的社会规范抑制和管制。

生活在拥有高放纵度社会中的人们,他们的基本需求和愿望更易于被满足。比如拉丁美洲、非洲部分国家、以英语为母语的国家以及北欧国家。生活在比较限制、约束的社会中的人们遵循着严格的社会规范,比如东南亚国家、伊斯兰国家。

该维度更多的是关于一个国家的人们所经历的幸福和快乐的程度,即主观幸福感。拥有最高幸福比的国家本身并不是特别富裕的国家。如果用另一个词来表示,更能说明问题,就是幸福指数。虽然幸福指数和生活水平有一定正向关系,但是文化起决定作用。富裕的国家如果是约束型的文化,未必比放任型文化中的人感觉更幸福。霍夫斯泰德举了一个例子,香港有很多菲律宾女佣,在放假特别是节日时,会成群地集中在中环那里,一圈圈地坐在地上,享受带来的食物,笑嘻嘻的,非常开心。相反,那些香港人,反而不如她们那么高兴,一脸严肃,匆匆而行。

从国家政治方面看,放任型文化认为自由是首位的;约束型文化认为秩序最

---

[1] Herman Kahn, *World Economic Development*, London:Croom Helm, 1979, p.127.

重要，特别是高权力距离加集体主义再加约束性的文化，对社会秩序稳定的要求远超过对自由的要求。从人们性格上看，放任型文化的人们外向，热情，见面就拥抱；约束型文化的人们内向，冷静，见面时的礼节最多握握手。日本是约束型文化，见面鞠躬，鞠躬，再鞠躬，没有身体上的接触。

阅读与讨论

阅读以下案例，想一想如果你是当事人的话，应该如何做？

简·萨福瑞是一家美国跨国公司的负责人。日前，她来到日本调查分公司的一个员工犯下的严重错误——由于某个机器安装错误而导致整批产品从流水线上撤出进行返工，公司损失惨重。

简问日本工厂经理能够找出犯错者是谁吗？对犯错者采取了什么样的措施？但令她震惊的是，日本工厂的经理说："我不知道是谁犯的错，整个工作小组都对此承担了责任。"他还告诉简，"至于是哪个女工应该对此负责，她没告诉我，我也没问。即使车间督导也不知道，而且就算知道，她也不会告诉我。"

"但如果人人都对此负责的话，就意味着事实上没有人负责"，简试着争辩道，"她们不过是在掩护彼此的错误而已"。

"我可不这样认为"，经理礼貌而又坚定地回答说，"我认为那个女工已经很难过了。她跑回家里并打算辞职，是她的两个工友把她劝回来的。全小组都知道她是那个罪魁祸首，她也感到很羞愧。整个小组也都知道她是个新手，但她们却没有给她足够的帮助，也没有好好地照顾或者培训她。所以整个小组都认为她们应该承担责任。我这儿有一封她们的信，她们愿意公开向你道歉"。

"不，不，我不需要道歉"，简说，"我只想制止这类事件再次发生"。但她不知道她应该怎么做才能制止这类事件再次发生。①

同霍尔的理论一样,霍夫斯泰德的理论也同样存在着两分法的局限性。霍夫斯泰德和其团队一直在致力于解决这样的主观性过强的问题,由其成立的霍夫斯泰德中心一直在致力于文化表现、文化差异等问题的研究。

---

① 秦培龙编著:《东方人与西方人的50个思维差异》,哈尔滨出版社2009年版,第45—46页。

第六节　施瓦茨价值取向模式

正如我们之前讨论的那样，在一些价值取向模式中，都涉及一些注重两分化的取向模式，比如个人主义与集体主义，高语境文化与低语境文化。并不是说这样的价值取向模式是错误的，只是在一些文化中，这些文化价值取向有时候是同时存在的，他认为可称为"普世性价值"（universal values）。所以在研究文化的时候，就必须对于具有共通价值的人类行为具有一定的认识，这样不仅仅能够对于文化的差异有所认识，同样也能对于文化的相同性有所了解。施瓦茨列举了十项普世性的文化价值：

1. 权力（power）
2. 成就（achievement）
3. 享乐主义（hedonism）
4. 鼓舞（stimulation）
5. 自我引导（self-direction）
6. 普世主义（universalism）
7. 仁慈（benevolence）
8. 传统（tradition）
9. 顺从（conformity）
10. 安全（security）

施瓦茨同样也注意到，每一项普世性的文化价值之内，又包含着一组特有的文化价值。以上十组文化价值，可以再归纳成为两个对立面：

1. 积极面对挑战与保守（openness to change vs conservation）
2. 自我超越与自我改善（self-transcendence vs self-enhancement）

经过和同僚的一再测试与分析，施瓦茨证明了以上这两个对立面普遍存在于不同文化之中。[①]

阅读与讨论

阅读并填写施瓦茨的文化价值取向调查表，并和同学讨论你们之间结果的差异，并想一想是为什么？

SCHWARTZ 价值观问卷

填写说明

在本问卷中，请您自主回答："作为我生活的指导原则，什么样的价值观对我是重要的？什么样的价值观对我是不重要的？"有56个价值观列举在后面。这些价值观涉及不同的文化领域。在圆括号中，对每一个价值观都做出了进一步解释，可以帮助您更好地理解它的含义。

需要您做的是，将作为您生活指导原则的价值观按照重要性打分。请参考下面的打分数值。0——意味着该价值观完全不重要；这一价值观与作为您生活指导原则的价值观完全无关；3——意味着该价值观重要；6——意味着该价值观非常重要。数值（-1，0，1，2，3，4，5，6，7）越高，表明在您生活的指导原则中，这一价值观越为重要。

"-1"用于您反对将这一价值观作为您生活的指导原则的打分数值。"7"用于您认为对您生活的指导原则极其重要的价值观的打分数

[①] Amir N.Licht, Chanan Goldschmidt, Shalom H.Schwartz, "Culture Rules: The Foundations of the Rule of Law and other Norms of Governance", *Journal of Comparative Economics*, Vol. 35, No.4, Dec. 2007, pp.659-688.

值，一般这样的价值观不要超过2个。

按照您个人的理解，衡量每一价值观对您的重要程度，在其前面的空格线上填写上一个数值（−1，0，1，2，3，4，5，6，7）。通过对不同的价值观使用不同的数值，尽可能地将它们区别开来。当然，您可以不止一次地使用同一数值。

作为我生活的指导原则，这一价值观：
与我的价值观相反		不重要		重要		非常重要		极其重要
−1	0	1	2	3	4	5	6	7

在您开始打分前，阅读所有的价值观。首先，选择一个对您最重要的价值观并对其打分；然后，选择一个您最反对的价值观，打分为−1。如果没有您最反对的价值观，那么选择一个对您最不重要的价值观，按照其重要性，打分0或者1；最后，对表中其余的价值观打分。

1. _____ 公平（对每个人机会均等）2. _____ 内在融洽（平心静气）3. _____ 社会权力（对他人的控制、支配）4. _____ 愉快（愿望的满足）5. _____ 自由（行动和思想的自由）6. _____ 精神生活（看重精神，而不是物质）7. _____ 归属感（感到他人关心自己）8. _____ 社会秩序（社会的稳定）9. _____ 刺激的生活（兴奋的经历）10. _____ 生活的意义（生活的目的）11. _____ 礼貌（态度友好，讲礼貌）12. _____ 财富（财产、金钱）13. _____ 国家安全（保卫我的国家，防御外敌）14. _____ 自尊（相信自己的价值）15. _____ 相互善意（避免争论）16. _____ 创造力（独特性、想象力）17. _____ 世界和平（免于战争和冲突）18. _____ 尊重传统（保持历史习惯）19. _____ 深沉的爱（深深的情感和精神亲密）20. _____ 自制（自我控制、不发脾气）21. _____ 超脱（从世事中超脱）22. _____ 家庭安全（所爱的人的安全）23. _____ 社会承认（被他人尊重和认可）24. _____ 与自然和谐（适应自然）25. _____ 多彩的生活（充满挑战、新鲜和变化）26. _____ 智慧（对生活的深刻理解）27. _____ 权威性（具有领导或者命令的权力）28. _____ 真正的友谊（关系密切、相互支持的朋友）29. _____ 美丽的世界（自然之美和艺术之美）30. _____ 社会正义（改变不公正、关心弱势）31. _____ 独立性（自信、自足）32. _____ 温和（避免感情和行为极端化）33. _____ 忠诚（对我的朋友和团队信任）34. _____ 雄心（努力工作、志向远大）35. _____ 宽广胸怀（容忍不同观念和信念）36. _____ 谦逊（温和、低调）37. _____ 勇敢（追求冒险和风险）38. _____ 保护环境（保护自然）39. _____ 影响力（对人和事具有影响力）40. _____ 尊敬父母和长者（表现出尊重）41. _____ 选择自己的目标（选择自己的目的）42. _____ 健康（身体和精神无疾病）43. _____ 能力（有竞争力、有效率、有能力）44. _____ 接受自己生活的命运（屈服于生活环境）45. _____ 诚实（真诚、诚心）46. _____ 保持我的公共形象（保住我的面子）47. _____ 服从（有责任、履行义务）48. _____ 聪慧（有逻辑性、善思考）49. _____ 助人（为他人的福利工作）50. _____ 享受生活（享受美食、性、休闲等等）51. _____ 虔诚（保持宗教信仰）52. _____ 责任（可依赖、可信任）53. _____ 好奇（对每件事感兴趣、有探索精神）54. _____ 谅解（愿意宽恕他人）55. _____ 成功（达到目标）56. _____ 清洁（干净、整洁）

第七节　文化价值取向模式的局限性

尽管文化价值取向模式对于文化与跨文化研究有着极高的价值，但是和其他的文化研究方式一样，文化价值取向模式研究仍然具有一些局限性。

首先，文化本身即是一个抽象的概念，针对文化的文化价值取向模式也不可能摆脱这样的概念，其意义与用途只能在一些约定俗成的情景内才能够被突出表现出来。引用考顿和尤瑟夫的话来说，就是只有在"好像"（as if）这样的语境中才能够体现出来。举个例子来说，我们只能够这样表述，中国人"好像"属于集体主义文化取向，比较尊重权威；而美国人"好像"属于个人主义文化取向，比较注重自由平等。但不能够从中国人的行为直接进行判断，并认定他们的文化价值取向就是尊重权威的，因为如果这样表述就忽略了文化自身的动态性和多样性。虽然中国人尊重权威，但敢于挑战权威、具有独立平等精神的中国人想必也不在少数。我们之所以这样说中国人，是在与其他文化比较的语境之下。

其次，文化价值取向必须在一个整体情况下讨论才具有实际意义。虽然在研究文化价值取向时区分开来，一一进行论述并无不可，但实际上，所有的文化价值取向之间是具有关联性与统一性的。也就是说，一项价值取向的变化，同时也会影响到其他价值取向的变动。比如，随着个人主义在集体主义国家的盛行，势必会对于社会关系的紧密性、对于家庭结构的变化有所影响。因此，研文化行为时，只有将各项文化价值取向联系起来作整体看待，才能够有深入性的了解。

再次，如同霍尔价值取向模式是为了研究美、日两国的沟通方式，霍夫斯泰德价值取向模式是为了研究全球商业集团的内部企业文化，所有的文化价值取向模式在创立之初，都是为了某些特殊目的而发展出来的工具。作为文化研究工具，价值取向模式自身就是不完整的，而且是带有作者的主观因素。这种结果是理所当然的，因为既然是由语言写就的模式理论，那么就无法完全捕捉抽象概念的意义，尤其对于文化这样抽象的概念来说，就更不容易处理。因此在利用文化取向模式进行研究的时候，必须注意到文化价值取向的不完整性。

最后，文化价值取向的意义只有应用在实际的社交与沟通中，尤其是表现跨文化互动的情况下，才能体现出真正的意义。因为只有经由语言与非语言符号沟通的过程，才能够清楚地观察与发现另一个文化的价值取向。

本章推荐阅读书目

[1][英]阿兰·斯威伍德：《文化理论与现代性问题》，黄世权、桂琳译，中国人民大学出版社2013年版。

[2][澳]戴维·思罗斯比：《经济学与文化》，王志标、张峥嵘译，中国人民大学出版社2011年版。

[3][英]克里斯·巴克：《文化研究：理论与实践》，孔敏译，北京大学出版社2013年版。

[4][英]斯图尔特·霍尔：《表征：文化表征与意指实践》，徐亮、陆兴华译，商务印书馆2013年版。

[5]武桂杰：《霍尔与文化研究》，中央编译出版社2009年版。

本章参考书目

[1]Edward T. Hall, *The Silent Language,* Garden City, NY: Doubleday, 1959.

[2]Edward T. Hall, *The Hidden Dimension,* Garden City, NY: Doubleday, 1966.

[3] Edward T. Hall, *Beyond Culture,* Garden City, NY: Doubleday, 1976.
[4] Florence Kluckhohn, Talcott Parsons, Edward Shils (eds.), *Valies and Values-orientation in the Theory of Action ,Toward a General Theory of Action,* Cambridge: MA: Harvard University, 1951.
[5] Florence Kluckhohn and Fred L. Strodtbeck, *Variations in Value Orientations*, London: Greenword Press, 1961.
[6] Geert Hofstede, "National Cultures in Four Dimensions", *International Studies of Management and Organization*, Vol.12, No.1-3, Dec. 1983.
[7] Geert Hofstede, *Culture Consequences*, Beverly Hills: CA: Sage, 1984.
[8] John C. Condon, Fathi S. Yousef, *An Introduction to Intercultural Communication,* Indianapolis, IN: Bobbs-Merrll, 1975.
[9] Milton Rokeach, *Beliefs, Attitudes, and Values*, CA: Jossey-Bass, 1973.
[10] Paul Dimaggies, "Cultural Entrepreneurship in Nineteenth Century Boston: The Creation of an Organizational Base for High Culture in America", in Richard E. Collins, James Curran, Nicholas Garnham et al. (eds.) *Media, Culture and Society: A Critical Reader*, London: Sage, 1986.
[11] Pierre Bourdieu, *Distinction: A Social Critique of the Judgment of Taste*, London: Routledge, 1992.
[12] Talcott Parsons, *The Social System*, Glencoe: IL: Free Press, 1951.

第五章　文化与认知

月亮是围绕地球公转的岩石实体；然而当观赏月亮时，许多美国人常会看到月亮中有个男人，许多美国土著人会看到一只兔子，中国人称月亮里的女人是弃夫而逃的嫦娥，萨摩亚人认为那是一个正在织布的女人。在美国，如果孩子掉了一颗牙，他们会把它放在枕头下面；日本孩子则会将它抛在房顶上。对于美国人来说，两个手指做"V"字象征着胜利；澳大利亚人的"V"字手势则和美国人竖起中指的含义如出一辙。

——萨默瓦、波特[①]

[①] [美]拉里·A.萨默瓦、理查德·E.波特：《跨文化传播》（第四版），闵惠泉等译，中国人民大学出版社2010年版，第52页。

爱德华·霍尔在《超越文化》中曾经谈及这样一点："我们必须接受这样的一个事实；有许许多多通向真理的道路；在探索真理的过程中，没有哪一种文化能在寻求真理的道路上独霸一方，也没有哪一种文化比其他文化拥有更多得天独厚的条件。而且，谁也没有资格告诉另一个人应该如何进行这种探索。"[1] 在萨默瓦、波特的例子中，不同的种族对于同样一种物质（月亮、牙齿和手势）所带来的反应截然不同，正是因为由文化给他们自身带来的认知有所不同，而由于不同种族之间存在的认知可能会截然不同，不同文化间的误解就会产生。让我们来看看下面的例子：

> 有一次我在美国超市欣喜地发现了该店竟然出售鸡脚，犹如久逢知己，一口气买了三包。付账时，柜台的年轻金发小姐看到了鸡脚，除了马上露出一脸嫌恶的表情之外，同时把一包鸡脚高举在上，叫隔壁柜台的小姐欣赏，对方也毫不思索地做出捧心欲呕的样子。我看了心生不快，觉得身为教授，有必要借此机会教育一下这位小姐。我轻声问她是不是本校学生在此打工。她说是。既然是，我继续问她主修什么，发觉竟然是我们系的学生。再问说知不知道我是系上教授，她

---

[1] Edward T. Hall, *Beyond Culture*, Garden City, NY: Doubleday, 1976, p.76.

说不知。我说现在你已经知道，希望你下学期一定要选修我的跨文化交流学，在那堂课里我将向你解释为何在许多其他地方鸡脚是美食，而且比鸡胸肉贵的原因。我话尚未说完，此小姐已如喝了半瓶高粱酒，自知做错了事，羞得面红耳赤，无地自容了。[1]

以上的误解并不是因为美国学生自恃清高，见到一些如猪蹄、动物内脏等食物就大惊小怪，而是文化认知系统的差异而导致的误会。而文化与认知之间的关系是如何？文化是如何培养深处于其内成员的认知的？我们在本章中会首先就认知的定义进行讨论，然后将文化与认知联系起来，并就外界因素（如宗教、媒体等）对于认知的影响展开讨论。

---

[1] 陈国明：《跨文化交际学》，华东师范大学出版社2009年版，第74页。

第一节　认知的本质与定义

一、认知的定义

认知过程是个体认知活动的信息加工过程。认知心理学将认知过程看成一个由信息的获得、编码（Encoding & Coding）、贮存、提取和使用等一系列连续的认知操作阶段组成的，按一定程序进行信息加工的系统。如同盖姆博所说，认知是一特定方式选择、组织和转译感觉数据（sensory data）的过程，这种方式能使我们理解世界的意义。[1]

如同陈国明教授对于认知的定义一样，在感觉与心理的基础上，认知被广泛地定义为个人对来自外在世界的刺激的选择、评估与组织的内在过程。认知可以把人类感官所接触的外来刺激作为一组有意义的经验（experience）的过程。[2]试想一下，如果你发现这世间的一切对你来说没有任何意义的话，你是否能够生存下去呢？

---

[1] Teri K. Gamble, Michael Gamble, *Communication Works*, New York: McGraw-Hill, 1987, p.77.
[2] 参见陈国明《跨文化交际学》，华东师范大学出版社2009年版，第120页。

换句话说，我们对于信息的获得就是接受直接作用于感官的刺激信息，是一种外在的过程，这也就需要依赖眼睛的视觉，耳朵的听觉，皮肤的触觉，舌头的味觉以及鼻子的嗅觉，这些感觉瞬间形成感知的形态，所以说感觉的作用就在于获得信息。信息的编码是将一种形式的信息转换为另一种形式的信息，以利于信息的贮存和提取、使用。个体在知觉、表象、想象、记忆、思维等认知活动中都有相应的信息编码方式。

但是，请记住一点，你所感知的形态常常会受到个人期待的影响而不见得完全是正确的，或者说，有时候因为文化所施加的影响而给相同的认知以不一样的意义。而且，虽然生理方面的认知对于我们认识世界有着重要的意义，但对于跨文化交流学研究者来说，心理方面的认知才能够帮助我们更好地了解文化。比如，在同一个文化或者社会中，一个人如果和其他社会成员的认知格格不入，那么他不仅仅会活得异常辛苦，还有可能会受到其他社会成员的排斥或者制裁。比如，因为信仰的关系，阿拉伯国家的妇女在出门时必须要面纱遮脸，衣袍裹身，也不准开车，连办理证件也需要家中男子的允许。在美国与伊拉克的战争中，阿拉伯国家的报纸报道的重点除了战争本身外，同样也集中在美国女官兵在阿拉伯境内的穿着既不遮脸，也不包身的"大逆不道"行为。

阅读与讨论

阅读以下文章，试着从理智与情感的认知角度去想一想，如果是你碰到这种情况，你会怎么做？

我有一位年长的同事，从小在挪威长大，后来到美国读了博士以后就留在美国当教授，现已年过七十。他的太太因为不适应美国的生活，早早就回到挪威。所以，他每年夏天都会返回挪威，有趣的是，在假期中间他总是会回来几天，然后再回去。我问他回来几天干什么，不仅路费增加，而且人很辛苦。他说回来是为了付账单，因为每个月都有一大堆账单要付，信用卡、水电费、电话费、无线上网费等等，不准时要罚款。

我问他为什么不叫邻居帮一下忙，或者叫儿子帮忙（他儿子在加州），也省得飞来飞去那么辛苦，他说他不愿意麻烦别人，情愿麻烦自己。[①]

二、认知的过程

我们在之前就讨论过，由于外界刺激（external stimuli）的影响，人类的感受从神经系统传递到脑部的过程就称之为认知。但对于跨文化交流学来说至关重要的一点是，虽然认知的普遍性基本存在，但认知最后赋予的意义会受到各种因素影响。而由之前在认知的定义中我们也可以解读出来，认知虽然可以分为选择、组织与解释三个阶段，但在实际的运作上，这三个阶段是具备着递进关系，而非各自独立的。下面我们就来讨论一下这三个阶段。

（一）选择（Selection）

试想一下，当你在挑选商品的时候，是否有过"眼前一亮"的感觉呢？又例如，在你每天进入到教室的时候，教室内的所有人与物你总能一览无余吗？这显然是不可能的。在日常生活中，你的眼睛只能看见能引起你强烈器官刺激或者情绪波动的事物，就像在挑选商品的时候你最先看到的是很久以前的心仪之物，在进入教室的时候你的目光首先落在了坐在角落的"死党"同学，或者是你心仪的男（女）同学身上。这些例子说明了一个问题，也就是说我们的器官功能具有一定的有限性，而由器官引起的认知是一种包括有意识与无意识的选择过程。

在陈国明教授的观点中，认知在进行选择的时候也是要经历三个过程的。首先是选择性接触（selective exposure），在抱有一定目的的时候，能够吸引我们目光的总是那些我们所感兴趣的东西。并不是那些东西闪闪发光能够吸引我们的目光，而是我们选择性地把自己置身于特定信息或者情况之下。比如，当你肚子饿的时候，走在街上就会特别注意那些能够解决你饥饿状态的食物招牌。

在选择性接触后，是选择性专注（selective attention）。就像当你肚子饿了的时候会对于食物的信息格外注意，但是在选择性接触过后，你会进一步专注于

[①] 陈晓萍：《跨文化管理》，清华大学出版社2005年版，第47页。

某些特别的部分。例如，西方人专注的食物就可能是汉堡、薯条或者热狗等食品；若是中国人则会更加专注于米饭、炒菜等；而如果那人是一个素食主义者的话，肉类食品就不会在他的选择范围之内了。

认知的最后是选择性保留（selective retention）。认知活动虽然是一个选择性的活动，但我们的感官几乎无时无刻不在飞速运转着。回想一下一天的生活，你会发现你随时都被不同的信息包围着。而我们的记忆力又是有限的，对于经历过感知的记忆同样也是有限的。所以我们最后只能选择性地保留一些经验在我们脑海中。

阅读与讨论

阅读以下文章，试着解释一下文中的问题。

> 为了让后代受到更好的教育，哈桑把他的女儿海姬从印度送到美国深造。临行前，父亲叮咛女儿要好好读书，不可擅自与男生约会，待毕业后要马上回国，履行父母为她安排的婚姻。读书期间，海姬遇上了班上一个善良的美国同学麦克。两人很谈得来，常常在一起做功课，麦克也时常帮助海姬来适应美国的生活方式。由于这么投缘，不到两个月，两个人就开始恋爱了。哈桑得知女儿与美国人约会时，深为震怒，立即勒令海姬马上回国。为什么哈桑会如此怒不可遏呢？[①]

（二）组织（Organization）

认知过程的第二阶段是组织。我们在外界接触到的信息林林总总，复杂而且紊乱，且没有一丝秩序可言。当我们的感官将有选择性的信息传达给自身之后，立即会将其所认知的对象组织成便于理解的类别，例如把认知对象归纳成不同颜色、尺寸、种族、国家、年龄等。这种认知方式虽然经常会受到文化价值取向的影响，而且简化信息经常会造成偏颇性的认知，但对于我们来说，这是唯一

---

① 林一、刘珺主编：《跨文化交流案例分析》，经济日报出版社2012年版，第82页。

能够帮助我们处理庞杂无章而又随时随地存在的外界刺激的方式了。在潘一禾教授的《超越文化差异：跨文化交流的案例与探讨》一书中，有着对于认知中组织步骤的案例解释：

> 对浙大食堂之"口味"的不同评价：太甜了、太淡了、太辣了、太油腻了、太黏糊了……
>
> 对各地乡音或带不同口音之"普通话"的不同评价：太含混，太快了，鼻音太重了，太嗲了，太傲慢了……
>
> 有一位北京同学在快毕业的时候，班上有南方同学"终于公开地大方地对他说：你的京腔一直让我们觉得太标准了也太傲慢了，不过现在我们都意识到这个问题不是你的人品问题"。
>
> 有位同学这样写道：刚入学时，北方同学最讨厌的就是南方同学在宿舍里打电话"故意"用听不懂的"方言"，那简直是"天然屏蔽"呀！问题是这不公平，因为我们打电话的时候他们都听得懂啊！其实他们平时说普通话的时候水平不错呀！[1]

（三）解释（Interpretation）

作为认知过程的最后一步，解释的任务是在我们吸收外界刺激，并将之归纳成不同类别之后，赋予这些所感知的对象以不同的意义（meaning）。要知道，认知并非一种独立的现象，而是我们将意义赋予其中，与其他事件产生了联系。比如说，当我们进入教室时，"教室"这个概念首先为充满着课桌椅的房间，接下来当我们将教室的功用——在此学习、解决知识问题的场所赋予其中时，便不会把教室认为是一个约会或者睡觉聊天的地方。

三、认知的特性

由于文化的影响，在我们的行为与语言等一系列交流过程中，除了字面意

---

[1] 潘一禾：《超越文化差异：跨文化交流的案例与探讨》，浙江大学出版社2011年版，第43页。

思和表面含义之外，还蕴含着一系列丰富的文化含义。在心理学范畴上，瑞士心理学家的 J. 皮亚杰、美国的 J.S. 布鲁纳和 D.P. 奥苏贝尔都强调认知结构的重要性。他们一致认为，学习含有使新材料或新经验结为一体这样一个内部的知识组织机构，即认知结构。[①] 认知结构中，我们也可以发现其显著的三项特性：结构性、稳定性和意义性。

（一）结构性（Structure）

闭上眼睛回想一下你昨天看过的电影，或是前几日吃过的美食，我们马上能够回想起一系列的影像或者感觉。这样的影像或者感觉来源于认知过程的第二阶段，也就是组织的过程。因为认知具有这样结构性的特质，因此我们对于周围环境的认知是持续存在的。

（二）稳定性（Stability）

因为认知的结构化，因此我们的认知普遍具有持久不变或者不易改变的特质。就如同西方俗语所言：You never have a second chance to make a first impression（你不会再有第二次机会来改进你给人的初次印象）。就如同即使你和亲人朋友远隔万里，你也不会忘却其声音容貌。同理，在社会文化价值取向的影响下，当一些风俗融入认知系统后，也会变得根深蒂固起来，而且具有极强的惯性。比如中国的一些民间风俗信仰就会对于我们的认知系统造成影响，有些地方会以十二生肖来参考青年男女婚姻的适当与否，或者在看新居的时候会从风水方面看格局，等等。

（三）意义性（Meaning）

在认知的最后一个阶段，作为认知的主体，我们势必要对于我们感受到的信息给以一个解释。这样的解释是基于合乎你自己或你所处团体所能够接受其意义的情况之下，在认知有了含义之后，我们的思想和行为才能在一个合理的轨道上运行，个人与社会才能够顺利地得到延续与发展。

[①] 钟毅平、叶茂林主编：《认知心理学高级教程》，安徽人民出版社2010年版，第45页。

对于不同的群体来说，认知自身的意义性在于通过一系列的文化解释，让自身的行为合理化。无论是"求神拜佛"，还是讲究"自助者，天助之"，都说明了认知意义性的不可或缺。当然，影响我们对于对象认知的因素十分繁杂，加拿大学者辛格（M.R.Singer）就提出了影响人类认知系统的几个固定模式：

1. 一个人的行为形态，是建立在这个人对于外界的认知上的，大部分人的认知是经由学习得来的。

2. 因为生理特性和心理特性上的差异，不同的人对于同样的事情的认知也会有所不同。

3. 生理特性与心理特性之间差距越大，认知系统的差异也就越大，反之也是如此。

4. 在社会上存在对于外界认知相近的一群人，这些人被称为认知团体（perceptual group）。

5. 认同团体（identity group）指一群认知相近，且能够互相确认与分享自身认知与知识的团体。

6. 在认知上感受一致的人在一起，会比较容易进行沟通与交流，而且信息的传播概率相对提高，形成团体的可能性很大。

7. 轻松悠闲的状态有助于人与人之间的沟通，同样也能加强彼此的认可，对于团体强化有帮助作用。

8. 共享有多重认知团体的人，比较容易形成高度认同的团体。

9. 文化可以定义为：一个认同团体所接受或期待的一组认知、价值、态度与行为的形态。

10. 既然认知相近，那么沟通之间也就变得愈加容易，所带来的我族（we）意识也就变得更加强烈，与此同时也划分了我族与非我族（they）之间的界限。

11. 作为在社会中的人，难免同时属于不同的认知与认同团体，但涉入的程度有所不同，而且人有时候也会有意识无意识地加以区分其所属的认知与认同团体的等级。

12. 随着环境因素与生物性因素的变化，人的认知、态度与价值观也随之做出改变。在人做出改变的同时，对于自身所属的认知与认同团体的认识也在进行着转变。[1]

阅读与讨论

阅读以下案例，并用辛格的理论解释一下，为什么案例中的美国总裁与中国员工会彼此误解？

一著名国际公司某区域人力资源的一名美国籍副总裁与一位被认为具有发展潜力的中国员工交谈。他很想听听这位员工对自己今后五年的职业发展规划以及期望达到的位置。中国员工并没有正面回答问题，而是开始谈论起公司未来的发展方向、公司的晋升体系，以及目前他本人在组织中的位置等等，说了半天也没有正面回答副总裁的问题。副总裁有些疑惑不解，没等他说完已经不耐烦了。同样的事情之前已经发生了好几次。

谈话结束后，副总裁忍不住向人力资源总监抱怨道："我不过是想知道这位员工对于自己未来五年发展的打算，想要在公司做到什么样的职位而已，可为什么就不能得到明确的回答呢？""这位老外总裁怎么这样咄咄逼人？"谈话中受到压力的员工也向人力资源总监诉苦。

---

[1] Marshall R. Singer, "Culture: A Perceptual Approach". in Milton J. Bennett (Ed.), *Basic Concepts of Intercultural Communication: Selected Readings*, Yarmouth, ME: Intercultural Press, 1998, pp. 98–100.

第二节　影响认知的因素

一、兴趣与动机

兴趣的个别差异往往决定着认知的选择性，人们的兴趣往往会使他们把不感兴趣的事物排除到认知的背景上去，而集中注意力于感兴趣的事物。动机是推动人行动的动力，是一个人发动和维持活动的心理倾向，符合人的动机的事物，往往会成为知觉的对象与注意的中心。

二、需要与价值

需要，可以说是个体缺乏某种东西时所产生的一种内在状态，当个人因缺乏某种东西而产生需要时，该东西对于他就具有较大的价值、较重要的意义。而对个人具有意义与价值的东西，容易构成认知刺激，而且其价值特征常常有被夸大的倾向。

作为一个社会人，我们在出生后就扮演着不同的角色。在父母的眼中是子女，在领导眼中是下属，在朋友眼中是至交。一个人在社会中必须时刻扮演着不同的角色，这对于整个社会的功能与运作起着重大的影响。由于不同角色所担负的责任与期待的不相同，身处不同角色之中，人的认知不相同甚至有矛盾是常见的事情。

三、过去的经验

认知者经验不同，所站的角度不同，即使社会刺激一样，却有不同的认知内容，例如对某一个人的认知，艺术家重视人的外貌、身材、姿势、语调等，学者专家则可能侧重那个人的智慧能力及专业知识。

四、情绪与生理因素影响

人对事物的知觉也受个体情绪的影响，一个人当前的情绪状态多少会影响他对人的判断。人们在愉快的状态下会感到眼前一片阳光明媚，当人忧郁烦闷时，会感到一切都没有希望。而且，作为一个由各种不同器官组成的人体，其认知难免受到味觉、嗅觉、视觉、听觉、年龄与健康因素的影响。

五、自我观念

一个人对于自身的认知称之为自我观念，而自我观念也是影响认知最为重要的因素。自出生之后，我们就会被周围人的看法与观念包围，从中我们会自己摸索出一整套稳定的认知，也就是认定自己是这类人或者是那种人的看法。自我观念的特点相当有趣，因为这是一种主观而又常常不正确的看法，但是却不容易被改变，而且常常主导着我们对于外在刺激的看法。

作为自我观念的中心要素，多国研究者都曾深入研究自尊的特性。例如，在哈姆柴克的研究中，其认为自尊心高与自尊心低的人所具有的认知差别是：

1. 自尊心高的人会把别人当成好人来看待，而自尊心低的人比较容易拒绝其他人。

2. 自尊心高的人总是期待被别人或者社会团体接受,而自尊心低的人则总是期待别人的拒绝。

3. 自尊心高的人在别人面前表现非常好,而自尊心低的人在别人面前的表现比较差。

4. 自尊心高的人比较不会在意别人的看法,自尊心低的人对别人的负面看法十分在意。

5. 自尊心高的人与职位或者能力高于他的人在一起时,并不会感觉不对劲,自尊心低的人会感到受排挤的压力。

6. 自尊心高的人在受到不公平对待时会有所防卫,自尊心低的人则会有逃避倾向。①

如同我们在前面提到的影响认知的因素一样,文化同样也是自我观念的制约因素。比如,日本人在工作中的错误往往由一个团队集体承担。这并不是因为日本人逃避责任,而是因为日本人所处的集体文化社会教导他们,作为团队的一分子要为整体团队负起责任。

文化对于自我观念,特别是对于认知的影响,可以从以下几方面看出:

1. 对位高权重的确认。东方人习惯以口语或者肢体语言来表达自己对位高权重之人的尊敬之意。在美国和加拿大等阶级观念较为淡薄国家生活的人们,则经常认为东方人在面对高阶层人士时表现的尊敬过度,而口语和肢体语言等行为则被认为是缺乏自信与尊敬权威的表现。

2. 对礼尚往来的期待。儒家社会中下属对上司鞠躬尽瘁,上司对于下属也投桃报李以确保整个团队的利益。而在西方,社会中的人们普遍从个人角度出发,极度强调独立自主。

3. 关系建立时间的长短。西方人注重的是就事论事,无论对于生

---

① Don E. Hamachek, *Encounters with Others: Interpersonal Relationships with You*, New York: Holt, Rinchare and Winston, 1982, pp. 165-192.

人还是熟人都倾向于采取直截了当的做事方法，而东方人则会花费相当长的时间去确立关系，而在关系建立之后，彼此之间往往采取大事化小、小事化了的态度，以避免彼此之间的矛盾与冲突。即使有了冲突，在彼此之间有"关系"的东方人看来，也可以采取缓和的处理方法。这种套关系、讲交情的做法在西方人眼中是没有自信与缺乏自尊的表现。

4. 面子意识。东方人普遍好面子，无论在生活中还是在工作中都顾及别人的自尊，让别人丢脸不仅伤别人的自尊，而且自己也觉得没有面子。而很多具有这样想法的东方人在海外公司工作的时候，因为不善于拒绝别人的请求且不善表达自我意见，被普遍认为是懦弱而且不会发声的人。

5. 社会规则。东西方社会社交的互动规则有很大的差异。西方人普遍厌恶畏畏缩缩的表达方式，喜欢有话直说。而在高语境的东方社会中，需要对于陌生人或者上司表现出尊敬，因此需要加上对方的头衔，且不能直呼其名；在会议上也需要谨慎地遣词造句，提出问题时，也需要照顾到对方的感受。这些在西方人眼中，却是一种没有主见的做法。[1]

---

[1] Peter Lang, *The Challenge of Diversity in Global Organization, Communication and Global Society*, New York: Peter Lang, 2000, pp. 73–89.

第三节　文化与认知

在讨论文化与认知之间的关系之前，让我们来看一个故事：

在十八、十九世纪的时候，英国移民澳洲的主要手段是通过向该地区输送罪犯，由于当时条件限制，只能通过海运。起初的办法是政府对私人船长按照运输的人头付费，其费用足以保证每个罪犯的食物和医疗保障。但是贪心的船长们提供的条件简陋，并且囤积食物，以便于到澳洲时能将一部分食物高价卖掉。由于船长们这样的做法，致使罪犯的死亡率高达30%。

后来英国政府把制度改成，不按上船时运送的罪犯人数付费，而按下船时实际到达澳洲的罪犯人数付费。当按照实际到达澳洲的人数付费时，装多少人与船主无关，能到多少人才至关重要。这时候，船主所要考虑的就不是如何装下更多的人，而是要多给每个人多一点空间，保证他们的存活率。那么船上就要给罪犯们足够的食物，配备常用药，还要带上医生。这些罪犯就成了船主的财源，不能够虐待和毒打。这样，运往澳洲的罪犯的死亡率下降到1%到1.5%。[1]

让我们试想一下，如果在按照运送前的罪犯人头付费的话，那么在运输船内可能会是这样的情景：

1. 船长欺骗罪犯上船，但并没有为其准备足够的食物和药品。
2. 罪犯巴结船长以获得足够维持其生命的食物和药品。
3. 罪犯之间为了食物而产生斗争，而船长为了节省更多的空间和食物，放任自流，不管不问。
4. 部分身强体壮或者有头脑的罪犯开始拉帮结派，使得犯人之间的关系更加紧张。[2]

而如果按照下船实际到达目的地的罪犯人数付款的话，船上的氛围应该会截然不同：

1. 船长关心罪犯的身体。
2. 船长要想尽办法保持罪犯之间处于和谐状态，防止内斗。
3. 罪犯之间如果出现摩擦则立刻会被制止。[3]

我们可以由以上的案例中体会到，我们的认知是针对制度而产生的，不同的制度产生不同的对应方式，在之前的章节中，我们也曾学到文化与社会制度之间的影响。由此可见，文化与认知之间有着巨大的联系。陈国明教授提道，文化对于认知的影响往往产生在归因（attribution）的过程。[4] 在归因的过程中，我们需要解释别人行为的意义，而这样的解释也就需要依靠过去生活经验的累积，这样一来，我们对于行为的解释就不免带上个人色彩的阐释。所以说，正如同文化

---

[1] 梁小民：《制度比人性和政府更重要》，《书摘》2002年第8期。
[2] 潘一禾：《超越文化差异：跨文化交流的案例与探讨》，浙江大学出版社2011年版，第73页。
[3] 潘一禾：《超越文化差异：跨文化交流的案例与探讨》，浙江大学出版社2011年版，第73页。
[4] 参见陈国明《跨文化交际学》，华东师范大学出版社2009年版，第45页。

之间存在差异一样，文化的内部也存在着显著的差异，因此同在一个文化内的人们，其认知也有所不同。

如同美国心理学家泰安迪斯（H.C.Triandis）说过的那样："文化因素给人们的认知提供了某些含义，因此，文化因素和认知过程紧密地纠缠在了一起。"[1] 文化与认知的互相影响方式我们在之前已经提到过，总结起来可以用两点来概括：

1. 认知是具有选择性特点的。由于我们时刻经受着外界多种多样的信息刺激，所以我们只能允许那些经过选择的信息通过感知的屏幕进入有意识的领域。这些被允许通行的内容部分是由文化决定的。

2. 你的认知方式和模式是通过学习而获得的。正如我们在之前分析文化时所讲到的那样，人在出生时，世界对于他／她来说并没有任何意义，而经由文化的学习，周围的环境和我们所经历的一切才有了实际意义。[2]

我们可以用奥地利社会心理学家阿德勒（Adler）的一句话来总结："认知是由文化来决定的。基于我们的文化背景，我们学会用特定的方式来看待这个世界。"[3] 无论在何种文化中，认知的方式和模式是以下列几种方式储存在我们人类身体之中的：（1）宗教；（2）价值取向；（3）态度。下面来讨论这三个要素是如何影响我们的认知与交流的。

一、宗教

宗教信仰能够帮助我们建立起一整套认知系统。如同罗格和思恩怀特（Rogers and Steinfatt）所言，信仰是我们过去的经验储存系统，包括思想、记忆

---

[1] [美]拉里·A. 萨默瓦、理查德·E. 波特：《跨文化传播》（第四版），闵惠泉等译，中国人民大学出版社2010年版，第119页。

[2] [美]拉里·A. 萨默瓦、理查德·E. 波特：《跨文化传播》（第四版），闵惠泉等译，中国人民大学出版社2010年版，第119页。

[3] Nancy Adler, *International Dimensions of Organizational Behavior 3rd ed.*, Cineinnati OH : South-Western College Publishing, 1997, p.71.

和对时间的解释。信仰是由个人所在的文化塑造的。[1] 由于信仰只有通过学习才能够被习得，所以对于从事跨文化交流学习的人来说，认识到信仰对于认知的影响就十分重要了。信仰取决于文化对于认知意义性的解释和文化的多样性，你可以看到穆斯林们在每个伊斯兰教历的 12 月聚集在麦加，参加一年一度的朝觐，并认为这是自己的义务；而很多生活在西方国家的基督徒每周末都会带着全家出席教堂的布道，并相信通过这种方式自己能够和上帝更为亲近。如果你是一个无神论者，那么你会相信大多数新闻媒体的报道，并且将之当作真实的信息来源；而传统伊斯兰教徒则相信《古兰经》是最为可靠的信息来源，并接受它所书写的奇迹与承诺。无论我们做出什么，相信什么，或者对于什么样的事物产生了新的认知，都需要意识到这一切都取决于你的文化背景与经历。

显而易见，不同的文化拥有不同的现实与信仰的体系。在面对有神或者无神，一神或者多神，吃荤还是吃素等问题时，不同的文化都有自己面对的方式和认知。

宗教信仰令人迷惑的地方在于，它已经最大限度地融入文化之中，所以我们往往并不会去寻找这些认知的依据或者来源，也不会提出任何质疑。我们接受这些的原因也仅仅是我们脑中认为："这是真实的。"

所以，宗教信仰作为影响认知的一个强有力的因素而存在，它既能够影响你的认知与潜意识思维，也能够影响你日常的交流方式。随着我们在各自文化中成长的历程，我们的信仰也逐渐成型。在人生的早期阶段，我们对于社会、家庭、制度以及国家等概念毫不怀疑，因此在学校中我们毫无保留地接受别人教会的真理，并学会如何在这个社会中生存。在大多数文化中，我们首先学会的是如何穿着衣服，如何和长辈交流，如何吃饭，什么是合理的社会结构等方方面面的知识。在长大之后，我们也会坚决地相信这些知识，但当有些人开始对自身文化产生强烈的质疑甚至反对的时候，社会矛盾就会爆发。想一想发生在中东、阿富汗、巴尔干半岛等地区几十年来的冲突，就不难理解宗教对于文化的影响，从而改变我们的认知系统的威力。

---

[1] Everett M. Rogers, Thomas M. Steinfatt, *Intercultural Communication*, Prospect Heights, Illinois: Waveland Press, 1999, p.81.

阅读与讨论

阅读以下文章,想一想塔利班组织出于什么样的目的和原因,要摧毁巴米扬大佛?

联合国教科文组织赴阿富汗特使于2001年3月12日确认,古老的巴米扬大佛已经被塔利班民兵摧毁。

联合国教科文组织总干事松浦晃一郎在专门为此事发表的声明中说道:"我们不得不怀着极为遗憾和沉痛的心情来面对一个我们最不愿意面对的残酷现实:巴米扬大佛已经被毁掉了,这不仅仅是阿富汗人民的损失,更是全人类的巨大损失,此刻的事实让我们警醒:必须采取有效的措施来避免类似的悲剧再度发生。"

阿富汗塔利班要摧毁该国境内所有佛像的消息一经传出,立刻引起了国际社会各方的震惊和强烈关注,多个国际组织或派员赴阿富汗或以其他方式与塔利班接触希望能阻止这一行动,此前有很多著名的文物保护组织和博物馆愿意出重金来购买阿富汗境内的佛像,特别是具有悠久历史的两尊巴米扬古佛。但是,现在各方的努力已经化为泡影。

塔利班一位高级官员库达图拉赫-贾马尔称毁灭两尊巴米扬古佛的工作已近尾声:"刚开始的时候,摧毁这两尊古佛的工作并不是像外界所猜测的那么简单,用炸药炸、用炮轰都没能把佛像怎么样,因为大佛当年是从山体上整个雕刻出来的,他们与山紧紧贴在一起,这确实让我们费了一番事,但是现在毁佛工作进展得就比较顺利了,我们的士兵就快完事了。"[1]

---

[1] 赵永飞:《联合国确认阿富汗巴米扬大佛已被摧毁》,2001年3月12日,东方新闻(http://news.eastday.com/epublish/gb/paper148/20010312/class014800018/hwz334799.htm)。

二、价值取向

在价值取向方面，文化对于认知的影响更大。阿尔伯特（Albert）在自己的文化研究中特别强调价值观对于认知的重要性，他说道："价值体系代表的是一种人们期待或者希望的东西，也是人们需要或禁止的东西。它并不是关于实际行为的报道，而是一套衡量体系，通过它，行为得以判断，制裁得以实施。"[1]

我们的认知结构实际上正是由众多价值观组成，这些价值观帮助我们阐释认知的意义性。当然，这些价值观并非按照同等地位排列，也就是说，在我们的脑海中一部分价值观比另外一部分价值观更为重要。如萨默瓦和波特所言，我们的价值观也是按照三个不同的等级来影响认知的：

1. 首要价值观。首要价值观是我们生命中最为重要的价值观念，特别是指那些值得为之付出生命的价值观。想一想过去的革命烈士们，他们坚信民主、自由与共产主义的价值观，从而慷慨赴义，为之牺牲生命。同样，在美国，人们也信奉民主、自我保护和亲民的家庭关系这样的价值观，并坚定捍卫着它。

2. 次要价值观。次要价值观是指我们在感情上投入的比首要价值观少的价值观。比如中国人尊重长辈，礼让小辈，相信个人要服从集体，以集体的利益为上。在美国，保护多人财产属于次要价值观，同样，要尽自己可能减轻别人的痛苦与患难也属于次要价值观。

3. 再次价值观。再次价值观处于价值观等级体系的最底层，同样对于认知的影响也是最小的。在美国这类价值观包括好客和整洁，而在中国，我们对于食物的处理方式和婚葬习俗同样属于再次价值观。[2]

---

[1] Ethel M. Albert, "Value Systems", *The International Journal of Intercultural Relations*, Vol.10, No.2, Oct., 1964, pp. 197–213.

[2] [美]拉里·A. 萨默瓦、理查德·E. 波特：《跨文化传播》（第四版），闵惠泉等译，中国人民大学出版社2010年版，第58页。

阅读与讨论

阅读以下案例,联系价值观与认知的关系的角度出发,阐述一下德国工人为什么不愿意加班? 如果你是中方的负责人员,你应该如何沟通?

中国一个演出团体去德国巡演,需要中国工人与德国工人共同装台并需要德国方面的技术指导。因为某些原因,当天的工作没有完成。按照中国的习惯,中方希望德国工人与技术指导一起加班完成当天的工作再休息,但德方认为当天下班时间已到而拒绝。由于中方未考虑到德国人的工作习惯是按时作息而不是以是否完成为准,所以耽误了装台,导致演出延迟。后来中方再次巡演时考虑到了这个问题,重新制作了一份工作时间安排表,解决了这个问题。[1]

三、态度

美国文化学者奥斯本与莫勒提曾如此形容态度与认知之间的关系:"态度是关于主体的信仰、对它的感受以及对它任何行为倾向的联合。"[2] 态度是影响我们如何待人处事和与人沟通认知的另一个角度。我们态度的强硬与否取决于我们对于自身的宗教信仰和价值观的认可程度。这种对于宗教信仰和价值观的肯定是一种心理活动,使我们能从容应对环境中的客体和各种事件。

和宗教信仰一样,态度是在文化环境下习得的。一个人所处的文化环境帮助其塑造态度、反应方式和最终的行为方式。试着回想一下在本章开头陈国明教授所遭遇的案例,我们可以回到这个案例上来解释一下态度是如何变成行为的。多数西方人认为,动物的内脏、四肢和头部是不洁净的,吃这些东西是野蛮且不文明的行为。因此,多数西方人对于食用动物的四肢持有一种否定的态度,这一态度使得多数西方人远离这些食物。然而对于多数中国人来说,食用动物内脏等

---

[1] 林一、刘珺主编:《跨文化交流案例分析》,经济日报出版社2012年版,第30页。
[2] Suzanne Osborn, Michael T. Motley, *Improving Communication*, Boston, MA: Hoghton Mifflin, 1999, p.206.

器官并非不洁净的行为，而且视这些食物为珍馐。在这里，我们所强调的，同样也是需要跨文化交流研究者们注意的是，当我们提及社会文化成员的现象时，我们用的是"多数"而非"所有"一词。这样做的原因是显而易见的，因为我们从始至终都强调一点——即使是来自同一文化的全体成员，他们对于自身文化的认可并不是全部相同的。

所以，从对态度的讨论中，我们可以得出三个十分重要的结论。首先，态度是通过学习而得之的。其次，文化常常是我们"学习"的资源。最后，态度最终会付之行动。

阅读与讨论

阅读以下案例，利用之前所学影响认知的要素来分析，想一想为何有些中国食物能吸引西方人，而有些就不能？

案例一

这两天，一则"外国人是怎样被征服的"帖子也"征服"了网络，让网友爆笑不已。

帖子中，大家记述了自己认识的老外吃货在遇到中国美食后的故事。比如一位留学生说，有次自己在宿舍烧了一锅糖醋排骨，为了散味把房门打开了，结果五分钟后认识了全楼的邻居，排骨被吃得连汁水都没剩；还有学生表示自己外教每天早上都去早点摊买油条吃，就站在油锅边上等着，炸出来一根就拿来吃一根，吃完继续等着炸；再例如一个人在英国实习，有一天中午在公司厨房做了干煸四季豆，结果老板和同事吃得都快热泪盈眶了，说从小到大只吃过水煮豆角，你这个实在太好吃了……就连青椒肉丝、爆炒土豆丝、狮子头之类的常见菜式，也让老外们大叹好吃得难以置信。

尽管网友留言的真实性无法查证，但这篇帖子还是瞬间在各大网络走红,网友直呼"笑泪",并点评"果然天下吃货一般萌""生在大瓷国(网友对中国的'昵称')真是太幸福了呢!"①

案例二

前不久,一个被称为"北美崔哥"的老美在微博上"哭诉"自己娶了中国太太的下场,他说:"中国人爱吃肉我能理解,但是鸡爪子、鸭嘴、猪耳朵上有肉吗?我太太全家顿顿吃,看得我都惊呆了!我很喜欢吃鱼,可不能忍受吃鱼头,因为怕无意中和死鱼对上眼,这么说吧,所有带眼睛并且能用眼睛看我的动物,我都不吃。"

对一个外国人来说,第一次看中国人吃鸡爪,可能会是一个令他们作呕的经验,在他们看来鸡爪像人手一样,老外看了很害怕。在英国,每年有数百万只鸡爪被扔进垃圾处理场。

网友"@梦游游乐场"说:"去机场路上碰到一位德国姑娘,三十分钟的路程一直聊着。突然她问道:'中国人真的吃鸡爪吗?'估计这问题已在她脑海里盘算了很久,今天终于逮到一个中国人可以当面问。我说是啊,特别是年轻姑娘,看电视看杂志的时候,会吃鸡爪当零食。她脸上写满了不可思议,难以置信。"②

---

① 王颖菲:《中国美食征服外国人:留学生烧排骨吸引全楼邻居》,《现代快报》2014年4月26日,第12版。
② 周亮:《凤爪鸭嘴"头"菜 外国网友哭诉:"可怕"的中国美食》,《扬子晚报》2013年9月24日,第12版。

第四节　刻板印象

如前所述，我们的认知系统受到众多因素的影响，这些影响显示了一个事实，那就是不论你承认与否，我们的认知在绝大多数时候其实是一个相当主观且常带有偏见或者错误的现象。换句话来说，由于文化背景的不同，人类的认知主观性和局部性就很容易发展成为所谓的刻板印象（stereotype）与偏见（prejudice）。这两项由认知带来的感受经常给跨文化交流过程带来阻碍。

一、刻板印象

刻板印象主要是指人们对某个事物形成的一种概括固定的看法，并把这种看法推而广之，认为这个事物或者整体都具有该特征，而忽视个体差异。简单来说，刻板印象就是将一类人以过度简单（oversimplified）、过度概括（overgeneralized）以及过度夸张（exaggerated）的看法。以美国奥斯卡获奖电影《撞车》（*Crash*）的故事为例，桑德拉·布洛克（白人）扮演的地区检察官妻子在和丈夫（白人）参加圣诞酒会的路上看到了一对黑人青年，她虽然没有明显地避开他们，却突然抓紧她丈夫的手，瞳孔放大，感到惊恐。尽管她克制自己的表现，但内心对这一群体的负面念头却在不经意间流露出来。研究者认为这种无法控制的、迅速的、不自觉的对一个群体的看法叫作内隐刻板印象（implicit stereotype）。刻板印象的特色有三点：人们总是以最明显的特征对特定族群进行分类；人们总是以一组特征概括全体族群；人们总是以同一种方式来对待整群人。[1]

（一）用最明显的特征对特定族群进行分类

我们对于事物的印象，通常来自我们对于事物的第一印象，尤其是眼前所见的最为明显的特征。这种对于明显特征加以归类和划分的认知，往往产生于我们第一次踏足新文化的时候产生。

早在1933年，卡茨和布雷利调查了美国100名白人大学生对某些种族群体的刻板印象，调查发现他们认为黑人有迷信、懒散、无忧无虑等共同品质；而德国人有科学头脑、勤奋、呆板等共同品质。[2] 杨国枢、李本华研究了中国台湾地区大学生对各国人的刻板印象，发现台湾学生普遍认为美国人民主、天真、乐观、坦率等，日本人善模仿、爱国、尚武、进取等。[3]

而在门罗和亚当斯1997年的一项研究中，把学生分为对同性恋者有高低偏见的两组。随后每个学生都读了两篇有关同性恋研究的文章，其中一个结论和刻板印象一致，即同性恋被认为与性行为有关；另一组论是二者没有关系。让这些有高低偏见的学生在评价每项研究的质量时，高偏见组的学生更多地采用了认为同性恋和性行为有关的那一项研究的信息。[4]

（二）用一组特征概括全体

苏联社会心理学家包达列夫做过这样的实验，将一个人的照片分别给两组被试看，照片的特征是眼睛深凹，下巴外翘。向两组被试分别介绍情况，给甲组

---

[1] 参见陈国明《跨文化交际学》，华东师范大学出版社2009年版，第215页。
[2] Daniel Katez, Kennnth Braly, "Racial Stereotypes of 100 College Students", *Journal of Abnormal and Social Psychology*, Vol.28, 1933.
[3] 参见杨国枢、李本华《557个中文人格特质形容词之好恶度、意义度及熟悉度》，台湾大学心理系研究报告，1971年，第56页。
[4] Gordon Munro, Gerald R. Adams, "Ego Identity Formation in College Students and Working Youth", *Development Psychology*, Vol.13, No.5, Jun., 1977, pp.523–524.

介绍情况时说"此人是个罪犯";给乙组介绍情况时说"此人是位著名学者",然后,请两组被试分别对此人的照片特征进行评价。

评价的结果,甲组被试认为:此人眼睛深凹表明他凶狠、狡猾,下巴外翘反映着其顽固不化的性格;乙组被试认为:此人眼睛深凹,表明他具有深邃的思想,下巴外翘反映他具有探索真理的顽强精神。

为什么两组被试对同一照片的面部特征所做出的评价竟有如此大的差异?原因很简单,人们对社会各类人有着一定的定型认知。[1] 把他当罪犯来看时,自然就把其眼睛、下巴的特征归类为凶狠、狡猾和顽固不化,而把他当学者来看时,便把相同的特征归为思想的深邃性和意志的坚韧性。

《三国演义》中曾与诸葛亮齐名的庞统去拜见孙权,"权见其人浓眉掀鼻,黑面短髯、形容古怪,心中不喜";庞统又见刘备,"玄德见统貌陋,心中不悦"。孙权和刘备都认为庞统这样面貌丑陋之人不会有什么才能,因而产生不悦情绪,这实际上也是刻板效应的负面影响在发生作用。

比如,人们一般认为工人豪爽,农民质朴,军人雷厉风行,知识分子文质彬彬,商人较为精明,诸如此类都是类化的看法,都是我们用一组特征概括全体的想法。此外,性别、年龄等因素,也可成为刻板效应用特征对人分类的标准。例如,按年龄归类,认为年轻人上进心强,敢说敢干,而老年人则墨守成规,缺乏进取心;按性别归类,认为男人总是独立性强,竞争心强,自信和有抱负,而女性则是依赖性强,起居洁净,讲究容貌,细心软弱。由于刻板效应的作用,人们在认知某人时,会先将他的一些特别的特征归属为某类成员,又把属于这类成员所具有的典型特征归属到他的身上,再以此为依据去认知他。

这种存在于人们的头脑里的偏见,有其认识方面的根源。由于人的思维总是从个别到一般,再从一般到个别,如果在没有充分掌握某一类人全面感性材料的基础上就做出概括,往往会形成不符合这一类人的实际特征的印象。而依据这种印象去评价与判断人时,又不考虑个人的具体生活经验,自然就会产生"刻板印象"偏见了。

---

[1] 参见 [美] 克劳德 M. 斯蒂尔《刻板印象:我们为什么那样看别人,这样看自己?》,韦思遥译,机械工业出版社2014年版,第56页。

（三）以同一种方式对待整群人

刻板印象起因在于用同一种方式去对待整个族群。所以最为常见的例子就是"因为……所以……"这样的主观印象。比如，"因为你是中国人，所以你很聪明"这样的论述就是如此。在陈国明教授的总结中，以下是常见的用同一种方法对待美国人的刻板印象：

1. 你们美国人很有钱；
2. 你们美国人很喧闹；
3. 你们美国人喜欢夸张；
4. 你们美国人喜欢饶乐；
5. 你们美国人开大车；
6. 你们美国人很外向；
7. 你们美国人对男女关系很开放；
8. 你们美国人都不太照顾老年人；
9. 你们美国人没有孝顺的概念；
10. 你们美国人人际关系冷淡；
11. 你们美国人只向钱看齐；
12. 你们美国人很个人主义。[1]

二、刻板印象的多样性

由于刻板印象是由认知所产生，所以其自身就是一个混合且多样的概念，根据陈国明教授的总结[2]，其自身变化具有四个特征：

（一）方向性（Direction）

刻板印象可以是正面的，同样也可以是负面的。这反映出我们的认知各有

---

[1] 陈国明：《跨文化交际学》，华东师范大学出版社2009年版，第51页。
[2] 陈国明：《跨文化交际学》，华东师范大学出版社2009年版，第53页。

不同，就如同前面提到的对美国人的认知一样，有人认为美国人热爱自由，为人友善，工作认真且乐于助人，我们称之为正面的刻板印象，或者说为偏爱型刻板印象。同样，很多人的刻板印象中，美国人不够尊老爱幼，凡事喜欢用金钱衡量，则属于负面或者说是不让人喜爱的刻板印象。

（二）强度（Intensity）

我们对于另一族群的刻板印象既有正面也有负面，那么对于其的刻板印象同样也有强弱之分。这里的强弱程度通常以"很……"或者"比较……"以及"有一点……"等形容词来表达。比如犹太人很会做生意，法国人非常浪漫，日本人的个子比较矮，意大利人对待工作有一点懒惰，等等。在这一点上，针对强弱的不同，对跨文化交流沟通的冲击也有所不同。

（三）正确性（Accuracy）

我们一般都认为刻板印象是错误的、不正确的，而事实上，有些刻板印象可能是正确的，有些则半真半假，还有一些可能失实。所以，由于刻板印象是建立在对某类成员个性品质抽象概括认识的基础上，反映了这类成员的共性，所以有一定的合理性和可信度，故它可以简化人们的认知过程，有助于迅速做出判断，增强人们在沟通中的适应性。它也容易阻碍人们对于某类成员新特性的认识，使人认识僵化、保守，一旦形成不正确的刻板印象，用这种定型去衡量一切就会造成认知上的偏差，如同戴上有色眼镜看人。

（四）内涵（Content）

刻板印象的内涵一直处于变化状态中，因为影响刻板印象的属性可能是任何群体中任何一个人的自身文化取向。所以，并非所有人对于同一团体都会持有相同的刻板印象。随着个人的成长经历与经验，有人会觉得美国黑人既懒惰，同时又显得彪悍且无所事事，喜好成群结队，经常与犯罪联系在一起。而也有人会通过一些接触发现美国黑人有着惊人的运动天赋，同时也会发现他们具有很强的音乐细胞，拥有虔诚的宗教信仰。这些用来形容同一族群的词语，都构成了刻板印象的内涵。

第五节 偏　见

尼尔·德格拉斯·泰森（Neil de Grasse Tyson）是一位著名的美国大众科学传播者，他于1991年在哥伦比亚大学取得天体物理学博士学位。当时全美国的天体物理学家只有4000人，而泰森则是其中的第7位黑人。在一次会议上，泰森讲出了自己从事科研道路中遇到的最大挑战："全社会都有一个固有成见，就是认为我们黑人在学术上的失败是意料之中的，而成功则是运气好！"泰森补充说："我的一生都在和这些偏见抗争，但这就像是在心中被课了'情感税'，它消耗了我大量精力，甚至称得上是一种'智力阉割'，我甚至都不希望这样的事情在我的敌人身上发生！"[1]

在上面的例子中，泰森博士所遭受的并非刻板印象，而是由刻板印象发展成的偏见（prejudice）。偏见并不仅仅停留在看法阶段上，而是进入了我们认知中的态度范畴。正如我们之前所提到的，认知必然会引导我们自身有所行动而做

---

[1] Ed Yong, "Psychologists Find New Ways to Steel Minority Students against Fear of Failure", *Scientific American*, May, 22, 2013, https：//www.scientificamerican.com/article/psychologists-steel-minority-students-against-fear-failure/.

出所谓的行为（behavior），行为则会影响我们沟通的过程与质量。比如，美国文化研究学者科尔士在经过研究之后，列出了十条反映美国人优越感的态度，而这些态度的确是美国人在进行国际交往时常常显露出来的：

1. 美国宇航员的登月反映出美国科技领先于其他国家；
2. 一旦一个来自其他国家的人定居美国，那么他必须放弃原有的生活方式，尽快适应并且融入美国社会；
3. 亚洲人的许多做事方法和生活习惯十分落后，让人不快；
4. 世界上大部分国家仍然相当落后，因为他们从来没有尝试着开发自己的国家；
5. 英语应该成为世界通用语言；
6. 越南和东亚人不重视自身价值；
7. 美国人毫不吝惜，而且十分慷慨地教导别人如何做对事情；
8. 少数人必须要服从多数人认为正确的价值观念和风俗习惯；
9. 如果每一个人都效仿美国人的做事方法，那么这个世界一定会变得更加美好；
10. 生活在原始部落的人们，根本就没有达到文明的较高层次。[①]

随着这些态度在国际间交往的显露，不仅会带来沟通与交流的不快，更会引起偏见。偏见是人们以不正确或不充分的信息为根据而形成的对其他人或群体的片面甚至错误的看法与影响。可以说，偏见是一种僵化的态度，是与情感要素相联系的倾向性，它对别人的评价建立在其所属的团体之上，而不是认知上。从这一点来看，偏见既不合逻辑，也不合情理，一旦产生偏见又不及时纠正，扭曲后或可演变为歧视。荷兰文化语言学家范戴克总结了偏见具有四种特征：

1. 偏见是由态度演变而来。偏见是我们对于一群人过度概括化

[①] L. Robert Kohls, *Survival Kit for Overseas Living*, Yarmouth, ME: International Press, 1996, pp. 14-15.

的判断或者评价，其主要源自个人的生活经验、社会交际以及媒体的影响。

2. 偏见是针对一群人的态度。通常来说，偏见是在与自己处在同一族群互动后而建立起来的，然后以此为标准，衡量或者描述其他族群。

3. 偏见具有社交功能，它为处在同一族群的人们提供了可以谈论的话题，同样偏见也是处于同一族群的人们巩固与支撑权力的工具。

4. 偏见是一种具有负面性的判断。在与其他族群争夺资源，或者当自身族群的子女生活受到影响甚至是威胁的时候，人们常会使用偏见来丑化对方，以达到自己的目的。[1]

一、偏见的多样性

偏见由刻板印象发展而来，因此偏见也具有如同刻板印象一般的多样性。陈国明教授和斯塔罗斯塔从偏见的强度进行分类，将偏见分为口头谩骂/惯用语、回避、歧视、肢体暴力与灭族。[2]

（一）口头谩骂/惯用语（Anti-Locution/Verbal Abuse）

在偏见的强度中，口头谩骂或者利用一些惯用语对于某一族群进行否定式的嘲讽，是在任何社会都相当普遍的现象。这一类型的偏见通常是以某一族群的刻板印象为延伸，发展出来一系列针对其特征的污蔑性词汇。

（二）回避（Avoid）

因偏见而产生的回避并不仅仅是在语言上的沟通不畅，更多的是在行动上表现出来。因为历史、社会制度、价值观念或者宗教上的差异，对某一族群的排斥通常是在行动上回避与其接触。

---

[1] Teun A. van Dijk, *Communication Racism: Ethnic Prejudice in Thought and Talk*, Newbury Park CA: Sage, 1987, p.45.

[2] Guo-Ming Chen, William J. Starosta, *The Development and Validation of the Intercultural Sensitivity Scale*, *Human Communication*, Rowman & Littlefield Pub Inc., 2000, pp. 1–15.

（三）歧视（Discrimination）

歧视是一种负面行为，指个体的偏见态度，或者歧视行为，或者压制性的制度实践（即使并非有意带有偏见）。歧视的表现程度变换很大，从带有感情色彩的表情性语言交往或社会交往中的故意回避，到暴力行为，乃至种族灭绝或宗教性大屠杀。歧视一般由歧视方和被歧视方两个利益群体构成。一般情况下，歧视方由于担忧被歧视方对自己的地位、权利、利益、习惯、文化等造成威胁或挑战，而在言论或行为上对被歧视方，进行丑化、中伤、隔离，甚至伤害。

（四）肢体暴力（Physical Attack）

通常来说，歧视往往会导致对于歧视对象进行暴力行为。比如美国3K党（Ku Klux Klan）针对黑人长达几十年的暴力侵害与枪击事件，欧洲的新纳粹党对于外来移民的攻击，都反映了不同群体的偏见所引发的暴力行为。一直致力于刻板印象与偏见研究的美国学者奥尔波特认为，群众对于其他族群的肢体暴力行为，通常需要经过以下五个阶段：

1. 认定了其他族群是我们社会或其他问题的导火线，然后是在语言和口头上，给该族人贴上如前面所谈的负面性或者侮辱性的标签。

2. 若情况继续恶化，口头上开始踩蹋对方，并且归罪对方引起我们的问题，歧视现象于是发生。

3. 接着，经济衰退、阶级斗争和选举等给自身族群带来巨大压迫感。

4. 为了消除这种压迫感，自身族群开始组织起来或者加入已经存在的组织，准备征讨与攻击对方。

5. 经由参与大大小小的事件，并借机火上浇油，扩大事端，群众暴力于是一触即发，肢体伤害乃不可避免。[①]

---

① [美]戈登·奥尔波特：《偏见的本质》，徐建吾译，中国人民大学出版社2021年版，第23页。

(五)灭族(Extermination)

如同奥尔波特所言,一旦组织性的暴力对象定向化后,大规模的灭族行动则无可避免。灭族乃是利用制定性的权利,有组织、有计划地消灭整个族群。

二、如何克服刻板印象与偏见?

(一)直接交往

如果你对某个群体有刻板印象或者偏见,那么就应该尝试与那个群体的成员交往。在过去半个世纪对于刻板印象与偏见的研究中,直接接触被证明是最有效消除或者改变刻板印象和偏见的方法。早在20世纪50年代,美国社会心理学家奥尔波特就已经猜测,持有刻板印象或者偏见的双方通过"接触应该可以改变偏见和刻板印象",不过他认为需要满足四个条件:交往双方地位平等,高度自主性,群体间合作与共同的目标。① 随后,美国另一位社会心理学家佩迪格鲁证实了奥尔波特的猜测,他用了一种叫元分析(meta-analysis)的统计方法,每隔一段时间就会把之前所有关于"接触"与有关刻板印象和偏见的文章整理一下,分析一下究竟接触对刻板印象与偏见的效应有多强。结果发现,甚至在不满足这四个条件的情况下,跟外群体的人交往都会大大改善人们对外群体的看法。②

(二)间接接触

在上面引用的例子中,要求人与人直接接触才能够消除刻板印象与偏见。事实上,通过客观的接触也同样能够消除这些负面因素。比如,如果我们对于其他的饮食有所质疑,即使我们不找当地人直接了解,也同样可以通过尝试与当地人接触很多的人交往了解他们的实际饮食习惯。

莱特等人的研究发现,通过朋友间接了解到外群体的信息也能够大大改变

---

① Gordon Allport, "The Nature of Prejudice", *Political Psychology*, Vol. 12, No. 1, Mar., 1991, pp. 125–157.

② Thomas Fraser Pettigrew, "The Ultimate Attribution Error: Extending Allport's Cognitive Analysis of Prejudice", *Personality and Social Psychology Bulletin*, Vol. 5, No. 4, Oct., 1979, pp. 461–476.

对这个群体的刻板印象或者偏见。

(三)奥巴马效应

当奥巴马手按《圣经》,宣誓就职第44届美国总统的这一刻,除了改写了历史,甚至还可能改变不少人对黑人的偏见与刻板印象。有研究者在他当选后就开始着手一项研究,首先让大学生想想奥巴马,再让大学生分别对于黑人与白人形象打分,结果发现那些想一想奥巴马总统形象的学生,在测试中对于黑人的刻板印象与偏见明显低于那些没被提示关于奥巴马的学生,研究者戏称这叫作"奥巴马效应"。[1] 尽管一个研究并不足以说明奥巴马对美国人的刻板印象与偏见有多大的影响,但这种重大的历史性事件或者历史上的重要人物对改变刻板印象和偏见有一些显著影响。

三、刻板印象与偏见的传播

我们通常通过两种途径获得社会刻板印象。一种是直接与某种人接触,然后将这些人的特征加以概括和固定化。比如,我们从生活中可以直接获得关于老干部、工人、教师、知识分子、商贩的印象。另一种是通过间接材料来获得的,如他人的介绍、大众媒介的描述。在现代社会中,大众传媒为我们塑造了大量的社会刻板印象。我们从电视和其他媒介中,看到了我们不可能实际接触到的各种类型的人,并且当我们需要更多地了解社会时,我们会越来越依赖大众传媒的描述。

媒体常常有强化社会刻板印象的作用,因为媒体要利用"刻板印象"来取得大众对它的认同。如果美国西部牛仔不是一个硬汉形象,而是一个温柔且有很好知识艺术修养的男性,人们会觉得很别扭,很难接受。不仅如此,媒体还要超越现实生活,塑造更为典型的某类群体的代表,以刺激大众的观赏兴趣。因此,媒体中出现的某个群体中的人,绝大多数被赋予了其所属群体的特征。当我们需要依靠媒体来了解社会和他人时,当媒体表现的这类人群的特征恰恰与现实不符

---

[1] Ashby Plant, Patricia G. Devine, William T. L. Cox, Corey Columb, Saul L. Miller, Joanna Goplen, Michelle Peruche, "The Obama Effect: Decreasing Implicit Prejudice and Stereotyping", *Journal of Experimental Social Psychology*, Vol.45, No.4, Mar., 2009, pp.961-964.

时，刻板印象就会影响我们对社会的认知。比如20世纪60年代的美国，参加工作的妇女已超过50%，但在当时出版的获奖小人书中，没有一个妇女有工作或职业，她们全都在家做家务和照料孩子。负责这项研究的伦诺·韦茨曼指出："媒介所提供的角色模型为儿童提供了他们自己的将来的形象，因而会影响儿童的志向和目标。"伦诺·韦茨曼发现受其影响的女孩子的志向就是要生儿育女，而对自己的其他方面缺少考虑。①

与此同时，媒体为我们提供了大量的认识种族、国家特征的感性材料，尤其是新闻节目与娱乐节目。1977年，英国、联邦德国、匈牙利和加拿大曾联合调查了四国青少年对外国人的印象，发现在电视的影响下，青少年们对外国人的印象大都是不准确的、片面的和过时的。青少年们接触外国人越少，看电视越多，则对外国人的刻板印象越多。比如，当时欧洲的青少年很少接触苏联人，对苏联的文化、艺术、历史等所知甚少。谈起苏联，英国青少年只会说："苏联人爱好战争，他们对武器很感兴趣""苏联人想进攻美国""苏联人喜欢占领其他国家"……研究者发现，青少年对苏联的印象主要是西方新闻兴趣的反映。美国从20世纪50年代就研究过黑人在电视中的形象，曾提出过两个问题：其一，黑人出现比例极小，只占2%，但实际生活中的比例比这大得多；其二，黑人在电视中主要从事卑微低下的工作。经过民权运动，到七八十年代，黑人在电视（包括黄金时间段）中的比例大大增加了，也可扮演教师或警察。但也有研究者指出，黑人很少与白人一起在电视中出现，这仍然是种族歧视的表现。②

四、媒体传播刻板印象的实质和原因

大众传媒对于利润的疯狂追逐是造成这一现象的首要原因。根据"二次销售"理论，传媒产品与一般产品的区别在于，大多数企业靠把产品卖给消费者从中谋利，而传媒不仅要把产品推向受众，以赢得受众的注意力，还要把受众的注

---

① [美]克劳德 M. 斯蒂尔:《刻板印象：我们为什么那样看别人，这样看自己？》，韦思遥译，机械工业出版社2014年版，第48页。
② [美]克劳德 M. 斯蒂尔:《刻板印象：我们为什么那样看别人，这样看自己？》，韦思遥译，机械工业出版社2014年版，第109页。

意力转卖给广告商，实现所谓的"二次销售"。在这个过程中，广告商关注的不仅仅是有多少人购买该信息产品，更重要的是购买该信息产品的人的经济实力如何。因此，为了迎合广告商，获得更多的利润，大多数媒体会不约而同地将经济实力雄厚的人群作为自己的目标受众，千方百计地去满足这部分人的信息需求，而忽略甚至排斥其他群体的信息诉求。

信息传播资源的不公正分配也是导致媒介歧视的一个重要原因。虽然在大众传播时代已经没有谁可以随心所欲地支配大众传播媒介，但是强势群体可以凭借其强大的经济实力和社会地位对媒介进行直接或间接的控制。相比之下，广大农民、工人和妇女等弱势群体利用媒介阐述主张、发表言论的机会则微乎其微。

媒介对自身角色的模糊认识也是导致形成刻板印象的一个重要推动力。对于社会上出现的一些丑恶、淫秽、消极、悲观现象，媒体不能沉默，要在第一时间通过及时有效的批评报道起到正确的引导作用，使人们从中得到教育和启发。与此同时，对于负面新闻的报道，媒体要注意把握好一个度，防止过犹不及。以"某二代"报道为例，对于一些缺乏教养的"某二代"酗酒、飙车等丑恶现象，媒体应及时站出来进行批判，但是这种批判必须是基于对负面现象的新闻敏感，而不是戴着灰色眼镜和带着仇富心理去进行报道。而且，媒体的报道必须是基于理性的，不能过分渲染，不能哗众取宠。

弱势群体自身的因素也对"媒介刻板印象"的形成起到了推波助澜的作用。弱势群体由于在文化水平、经济地位、生活状况等方面处于劣势地位，往往会在媒介领域中陷入丧失话语权的境地。尽管大众传播时代的到来使每个人平等自由表达观点的权利得到了保证，但在现实生活中，弱势群体对于媒介的利用则少之又少。更糟糕的是，弱势群体不仅不对这种不平等现象进行合理的反抗，久而久之还会心甘情愿、理所当然地接受这种不平等的待遇。

本章推荐阅读书目

[1] [美] 斯坦利·J. 巴伦：《大众传播概论：媒介认知与文化》（第三版），刘鸿英译，中国人民大学出版社2005年版。

[2][美]克劳德 M. 斯蒂尔:《刻板印象:我们为什么那样看别人,这样看自己?》,韦思遥译,机械工业出版社2014年版。

[3]熊伟:《话语偏见的跨文化分析》,武汉大学出版社2011年版。

[4]孙连荣:《社会偏见与攻击的关系:认知加工偏向的视角》,东北师范大学出版社2015年版。

[5][美]丹尼尔·希罗、克拉克·麦考利:《为什么不杀光? 种族大屠杀的反思》,薛绚译,生活·读书·新知三联书店2012年版。

本章参考书目

[1]Ashby Plant, Patricia G. Devine, William T. L. Cox, Corey Columb, Saul L. Miller, Joanna Goplen, Michelle Peruche, "The Obama Effect: Decreasing Implicit Prejudice and Stereotyping", *Journal of Experimental Social Psychology*, Vol.45, No.4, Mar., 2009, pp. 961-964.

[2]David L. Sills (eds.), *Values System, in The International Encyclopedia of the Social Sciences*, New York: Macmillan, 1968.

[3]Don E. Hamachek, *Encounters with Others: Interpersonal Relationships with You*, New York: Holt, Rinchare and Winston, 1982.

[4]Everett M. Rogers, Thomas M. Steinfatt, *Intercultural Communication*, Prospect Heights, Illinois: Waveland Press, 1999.

[5]Gordon Allport, *The Nature of Prejudice: 25th Anniversary Edition*, LA: Basic Books, 1979.

[6]Gordon Allport, "The Nature of Prejudice", *Political Psychology*, Vol. 12, No. 1, Mar., 1991, pp. 125-157.

[7]Guo-Ming Chen, William J. Starosta, *The Development and Validation of the Intercultural Sensitivity Scale, Human Communication*, Rowman & Littlefield Pub Inc., 2000.

[8]L. Robert Kohls, *Survival Kit for Overseas Living*, Yarmouth, ME: International Press, 1996.

[9]Marshall R. Singer, "Culture: vwA Perceptual Approach", in Milton J. Bennett (Ed.), *Basic Concepts of Intercultural Communication: Selected Readings*, Yarmouth ME: Intercultural Press, 1998.

[10]M.Rogers, Thomas M. Steinfatt, *Intercultural Communication, Prospect Heights*, Illinois: Waveland Press, 1999.

[11]Nancy Adler, *International Dimensions of Organizational Behavior 3rd ed.*, Cineinnati OH: South-Western College Publishing, 1997.

[12][美]拉里·A. 萨默瓦、理查德·E. 波特:《跨文化传播》(第四版),闵惠泉等译,中国人民大学出版社2010年版。

[13]S. C. Wright, A. Aron, Tracy McLaughlin-Volpe, S. A. Ropp, "The Extended Contact Effect", *Journal of Personality and Social Psychology*, No.73, No.1, Aug. 1997, pp. 73-90.

[14]Thomas Fraser Pettigrew, "The Ultimate Attribution Error: Extending Allport's Cognitive Analysis of Prejudice", *Personality and Social Psychology Bulletin*, Vol. 5, No.4, Oct. 1979, pp. 461-476.

[15]Teri K. Gamble, Michael Gamble, *Communication Works*, New York: McGraw-Hill, 1987.

[16]Teun A. van Dijk, *Communication Racism: Ethnic Prejudice in Thought and Talk*, Newbury Park CA: Sage, 1987.

[17]彭凯平、王伊兰:《跨文化沟通心理学》,北京师范大学出版社2009年版。

[18]姚福:《大众传播时代"媒介刻板印象"分析——从"儿子闯祸父受过"说起》,《人民论坛》2011年第34期。

[19]潘一禾:《超越文化差异:跨文化交流的案例与探讨》,浙江大学出版社2011年版。

[20]陈国明:《跨文化交际学》,华东师范大学出版社2009年版。

第六章　文化休克与文化适应理论

　　　　我曾经在德黑兰看到这样一群年轻人，他们准备聚会。他们拟定了详细的计划，规定何时何地接何人，然而一切安排都落空了。有人托人捎口信说，他们不能去接某某人，或要去其他地方，其实他们很清楚，他们托付的人不可能会传达口信。结果，一个女孩子就被撇在街口苦等，无人理会，而大家并不担心。给我提供材料的本地人解释说，他本人就有很多类似的经历。他曾经和一位朋友11次约定会面。每次他们两人中总有一个人爽约；第12次约会时，双方发誓一定赴约，不见不散，但他的朋友又未露面。他等了46分钟，然后给对方打电话，发现朋友竟然还在家中。下面的对话就是当时大致的情况：

　　"是你吗，阿卜杜拉？"
　　"是的。"
　　"你为什么还不来？我以为我们肯定能见上面了。"
　　"可是，天在下雨啊！"

　　　　　　　　　　　　　　——爱德华·霍尔[1]

---

[1] EdwardT. Hall, *The Silent Language, Garden City*, NY: Doubleday, 1959, p.19.

在跨文化交流的案例中，霍尔所举的事例比比皆是，因为这些现象是如此常见，所以在研究跨文化交流的过程中，如何解决这类事件也就成为跨文化交流学的研究课题之一。跨文化适应（intercultural adjustment）通常指的是在新文化环境中逐渐适应并且习惯的过程。跨文化适应研究通常针对面临新的文化环境中人们所产生的情绪，如矛盾、焦躁、烦恼与痛苦等一系列心理活动或者心理冲击（psychological impact）。准确地说，文化休克（culture shock）其实只是跨文化适应中的一个阶段，但这个阶段代表了跨文化适应中最为明显和主要的部分。[1]因此，了解了文化休克就可以了解跨文化适应的意义与本质。

---

[1] 参见陈国明《跨文化交际学》，华东师范大学出版社2009年版，第183页。

第一节　文化休克

早在20世纪初期，就有不少人类学家注意到了文化休克现象，并且已经有不少学者开始对这一现象展开了研究。"文化休克"（culture shock）一词第一次是由美国人类学家卡莱沃·欧伯格提出的，他说："由于失去了自己熟悉的社会交往信号或符号，对于对方的社会符号不熟悉，而在心理上产生的深度焦虑症。"[1] 在欧伯格的研究中，以生活在美国西北部的原住民——特林吉特（Tlingit）人为研究样本。特林吉特人是依靠东南阿拉斯加海岸以及亚历山大群岛的温带森林所居住的母系族群，依靠捕猎为生。在研究特林吉特的原住民文化和社会架构的过程中，欧伯格提出了"文化休克"的概念并加以系统的研究。

1990年，英国社会学家齐尔格特·鲍曼在他的名作《通过社会学去思考》（*Thinking Sociologically*）中进一步优化了"文化休克"理论。他解释说，由于进入陌生文化或遭遇陌生人闯入，"我们已有的生活方式，曾经给我们安全感和使我们感到舒适的生活方式，现在被挑战了，它已经变成了一个我们被要求的，关于它进行辩论、要求解释和证明的东西，它不是自证的，所以，它看起来不再

---

[1] Kalervo Oberg, "Cultural Shock: Adjustment to New Cultural Environments", *Practical Anthropology*, Vol.7, No.4, July., 1960, pp.177-182.

是安全的"。①

对于到其他国家或者地区短期居住和旅游的人们，似乎很难感受到文化休克的存在。但是对于为了事业或者是学业，必须身居异乡生活一段相对较长时间的旅居者们来说，文化休克则是一个不可逃避的过程。文化休克这种现象的产生常常是由于突然处于异己文化生活环境，或者是在长期脱离原有的文化生活环境后又回到自己原有文化生活环境；也可以是由于同时分别忠诚于两种或多种文化心理时产生的。

和病理上的"休克"不同，文化休克并不是一种什么疾病，而是一个学习的过程，一种复杂的个人体验。将要或已经处在异文化区域中的人应该认识到，既然社会环境是个体一时无法改变的，那么，就应该学会自我的文化调适。而这首先需要认识到任何一次重大的文化转换都可能产生巨大的压力与焦虑，但这种压力与焦虑却是一种正常的社会适应性后果。从某种意义上说，即使是再严重的文化休克现象，也称得上是一种新的文化体验和心理感受。

文化休克的原因

产生文化休克的因素从宏观上讲主要是文化差异和个人差异。文化差异是引发文化休克的主要原因，世界上没有完全相同的两种文化，当一个对母文化的思维方式、价值观念、传统习俗、生活习惯和交际方式等早已根深蒂固的人来到一种全新的文化后，会觉得有众多的不适，所有这些"不适应"就会形成心理和文化上的"休克"。此外，正如我们在之前讨论的那样，每个国家和民族都或多或少具有"我族中心主义"倾向，持有这种倾向的人习惯用自己的文化标准来衡量其他文化并认为自己的文化优越于其他文化。

在个人差异方面，不同的文化培育了不同的风土人情、行为取向和生活方式，再加上每个人都有着不同的生长经历和生活境遇等，这些就形成了每个人独特的背景和个性。对待新的文化，每个人有自己的处理方式，需要认识到的是从一种文化到另一种文化的过渡既不是测试，也不是交易，而是一种简单的、循序

---

① ［英］齐尔格特·鲍曼：《通过社会学去思考》，高华等译，社会科学文献出版社2002年版，第47页。

渐进的过程。如弗海姆和博奇纳调查了来自世界各地在英国就学的国际留学生，发现了十项他们最难以适应的事情：

1. 在留学国家与自己同年龄的人交朋友。
2. 面对那些粗鲁不讲理的人。
3. 主动向人示好，建立友谊关系。
4. 主动出现在众人面前。
5. 与他人深入交往。
6. 了解地主国的笑话、幽默或者讽刺性的语言表达。
7. 面对用双眼直视你的人们。
8. 主动开头并且保持持续性交谈。
9. 和自己不熟悉的人在一起。
10. 公开抱怨或处理不满意的服务。[1]

在适应新文化的过程中，没有比留学生这一族群所面临的挑战更为艰难的了。由于留学生群体与长期旅行或工作的群体不同，由于其所处的环境特殊，所以碰上的文化休克问题就更为特殊。根据研究，留学生往往会面对以下十个需要适应的问题：

1. 教育系统的差异性所带来的困扰和压力。
2. 处理与地主国的人际关系，比如学生与教授，房客和房东等关系。
3. 身居一个比自己国家自由的国度。
4. 由于自己的居留身份所带来的不安。
5. 面对生活上的期待与失望。
6. 经济来源短缺所造成的情绪低落。

---

[1] Adrian Furnham, Stephen Bochner, *Culture Shock: Psychological Reactions to Unfamiliar Environments*, London: Methuen, 1986, p.145.

7. 由于政治、宗教或者社会价值观差异所带来的冲突。
8. 国内因政治、经济及文化发展与国外之间差异所带来的冲击。
9. 国内亲友婚丧嫁娶，自己却无法赶回国所发生的痛苦。
10. 文化休克所带来的情感冲击。①

总结来说，我们可以发现，文化休克和三项因素有关：

1. 失去了熟悉的行为习性，而这类习性包括行为或社交习惯和熟悉的物质环境，比如在饮食方面的冲突。

2. 人际交往失灵，由于人们的语言交际行为和非语言交际行为都具有极强的文化特性，在文化交际中人们往往会发现自己的行为举止不知如何把握，信息的传递和反馈经常堵塞或者失败，造成极大的心理挫折和惶恐。

3. 文化身份危机，这是一种融行为表现、心理分析和认知论为一体的解释，要适应一种新的文化就必须要改变早已养成的母语文化的个性特征，包括行为方式、语言习惯、交际规则、思维方式等各方面，以便适应新的文化环境。②

阅读与讨论

阅读以下文章，试着想一想自己有没有过文化休克的经历，其感觉是怎么样的？

尽管我是学社会学的，在去美国之前已经有了充分的思想准备，

---

① Paul B. Pedersen, Walter J. Lonner, et al. (Eds.), *Counseling Across Cultures*, Honolulu: University of Hawaii Press, 1989, pp. 205–241.
② Paul B. Pedersen, Walter J. Lonner, et al. (Eds.), *Counseling Across Cultures*, Honolulu: University of Hawaii Press, 1989, p. 267.

尤其在社会文化与生活方式方面，阅读了大量有关美国历史文化与社会习俗的书籍，自以为已经对美国社会有了相当程度的了解，但到美国以后还是有一种强烈的不适应感。原因不仅是因为中国与美国之间存在着巨大的文化差异，而且整个社会环境都有着较大的反差。比如，对于习惯于在中国大都市生活的我，每天见到的都是熙熙攘攘的人群，街面上的商店无论春夏秋冬、白天黑夜都是敞开大门迎接顾客（尤其是在上海），而我所在的美国密歇根州，由于冬天气温很低，偌大一个城市，即使是最繁华的中心城区，也几乎见不到一个人，所有商店都紧闭着大门，让人感觉好像都停止营业了。对于初来乍到的人来说，要到商店买些日用品确实不容易，大一点的商店、超市都位于市郊，没有车子根本不可能去采购，而小一点的商店，如果仅从店名上来看，根本不知道它究竟是卖什么的。

其实，像我这样初来美国就遭遇文化休克的人非常之普遍，经与当地许多华人朋友的交流，我了解到几乎每一个中国人刚来到美国时都曾有过这种文化休克的感受，有的来美国十多年甚至更长时间了，仍然难以克服文化休克及其后遗症。

……

在美国，许多中国人面对日新月异、变化无穷的当代美国社会，觉得很陌生而难以适应。尤其对大多数到达美国的大陆新移民来说，3P（Ph.D., P.R., Property；即博士学位、永久性居住权和房产）是他们实现花旗梦的重要标准和目标。此外，与洋人结婚，也是新移民实现同化和归化的一条捷径。但在这一过程中，恐外症无疑成了实现他们花旗梦的最大障碍。我曾询问过在美国的许多华人朋友，他们都承认自己曾不同程度地存在着这种恐外症，尤其是在到美国的初期。有一位从台湾来的华人，已经在美国生活了近40年，能够说一口流利的英语，也有极好的职业与社会地位，但他的社交圈却一直只在华人内部发展，很少在工作之余与当地美国人有交往。这位朋友告诉我，在美国的中国人大致有三种，分别称之为"CBC"（Chinese-Born Chinese）、"CBA"（Chinese-Born American）和"ABC"（American-

Born Chinese）。前面两类人深受中国文化的影响，能够流利地说中英文，后一类更多的是受美国文化的影响，大多已不会讲中文了，但华人无论出现在哪里，他们的族群关系与文化传统的影响却是无法改变的。①

---

① 文军:《访美札记——一位社会学者的文化体验》,《社会》2004年第6期。

第二节 文化休克的症状与发展

一、文化休克的症状

在研究文化休克时，有的学者提出了"文化错位"（cultural dislocation）的概念，这种概念强调作为有机体的人类对于周遭环境变化的不适应状态。具体表现为：一是文化疲劳，以及由于这种疲劳所带来的心理失调，如易怒、失眠等症状。二是具有失落感，在新环境中找不到自己恰当的位置。三是被新环境中的人拒绝，在社会关系的建立上不知所措，体验受挫感。四是不能胜任新环境中的事物，自我评价降低。[1] 以上的文化休克症状，可以在下面的案例中得到良好的体现：

> BBC 这部重磅系列纪录片以引人入胜的方式介绍中国的教育体系、探寻中国学生在数学、自然科学（化学、物理）与英语这些科目上成绩优异的根源。揭示中英两国体系的异同并让英国观众反思：从中国

---

[1] Toby Miller, T., "Culture, Dislocation and Citizenship", in Emory Elliott, Jasmine Payne, Patricia Ploesch, Global Migration, Social Change, and Cultural Transformation, CA: Palgrave Macmillan, 2007, pp. 21–47.

人身上，能够学到什么？

　　该项目是在伦敦大学教育学院（Institute of Education）的一位教育顾问的帮助下展开的。

　　来自汉普郡（英格兰东南部的一个郡，毗邻伦敦）博航特学院（Bohunt Academy）的一组学生在一个月的时间内参与到了这个规模庞大的试验中。这组学生被来自中国的5位优秀教师以中国式的模式来培养教育，而其余的同学则会继续去上该校原有的课程。前一组学生接受的教育方式将会被尽可能地中国化——从学习时间表、课程安排到课堂上的教学将统统采用中国式。在一个月后，两组学生分别进行学科测试，来看看哪种教学方法更有效，结果会在纪录片中公布。

　　……

　　这两天关于此次纪录片的报道曾活灵活现地对此进行了描述：比如说一半孩子在努力学习，另外一半孩子不知道在干什么，有的在吃东西，甚至有人在化妆……"这些情况确实存在过，但是并没有那么夸张。我刚开始给他们上课的时候确实遇到尴尬，学生们上课说话，我就停下来不继续讲课。而我一开始说话，他们就又继续讲话。这也曾让我对他们感到生气。"李爱云老师告诉记者，因为BBC要求用中国传统式教学模式，因此在教学安排上，项目组就进行了刻意的设定：比如一个班级50人，座位变成"排排坐"，上课时间也从上午7点半到晚上7点，还要每天升旗、做早操、课间做眼保健操、开家长会等等。"师生之间刚开始确实不熟悉，不合拍，所以节目中才会有很多'乱镜头'。然而，开头如此，结果并非如此。"

　　中国老师在英国的教学，出现了令英国人感到不解的神奇。"我们的这批学生是九年级的孩子，相对于国内的初三年级，也面临类似中国'中考'的应试压力。所以我们的授课也让他们感受到了中国教育的一些优势。"李爱云老师告诉记者，比如她负责教学生们语法课。"我们知道英语里有阅读理解，任何一个孩子的词汇量都是有限的，做得好不好关键看分析能力，而利用语法去分析就是一种重要能力。孩子们上了语法课以后，英语成绩确实有提高，让学生和英国老师都感觉到有些不可思议。"

中国老师教授科目基本涵盖了这个年级的所有科目。比如担任校长的来自南外的李爱云老师就上英语、社会、中文2，而来自杭外的邹老师教数学、羽毛球，并担任班主任；物理、化学、生物由一位姓杨的老师上；体育、剪纸、烹饪由姓王的老师上；中文1、剪纸和烹饪则由姓赵的老师上。"大家都蛮喜欢学包饺子这类活动。"李爱云老师告诉记者。不过中国老师要求很严格。比如上体育课，有的女生就因为受不了训练强度哭了。①

从这个案例中，我们能看到一个绝佳的"双向"文化休克的例子。中国老师来到英国讲课，并且采用的是中国的价值取向和中国的教育方式，在面对英国孩子的西方价值取向的时候，就难免遇到困难。比如中国传统的价值观告诉我们，老师作为教授知识的长辈和领导，需要学生给予最大的尊重，于是上课需要坐好、坐直，不能够三心二意地听讲。而在西方的价值观中，老师与学生的地位几乎是平等的，老师负责激发学生的学习兴趣，如果学生没有兴趣学习，老师也只能引导和激励，不能够责骂和体罚。所以，当中国老师进入到西方的教育环境中去的时候，面对上课玩手机、化妆甚至睡觉的学生，就难免发出"熊孩子"的低落情绪感叹了。与此同时，英国的学生们已经适应和习惯了所谓"自由"的上课方式，在面对严格的纪律要求和高强度的学习时间时，难免产生不适应感，会有种种不适应甚至是叛逆心理。

因为文化休克的症状各有不同，因此由文化休克导致的症状种类繁多，陈国明教授将这些症状总结为文化休克症候群（syndrome）：

1. 过度关心饮水与食物的品质　　2. 过度依赖来自同文化的人
3. 动不动就洗手　　　　　　　　4. 惧怕与地主国的人接触
5. 心不在焉　　　　　　　　　　6. 无故失神
7. 无助感　　　　　　　　　　　8. 容易为小事动怒

---

① 《中国老师赴英"支教"被英国熊孩子"逼疯"》，《扬子晚报》2015年8月5日，第12版。

9. 拒绝学习地主国的语言	10. 敌视当地人
11. 过度强调自己的文化身份	12. 思乡病
13. 常常感到寂寞且闷闷不乐	14. 萎缩与沮丧失去信心
15. 失去耐心	16. 偏执狂
17. 精神分裂①	

以上的症状可以进一步归纳，根据欧伯格的理论，文化休克可以从六个方面来进行认识。第一，是在进入和逐渐融入新环境时所带来的紧张和压力感。欧伯格认为，双方的文化差异越大，这种紧张和压力感就越强。当然，因为个人心理因素和个性有所不同，所感受到文化休克的压力与紧张就长短各异，大小不同。有些人即使身处异乡，也觉得如鱼得水，活得有滋有味，但有些人则不是如此，身处新的环境感受到巨大压力，信心全失。当然，并非所有人皆是处于这两种极端。一般人通常是处于这两者之间，大多数人经历了一段适应期后，就会慢慢恢复到正常生活。简单来说，性格温和，善于与人沟通的人，文化休克的症状较短。② 根据心理学家戈福斯在新西兰的调查结果：并非所有移民都伴有心理问题，如移居新西兰的波利尼西亚人，他们文化水平低，城市生活经验少，需供养的人多，但是他们的心理问题却少。通过人格测查发现这些移民多具有攻击性小、较温和等特征，这一因素起到了缓冲社会环境应激的作用。③

第二，文化休克所带来的是一种失落感。当一位留学生第一次踏足异乡，周围的亲朋好友却不在身边，无论心情是喜是忧都没有人倾诉；当一位成功商人移民别国，在自己国家辛辛苦苦建立起来的事业和社会地位在一瞬间烟飞云散，平常习以为常的一切也无影无踪。在欧伯格看来，这是一种由于先前拥有的感受或者物品消失而带来的剥夺感（feeling of deprivation），很容易让人觉得沮丧或者是情绪低落。

---

① 陈国明：《跨文化交际学》，华东师范大学出版社2009年版，第231页。
② Kalervo Oberg, "Culture Shock: Adjustment to New Culture Environments", *Practical Anthropology*, Vol.7, No.4, July, 1960, pp.177–182.
③ Theodore D. Graves, Nancy B. Graves, "Stress and Health Among Polynesian Migrants to New Zealand", *Journal of Behavioral Medicine*, Vol.8, No.1, Mar., 1985, pp.1–19.

第三，主动排斥（rejection）与他人接触，这种感觉主要分为无缘无故对于当地人的排斥，以及无故感觉受到当地人的排斥，排斥当地人的心态与我族中心主义有所关系，陈国明教授称之为文化优越感（cultural superiority）心理作用下而产生的自我膨胀现象。

我们在之前一章中所讨论的歧视，也通常由这种优越感所带来。在这种情况下，人们会对不同文化背景的人们品头论足，认为别人处处比不上自己，从而拒绝和别人交往。在拒绝与别人交往的同时，抱有这样心态的人通常还会感受到对方也不屑和自己交往，从而心生怨恨。

第四，疑惑感（confusion），在经历如文化休克这样的跨文化过程中，有些人会对于自身信仰、价值观和自身在社会中的角色感到迷惑或者混乱。比如，在日常生活中，如果要列举包括自己在内的几个人的话，中国人会说你、我、他或他、你、我。而英国人会说"I, he and you"。中国人称自己的妻子为"贱内"，称自己的儿子为"小犬"，而在西方却不会，西方人甚至会对中国人如此的谦虚而感到迷惑不解。中国人被夸赞时会习惯说"哪里，哪里"，而西方人会习惯说"谢谢"。一位中国妇女和一位外国妇女谈论自己的丈夫时会说："哪里哪里，他很丑，而且不爱做家务。"中国人听到这样的话会觉得这是一种谦虚的说法，因为中国人不喜欢在外人面前夸耀自己和自己的家人，可正是这种谦虚会让外国人迷惑，他们会觉得这是对自己丈夫的不尊重和轻视。中国人在长期的文化背景下养成了中庸和知足常乐的处世哲学；而西方人则喜欢冒险和刺激，有凡事都想试一试的人生态度。

第五，情感的异常反应。欧伯格认为一旦一个人在异国他乡真正体会到彼此文化之间的差异之后，连带而来的可能是一系列焦虑、恶心、惊慌失措与生理上的激荡。当看到课堂上的同班同学踊跃发言而不是等着老师点名，而且能够挑战老师观点时，或者习惯了米饭或者面食的中国人要面对各种生冷或者油炸食物时，又或者在社交场合看见别国人自由交流，举止亲密，而自己一人被晾在了墙角时，这些情形都足以让人心慌意乱。这种心理与生理的受惊反应，若无法在短时间内有所缓和，则会进入到最后一种症状。[①]

[①] Kalervo Oberg, "Culture Shock: Adjustment to New Culture Environments", *Practical Anthropology*, Vol.7, No.4, July, 1960, pp. 177–182.

第六，丧失了面对新环境的能力。这种能力包括心理上的无力感与生理上的无能。这个面向更多地体现在生活的具体层次上，会产生很多种症状，如感觉自己的生活枯燥无味，常常觉得疲倦想要睡觉，饮食习惯失去节制且烦躁易怒，家庭生活失去和谐，常常无缘无故地掉眼泪。这样的现象发生在留学生身上会导致其无法正常完成学业，发生在工作上则会导致效率低落，无法完成既定目标。

阅读与讨论

阅读以下材料，结合自己的实际经验，谈一谈你自身的文化休克症状。

华盛顿大学中国学生学者联谊会（CSSA）等多个学生会共同发起，在华盛顿大学 Tower 咖啡厅举办了一场"Culture Shock"活动，为亚裔学子们带来了一场家乡美食、表演、交流的大派对。

身在海外，吃一顿家乡饭也算是犒赏"中国胃"的一种满足了。各个留学生会推出各自的特色美食，如煎饼果子、茶叶蛋、冰糖葫芦、奶茶、凉皮、烫串，以及各种点心，让学子们一饱口福。热闹的聚会也少不了特色表演，如抖空竹、街舞、中国歌曲等。参与活动组织的 CSSA 负责人表示："大家聚在一起，吃吃美食，聊聊家常学业，互相交流一下，可以缓解一下思乡心情。"[①]

二、文化休克的种类

（一）语言休克（Language Shock）

美国文化学者斯迈利对文化休克的症结做了分析。他认为，每一种文化都有成千上万不被人们意识到的一些潜规则，因为这些潜规则，人们在交往中知道

[①] 谢萍：《华盛顿大学中国学生办文化休克活动 美食解乡思》，《侨报》2014年4月19日第12版，中国新闻网。

自己的位置，也明确与交流人之间的关系及对方语言所表达的真正含义。[1] 语言本身就隐含着一个文化的价值信仰与社交关系的线索，当人们进入一种新的文化，原有的潜规则不起作用了，于是情绪上显得焦虑、不安、烦躁。治愈文化休克需要人们了解把握新的文化，直到能够知晓新文化的潜规则，休克期才算结束。事实上，在察觉或意识到文化休克的过程中，已然孕育着治愈文化休克的可能，这也就是之前欧伯格提到的："将痛苦说出来是治愈过程的第一步。"[2] 事实上，如果人们对文化休克的整个过程把握、应对得好，也能对人们产生积极的影响。在导致文化休克的诸多因素中，语言障碍是主要因素。

（二）角色休克（Role Shock）

随着个人环境的更换，由在原来社会环境中所扮演的社会角色带来的归属感消失得无影无踪，随之而来的失落感是不可避免的。在新环境中，调整自身角色所付出的时间和精神代价是无法估计的。在华人移民潮中，有些人原来身份显赫，或者是具有高学历的教授，或者是富商子弟，但是在新环境中却不得不重新适应，甚至要做一些原来没有做过的基础工作，身份地位天壤之别。这种角色转换所带来的心理冲击与震荡，非当事人恐怕无法体会。

（三）教育休克（Education Shock）

教育休克特指留学海外的国际学生在学习过程中，对于当地教育体系和学校生活的适应过程。在对于文化休克的研究中，教育休克是非常重要的一个环节。随着国与国之间的深入交往，交通与科技的日益便利，越来越多的学生选择去海外留学、深造。例如，在2019年，中国出国深造的留学生多达70.35万人，美国、英联邦国家和欧洲成为主要的留学目的地，到目前为止，中国成为美国每年入学的外籍学生人口最多的国家。[3] 由于学生身份的特殊性，国际留学生除了

---

[1] Wolliam A. Smalley, "Culture Shock, Language Shock, and the Shock of Self-discovery", *Practical Anthropology*, Vol.10, No.1, 1963, pp. 49–56.
[2] Kalervo Oberg, "Culture Shock: Adjustment to New Culture Environments", *Practical Anthropology*, Vol.7, No.4, July, 1960, pp. 177–182.
[3] 中华人民共和国教育部:《2019年度出国留学人员情况统计》，2020年12月14日，http://www.moe.gov.cn/jyb_xwfb/gzdt_gzdt/s5987/202012/t20201214_505447.html。

日常的学习之外，还需要去适应新的生活环境。但是由于自身的语言能力不足，再加上价值观、教育系统等诸多差异，很多国际学生往往无法适应，最后只能被迫转学或者退学。

阅读与讨论

阅读以下资料并查找相关报道，试着分析一下为什么要重视来华留学生的文化休克现象？

据教育部统计，2015年全年来华学习的外国留学生总数达39万多，根据全国中长期教育发展规划纲要，教育部提出至2020年全国留学生规模为50万，其中学历留学生15万。"十二五"规划留学生规模为35.8万，其中学历留学生11.9万。我国计划吸引留学生的发展规划，与世界总体发展轨迹趋同，发展速度显著高于世界水平。

留学生的急剧增加，必然需要各项留学生辅助措施不断与时俱进。但是，长期以来，我国高校侧重于为留学生提供必要的生活服务设施和配置必要的学术支持，缺少对留学生来华生活所面临的社会、文化层面的心理适应问题给予应有的重视。这显然是目前留管工作的一个薄弱环节。"文化休克"现象的客观存在成为留学生能否顺利完成学业，接受异国文化的瓶颈，制约着教育国际化发展的速度。这个适应期越短、越顺利，越有利于留学生的学习和生活；若能将中国传统文化的思想精髓植入留学生的心中，并在针对留学生的心理咨询与治疗中有所运用，越能彰显中国文化博大精深，凸显中国文化的强大影响力。

1960年美国的Oberg首次提出"文化休克"概念。指出，人从一种文化转入另一种文化中时，会面临很多变化和冲击，例如价值观念的冲突，生活习惯的改变等。由于失去了自己熟悉的社会交往方式，对于新的社会符号不熟悉，故而产生心理和生理上不适，直接影响环境的适应和文化的融入。此现象被称为"文化休克"。

来华留学生发现自己原有的行为模式与当地人存在较大差异，生活方式、社会体制、宗教、历史文化、语言等方面的差异，常使来华留学生处在不知所措和力不从心的境地，进而产生孤独、封闭感以及急躁、易怒、焦虑、抑郁等情绪情感。在文化转型中，个体如不能及时调节认知和思维来整合文化冲突所导致的心理压力，对这些不良情绪加以疏导，将会产生"文化休克"现象，容易导致来华留学生做出报复社会的各种极端行为，从而引发冲突和危机。

因此，重视来华留学生的"文化休克"现象也是我国教育当前所面临的重要问题。[①]

三、文化休克的影响

对于文化休克带来的影响，研究者们在谈论的时候始终保持两极的态度。有人认为文化休克具有一种正面的、积极的影响，而也有人认为文化休克会带来负面的、消极的影响。

（一）正面影响（Positive Influence）

奥地利心理学家阿德勒认为，文化休克对于个人成长有着巨大的帮助，他列举了七项理由来支持自己的观点：

1. 学习本身总是具有某种程度的变迁，不同的情况通常提供不同的机会以寻求解决的办法。当一个人身处一个随时都有变化发生的环境中时，文化休克为他提供了寻求解决办法的机会。

2. 文化休克同时也可以被诠释为一种个人化现象（individualized phenomenon）。作为一个社会人，我们都喜欢有一种特殊且独立的感觉，文化休克在某种意义上可以为个人追求独特的个人感觉和心灵体

[①] 杨颖：《重视来华留学生的"文化休克"现象》，2016年6月24日，中国文明网（http://www.wenming.cn/wmpl_pd/whkj/201606/t20160624_3471307.shtml）。

验提供一种动因，促使内心有足够动力的人努力爬升到自我实现（self-actualization）的境界。

3. 文化休克同样也能为我们带来一种挑战的刺激感。这种兴奋刺激的感觉，鼓舞当事人能够努力向前。

4. 在某种程度上，只有当个人处在压力或者焦虑下的时候，学习的作用与效果才会真正显现出来。除了某些极端个例之外，由文化休克所带来的高压，正好处于最为适合学习的程度。

5. 在全球化趋势驱使之下，来自不同文化人们的接触，不仅仅已经是无法避免的事实，而且越来越频繁。这意味着文化休克实际上已经是我们日常生活中不得不面对的一部分了，对于我们的生活有着巨大的意义。

6. 文化休克为我们提供了一个主动需求并且寻找合适方法的机会，然后通过自身亲历体验。这种尝试与错误的学习方法，对于我们的成长和学习过程有所帮助。

7. 以不同的行为实证各种新方法的过程，常常通过比较或者对照的方法来进行。经过这种过程的强化之后，我们就可以在下一次体验文化休克的时候进行再次应用。[①]

（二）负面影响（Negative Influence）

以上阿德勒所提出的正面观点很明显认为，文化休克是一种学习和适应的过程，而在我们面临新环境挑战的时候，文化休克正好提供给我们这样一个自我成长的机会。不过，在德拉贡看来，文化休克是一种心理与生理相互作用的"休克"现象，既然用到了"休克"这样的病理学词汇，那么必然会有一些影响。因此，德拉贡提出了四项文化休克可能会带来的负面影响：

1. 文化休克给当事人带来的是一种高低起伏不定的情感经验和

---

① Peter S. Adler, "The Transitional Experience: An Alternative View of Culture Shock", *Journal of Humanistic Psychology*, Vol.15, No.4, Oct., 1975.

情绪。这些情感经验和情绪绝大多数是负面的,如狂躁症、歇斯底里或者过度亢奋等强烈情绪,也有忧郁、闷闷不乐和慵懒无力等让人意志消沉的情绪。这些情绪的持续性发展会对当事人的心理造成不良的影响。

2. 文化休克对当事人的认知造成了负面的影响,从而影响他的知觉。由于文化差异性的存在,当事人很可能会把地主国正常的举止行为当成怪异的、不寻常的与不可理解的。这种判断会进一步影响其对于地主国其他事物的知觉,从而造成恶性循环。这种不正确的认知判断通常要经过长时间的跨文化交流学习才能够进行修正,但对于某些当事人来说,是终生不可扭转的。在跨文化交流中,不正确的知觉或者认知评估,是最主要的障碍之一。

3. 除了对于情绪和认知有所影响之外,文化休克带来的是完全相反的精神体验,一方面是紧张、焦虑、神经质和疑虑等负面情绪,一方面是宽心、松弛等感觉体验,这样的对立性情绪对于整个情绪的整体表达并未有帮助。

4. 从社会行为的角度来看,文化休克所带来的负面情绪也会影响到当事人在社会中的稳定性,严重的甚至会威胁整个社会秩序与规范。例如,当事人会在文化休克的负面情绪下变得不可预测、不可信任、不够诚实或者缺乏教养等。[1]

---

[1] J. G. Draguns, "Problems of Dealing and Comparing Abnormal Behavior Across Cultures", *Issues in Cross-cultural Research*, New York: New York Academy of Science, 1977, pp. 664–675.

第三节 文化适应理论与模式

因为文化休克的存在，使得在跨文化交流活动中，当事人面临出国求学、移民生活和工作都不可避免地出现了困难。于是，研究如何尽快克服文化休克现象和如何帮助当事人更好地融入当地社会、适应当地文化环境的研究进入了跨文化研究者的视野。

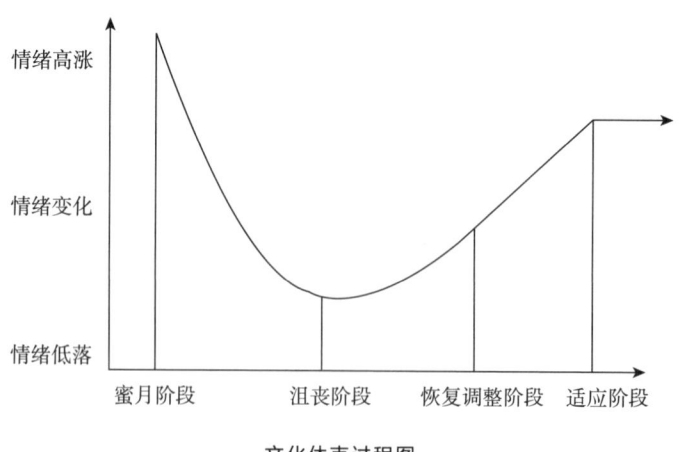

文化休克过程图

一、U 形曲线模式

到目前为止，文化适应理论和模型的种类呈现多样化，比如利兹格德（Lysgaard）于1955年所创立的 U 形曲线模式（U-Curve Model），他在研究了两百个挪威学者在学习美国文化的过程中所经历的情绪变动后得出结论，适应文化的过程可以分为三个阶段：初始期（initial stage）、寂寞期（loneliness stage）和复原期（recovery stage）。这三个阶段可以呈现一个 U 形的曲线，来表示从开始的新鲜感到满意度的下降，再到情绪复原的阶段。在诸多学者的一系列研究与完善之下，U 形曲线文化适应理论逐渐成熟起来。在这个模型中，按照当事人的生理和心理感受视为一种阶段性的过程。其包括以下四个阶段：

（一）蜜月期（Honeymoon Stage）

当一个人第一次见到一种新的文化环境之时，内心是充满兴奋和愉悦的，因为自己的所见所闻皆是原来从未见过的事物，让人感觉从未有过的新鲜。这个目不暇接的阶段好似新婚的蜜月一样，而在针对留学生的文化适应模型中，这个阶段又被称为观光者阶段（beobachter phase），留学生第一次踏上异乡土地，从自身体验上感觉像是一个游客，对所到国家充满了好奇和探索欲。在这个阶段中，留学生对周围环境的满意度很高。

（二）危机期 / 沮丧阶段（Crisis Stage）

在危机期中，是当事人面对现实的过程。作为员工，要正常乘坐交通工具上下班，和上司下属见面，要面对公司的期待和繁重的工作；作为留学生，要开始学习生活，新生注册、选课、警局注册等一系列琐事。在天天面临的挑战压力下，蜜月期所拥有的好奇心和好心情，一下子会被文化差异所产生的迷惑与挫败感所替代。

根据斯莫利（Smalley）的研究，这一阶段属于文化休克的代表阶段，文化休克的各种心理与生理症状开始具体显现出来。当事人开始承受到不断涌现的差异感和压抑感以及对于新环境的不适应感。如我们之前所说，在这个阶段中，我族中心主义所产生的优越感也会油然而生，当事人的个性会变得与周遭环境格格不入，自我的认知也会出现问题。严重的挫败感和退缩会随之而来，在新环境的生活面临着分崩离析。①

这个阶段的持续时间并没有定论，因为根据当事人的个性不同、文化的差异性和到目的国的目的不同，表现也会有所不同。丹克洛特（Danckwortt）认为在这一阶段，对于留学生来说，其思想斗争比较激烈，与之相伴的是留学生在文化适应方面的能力和素质，在很大的程度上决定着文化适应的过程和程度。这些能力和素质主要包括：

（1）生理条件：如肤色、外貌及身体健康情况等；

（2）能力：如智力、独立性、社会交往能力等；

（3）知识和经验：包括语言知识、专业知识、有关出身国和客居国国情和文化的知识，以及与人交往的经验和在陌生环境下生活的经验等；

（4）感情状态：既包括情绪状态，如高兴、满足、惬意或者忧虑、不安、紧张等，也包括自我价值感，如自信、骄傲、自豪或者羞怯、自卑、自责等，还包括对待他人的态度，如喜欢、信任、尊重或者厌恶、怀疑和鄙视等；

（5）兴趣和需求：如寻求新的挑战，体验新的生活，寻求知识和获取学位，追求自由、独立、自主等；

（6）态度：这里尤其指留学生对客居国社会和群体的态度，如定型观念和偏见等，以及修改自己定型观念和偏见的主动性意愿；

（7）生活习惯：包括留学生在衣食住行、娱乐休闲、工作方式等方面养成的习惯。②

丹克洛特指出，通过对比分析留学生具有的朋友和以前熟悉的生活环

---

① Wolliam A. Smalley, "Culture Shock, Language Shock, and the Shock of Self-discovery", *Practical Anthropology*, Vol.10, No.1, 1963, pp. 49-56.
② Dieter Danckwortt, *Probleme der Anpassung Aneine Fremde Kultur : Eine sozialpsychologische Analyseder Auslandsbildung*, Hamburg : Breitenbach, 1959, pp. 77-89.

境，当事人对周围人、事、物的满意程度不断下降，批评不断增多，甚至对客居国产生不满或敌视的情绪，因此这个阶段又被称为在深入纠葛阶段（auseinandersetzungs phase）。

（三）复原期/恢复调整期（Recovery Stage）

在这个阶段，一些当事人已经经过了适应异国文化的阶段，在付出时间与精力之后，文化适应的成果开始显现。基本上，大多数当事人都能经过学习和接触，逐渐接受所到国家和地区的行为规则，逐渐调整自己以适应当地的行为规则。在托马斯和特恩（Thomas & Althen）的研究中，很多当事人都能够在复原期中从新发现当地文化的有趣之处，并且能够尊重当地文化与自己文化之间的差异。在这个阶段，当事人会重拾信心，心情逐渐开朗和轻松起来。

特别是对于留学生来说，在经历求索和适应之后，在自己的期望和客居国的现实之间找到了新的平衡点。留学生在这段时间对客居国所形成的看法既可能是积极的，也可能是消极的。不过，无论如何，留学生对周围的环境和人都有了更加清楚的认识和了解。随着对周围环境的熟悉和语言水平的提高，留学生重新获得了行动上的确信和肯定。他们的期望和要求可能不再像初来时那么高。对周围人、事、物的批评也不再是一概而论，而变得有所区分。随着留学生的生活和学习进入程式化，他们的满意程度又开始回升。

（四）双文化适应期（Biculturalism Stage）

双文化适应期代表着当事人经过适应后，已经习惯了两种文化之间不同的生活方式。即使遇见一些麻烦或者不如意之事，也并不会像原来一样感到焦虑与挫败感。阿德勒认为，这个阶段的主要特色在于当事人的态度和行为上，已经摆脱了原先的文化纠缠。简单来说，在这个阶段，当事人已经拥有了独立自主（autonomy）的能力，展现了双重认同的能力，具有能够欣赏文化差异的美感能力，也能够建立满意的人际关系。对于留学生来说，这个阶段称之为"归国前阶段"（aufbruchs phase），留学生因为面临着告别自己生活了多年的环境和朋友，倾向于以和谐友善的目光看周边的环境，满意程度又达到了初来时的水平。考虑到自己对国内的情况已经有些陌生，留学生同时也有些不确定自己是否能够习惯国内的生活环境和工作环境。因而,在这一阶段,留学生的感情很复杂,既有对客居国的依恋,又有对回国的期待和顾虑。

总的来说,U 形曲线假说是一个在文化适应研究中得到广泛应用的理论模型。作为一个理论模型,U 形曲线假说对描述文化适应者的文化适应过程具有一定的代表性,但它毕竟不可能准确地描述所有文化适应个体个性化的适应过程。而且,来自不同国家、不同文化的文化适应者的经历可以迥然不同。

(五)跨文化交流中的文化回归休克(Reshock)

在上文中我们可以看到,有不少学者已经注意到了海外寄居者在海外生活所面临的文化适应问题以及适应过程。与此同时,也有不少学者注意到不少海外寄居者在回归到本土时,也面临着一些文化适应上的问题。首先应该明确的是,跨文化交流的过程应该始于海外寄居者对于海外文化生活的适应,结束于海外寄居者对于本土文化的再适应。[①] 而文化回归休克现象,就发生在回归本土社会的过程中,是长期在海外生活、工作的人们回归到本土时需要对于本土文化重新适应、再融入、再理解的过程。之所以出现这样的情况主要是因为三点原因,首先,长期生活在海外的寄居者或多或少已经适应了海外的文化习俗和生活环境,因此对于本土文化和生活环境产生了疏离感;其次,不少海外寄居者在这样的疏离过程中,会过度理想化本土文化和生活环境;最后,当海外寄居者回到本土时,对于本土文化和生活环境的剧烈变化并未有完善的心理准备。

在这些因素的影响下,当海外寄居者回归本土时,会对本土文化产生不适应的现象,甚至感到备受冲击,但这种感觉也是文化回归中必须经历的一个过程。回归者在海外寄居期间在各方面的适应和变化是产生文化回归休克的重要原因,回想一下我们之前提到的内容,作为一位在海外学习或工作的寄居者,我们将要面对的是在诸如生活环境、政治环境、经济环境等诸多方面中做出新的改变与适应,这样的改变冲击着我们原有的价值观、身份意识和思维逻辑,在回归本土时都会使我们产生不确定感及混乱感。与此同时,当我们在海外生活或者工作

---

① John T. Gullahorn, Jeanne E. Gullahorn, "An Extension of the U-curve Hypothesis", *Journal of Social Issues*, Vol.14, No.1, Jul., 1963, pp. 33–47.

时，本土社会也在发生着翻天覆地的变化，而我们却缺乏对于这种变化的预计或者心理准备，因此想当然地认为故国依旧，所以当回到本土时，自然产生了冲击感，而各种症状和心理障碍也纷纷出现。文化学者将典型的文化回归休克症状总结如下：

1. 不安定和无归属感（restlessness or rootlessness）
2. 隔离感、沮丧感、疲惫感和不安全感（isolation, depression, boredom and insecurity）
3. 疏远感和回避感（alienation and withdrawal）
4. 对本土事物的轻视（disdain for things in home country），对自我身份和价值观产生怀疑（question identity and values）
5. 对旅居国生活的"怀念"感（reverse homesickness or nostalgia）[1]

与此同时，回归者还要面临若干问题，比如有一些回归者还会发现，当他们试图描述自己在海外的生活、学习和工作经历时，家人和朋友并不会充分且恰当地理解其感受；有些回归者对于母语产生不适应感，以至于不能够参加到本土的一些活动中去，很难融入本土生活和社交生活；还有些回归者发现在海外的学习、工作时所学到的技能在本土并未得到认可。当然，并非所有的海外寄居者在回归本土时都会面临如此严重的问题，因为文化回归冲击取决于一些变量因素。有学者将这些变量分为三类：

1. 背景变量
2. 寄居变量（寄居所在地、寄居者对于东道国文化的认可、寄居动机性和寄居适应、寄居者在回归时对于本土文化冲击的预见、回归后家人及朋友的支持）
3. 回归变量（归国时间长短、回归者的回归年龄、回归国对于归

---

[1] Arno Haslberger, "Gender Differences in Expatriate Adjustment", *European Journal of International*, Vol. 4, No.1, Jan., 2010, pp. 124–145.

国者的支持程度）①

在海外寄居者归国的过程中，其所面临的文化回归休克也分为四个步骤，分别为情感喜悦阶段（euphoria period）、社会脱离阶段（disengagement period）、人际脱离阶段（alienation period）和逐步适应阶段（gradual adjustment period）。②

阅读与讨论

阅读以下文章，并根据Faerie的经历，讨论一下她正处于U形文化适应模型中的哪一个阶段？

　　Faerie初到美国，住在美国人的家庭中，生活中一切都是新鲜的、从未接触过的，热情的美国人经常邀请她去参加很多活动，她自己也经常去很多地方旅行。在她眼中的美国，人们大多很开朗，陌生人走在街上也会相互打招呼微笑，而且还有很多漂亮的建筑，娱乐文化活动更是数不胜数。刚开始在美国的时候，Faerie辗转于各种场所：聚会、NBA赛场、万圣节活动、博物馆、酒吧甚至是葬礼，为的是体验美国人的生活和娱乐。她每天都会有新的发现，新的探索和新的尝试。她觉得美国一切都是美好的、新鲜的、刺激的。可随着时间的流逝，渐渐地Faerie开始对很多活动感到疲劳，并且渐渐发现自己的生活中有很多不尽如人意的地方。她发现很多东西是自己不习惯和接受不了的。

　　在去纽约旅行的时候，晚上Faerie到时代广场转车。时代广场在Faerie心中是整个美国和世界聚焦之地，可是亲身到达此地，Faerie发

---

① Nancy J. Adler, "Re-entry: Managing Cross-cultural Transitions", *Group and Organizational Studies*, Vol.6, No.3, Sep., 1981, pp. 341–356.
② Jolene Koester, "Communicaition and Intercultural Reentry: A Course Proposal", *Communicaiton Education*, Vol.33, No.3, Jul., 1984, pp. 251–256.

现真正的时代广场很小,很多高楼挡住了天空,下面的街道上可以用三个字形容:"脏乱差。"街上走着不同地区、不同国家的人,所有人都很冷漠,还有一些人在街上抽烟并且随意地骂着脏话,街边还有摆摊卖盗版光盘的,Faerie还险些被人骗了转车的钱。Faerie在当天晚上的日记中写道:"原来美国是这样一个令人厌恶的国家,原来世界的中心如菜市场一般。"Faerie当晚甚至已经失去了再在纽约玩下去的想法。可是第二天Faerie参观了纽约的几个艺术馆,第一次看到世界顶尖级的艺术展览。在那里,Faerie第一次看见那么多热爱艺术的人,这时候Faerie才意识到了纽约的魅力所在。这时候Faerie才对纽约和美国又有了重新的认识和评价。[①]

二、贝利双维跨文化适应模型

如果说U形曲线文化适应模式的阶段化过于模糊的话,那么加拿大文化学者贝利(Berry)所创立的双维跨文化适应模型则是适用于多元文化社会的文化适应模型。我们之前曾经谈论过,随着人口、科技和制度等因素的变化,即使是在同一个文化环境内也会拥有多种不同的文化氛围。所以当一个当事人进入到一个新的文化环境中时,他可能面对的并不是单一文化问题所造成的文化休克现象。

而在这一理论模型中,文化适应按照当事人的态度(而并非适应的阶段)被分为以下四种不同的类型:融合(integration)、分离(separation)、同化(assimilation)和边缘化(marginalization)。对文化适应类型的确定取决于文化适应者对以下两个问题的回答:第一,文化适应者是否希望保持自己原来的文化身份和文化特征? 第二,文化适应者是否希望和客居国的其他社会成员建立和保持积极良好的关系?

---

① 林一、刘珺主编:《跨文化交流案例分析》,经济日报出版社2012年版,第52页。

贝利双维跨文化适应表

是否希望和旅居国家的其他社会成员建立和保持积极良好的关系？	是否希望保持自己原来的文化身份和文化特征？		
		是	否
	是	融合	同化
	否	分离	边缘化

如上表所示，如果文化适应者既想保持自己原来的文化身份和文化特征，同时也想和主流社会成员建立并保持良好的关系，便属于融合模式；而不想和主流社会成员建立任何联系，即分离模式；如果文化适应者不想保持自己原来的文化身份，而一心想和主流社会成员建立良好的关系，取得主流社会的文化身份，便属于同化模式；如果文化适应者既不想或不能保持自己原来的文化身份和文化特征，同时也不想或不能和主流社会成员建立联系，便属于边缘化模式。

贝利使用了一个虚构的案例来说明以上四种文化适应的情况：一个四口之家（父亲，母亲，儿子，女儿）从意大利移民至加拿大。父亲出于工作发展前景的考虑，积极地学习英语和法语，主动参与加拿大当地的政治和经济活动。同时，他也是意大利人在加拿大的社区联合会负责人，在业余的时间积极地与意大利籍的加拿大人进行社会交往（融合模式）。与父亲不同的是，母亲仅仅会说意大利语，她不在当地工作，也不参加当地的文化活动，而且其交往的对象仅限于意大利人。因此，她虽然身在加拿大，但基本上仍然是生活在一个意大利世界之中（分离模式）。年轻的女儿讲英语，积极地参与所在学校的活动，并且喜欢和加拿大的同龄人在一起。同时，她对家庭中只讲意大利语和母亲仅仅提供意大利饮食感到厌烦，对家里要求她在大部分空闲时间与大家庭在一起度过而感到不满（同化模式）。儿子的文化适应则表现出边缘化模式的特点。一方面，他不再完全认同和接受意大利的传统（在这个新的国家里，这些还有什么用呢？！）；而另一方面，他也没有得到当地同学的接受，因为他的英语带有意大利口音，而且他对当地的文化和体育活动（如曲棍球）不感兴趣，因此，他基本上游离于意大利和加拿大双方的认同群体之外，既不认同双方的团体，也不被双方的团体所接受（边缘化模式）。

通过这个例子不难看出，在贝利的跨文化适应模型中，文化适应者可以在对客居国文化的接受或拒绝以及对自己原有文化身份的保持或舍弃的可能性之间做出选择。这表明，贝利不是像利兹格德等学者那样强调主流社会对来自异国人的单向影响，而是把文化适应者和客居国社会当作两个互相独立的维度来进行分析。

贝利除了提出以上四种不同的文化适应类的影响，提出了一个用来分析文化适应压力的理论框架"文化适应压力"（acculturative stress）。其指的是文化适应者在文化适应过程中所出现的心理健康状况下降的现象，具体表现为困惑、焦虑、抑郁、疏离感、边缘感、认同混乱、身体精神症状增多，等等。贝利认为，引发文化适应的生活变迁（如移民）有时是有益的，会给文化适应者带来新的发展机遇，但有时也会给文化适应者带来压力，造成心理健康方面的问题。不过，"文化适应"和"压力"之间的关系并非一种必然性的关系，而是一种或然性的关系。文化适应并不必然给文化适应者带来心理压力。文化适应的压力的高低取决于一系列因素的共同影响。[①]

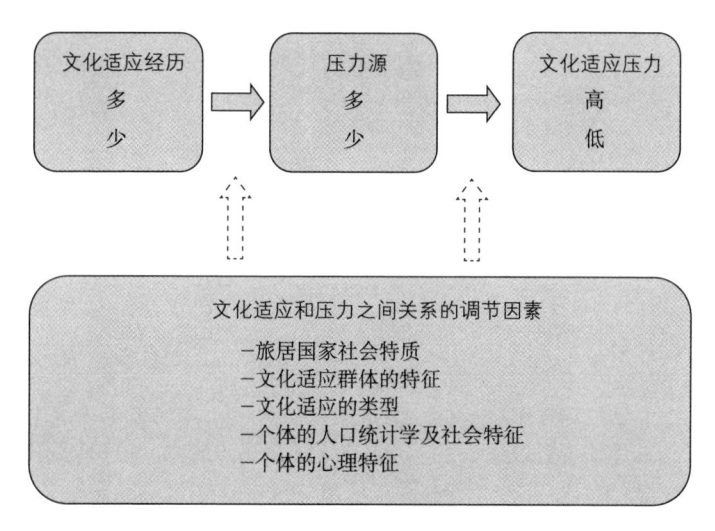

文化适应经历 多/少 → 压力源 多/少 → 文化适应压力 高/低

文化适应和压力之间关系的调节因素
- 旅居国家社会特质
- 文化适应群体的特征
- 文化适应的类型
- 个体的人口统计学及社会特征
- 个体的心理特征

文化适应压力理论模型

如图所示，文化适应者所遇到的文化适应压力的高低首先受到两方面因素的影响：第一，文化适应经历（acculturation experience）的多少：因为文化适

---

① John W. Berry, "Acculturative Stress", *Journal of Cross Cultural Psychology*, Vol.5, May, 1974, pp.382–406.

者会在不同的程度上（或积极或消极、或全面或局部地）参与文化适应的过程，因而他们对文化适应的体验和经历也或多或少有所不同；第二，压力源的多少：有些人可能会在文化适应的过程中遇到多方面的压力，而另一些人在文化适应过程中可能仅遇到较少的压力源。贝利指出，"文化适应经历""压力源"和"文化适应压力"这三者之间的关系（图中以横向实线箭头标明）并不是一种决定论意义上（deterministic）的关系，而更多的是一种或然性（probabilistic）的关系。三者之间的关系最终取决于一系列调节性因素的影响（图中以纵向虚线箭头标明）。

三、沃德文化适应过程模型

在 U 形曲线文化适应模型中，文化适应被看作一种过程，而在贝利的研究理论中，文化适应更多地取决于心理上的状态。在新西兰学者沃德（Collen Ward）看来，文化适应过程是一个相当复杂且漫长的过程，这里面牵涉到心理层面的改变，也牵涉到文化层面的变化，受到个人因素的影响，同时也受到社会因素的左右。在沃德的模型中，文化接触（culture contact）和跨文化迁移（cross-cultural transition）被视为一个人生活中的关键事件。它们带来生活上的变化和跨文化接触。

这种新的经验对文化适应者来说，既可能会让他觉得兴奋和富有挑战性，也可能会令他感到困惑和无所适从。不管怎样，文化适应者通常来说（至少在最初的阶段）还没有完全做好准备来应对新环境对他提出的要求。研究者在此常常采用令人衰弱的压力（debilitating stress）或社会能力缺陷（social skills deficits）等概念来形容这一阶段的情况。在这种情况之下，社会行为者都会在情绪、行为和认知三个层面做出相应的反应，进行压力管理或者获取特定的文化能力。文化适应过程的结果既包括心理上的也包括社会文化层面上的改变。

文化适应者在情绪、行为和认知这三个层面上的反应及其在心理和社会文化方面的文化适应结果分别受到一系列存在于个体层面和社会层面的因素的影响。在社会层面上的影响因素可分为出身社会（society of origin）的影响因素和客居社会（society of settlement）的影响因素。它们各自又可分解为社会因素、政治因素、经济因素和文化因素。在个体层面上的影响因素一方面包括个人特征，另一方面也包括情境特征。个人特征有：个性，外语流利程度，培训和经验，文化认同，文化适应策略，价值观和移民动机。情境特征有：文化接触的时间长短，社会群体内部及社会群体之间的接触的次数和质量，（出身国和客居国之间的）文化差距，所经历生活变化的次数和所获得的社会支持。

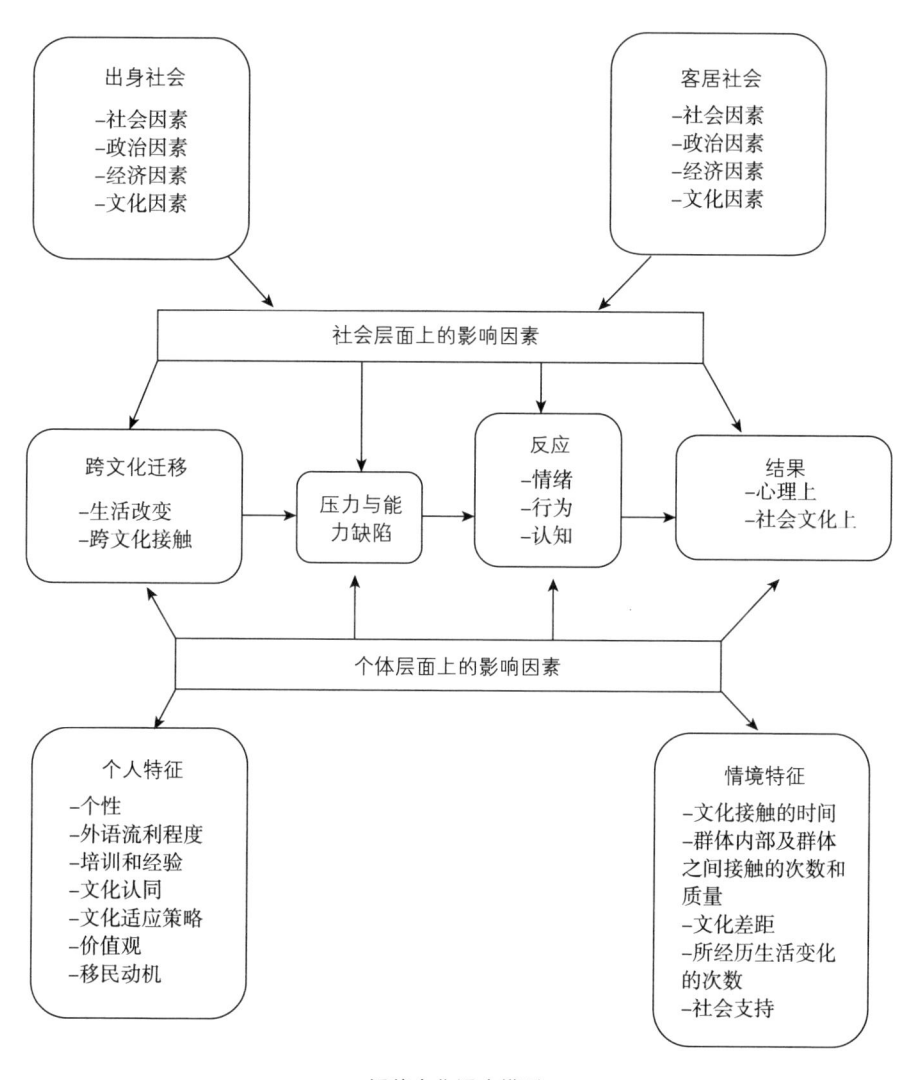

```
┌──────────────┐                           ┌──────────────┐
│  出身社会     │                           │  客居社会     │
│  -社会因素    │                           │  -社会因素    │
│  -政治因素    │                           │  -政治因素    │
│  -经济因素    │                           │  -经济因素    │
│  -文化因素    │                           │  -文化因素    │
└──────┬───────┘                           └──────┬───────┘
       │                                          │
       ▼                                          ▼
      ┌─────────────────────────────────────────────┐
      │          社会层面上的影响因素                 │
      └─────────────────────────────────────────────┘
             │            │           │            │
             ▼            ▼           ▼            ▼
       ┌──────────┐  ┌────────┐  ┌────────┐  ┌──────────┐
       │ 跨文化迁移│  │压力与能│  │  反应  │  │  结果    │
       │ -生活改变 │→│力缺陷  │→│ -情绪  │→│ -心理上  │
       │ -跨文化接触│  │        │  │ -行为  │  │ -社会文化上│
       │          │  │        │  │ -认知  │  │          │
       └──────────┘  └────────┘  └────────┘  └──────────┘
             ▲            ▲           ▲            ▲
      ┌─────────────────────────────────────────────┐
      │          个体层面上的影响因素                 │
      └─────────────────────────────────────────────┘
             │                                  │
             ▼                                  ▼
       ┌──────────────┐              ┌──────────────────┐
       │  个人特征     │              │  情境特征         │
       │  -个性        │              │  -文化接触的时间  │
       │  -外语流利程度│              │  -群体内部及群体  │
       │  -培训和经验  │              │   之间接触的次数和│
       │  -文化认同    │              │   质量            │
       │  -文化适应策略│              │  -文化差距        │
       │  -价值观      │              │  -所经历生活变化  │
       │  -移民动机    │              │   的次数          │
       │              │              │  -社会支持        │
       └──────────────┘              └──────────────────┘
```

沃德文化适应模型

沃德所提出的"文化适应过程模型"是对现有的文化适应问题研究的一个比较全面和系统的整合。它一方面融合了文化适应研究领域中有关压力和适应的研究（stress and coping literature）及社会技能理论（social skills theory），另一方面也将个体层面和社会层面的影响因素系统地结合在一起。这一模型不仅有助于推动文化适应研究的进一步发展和文化适应理论的构建，而且也为旨在提高文化适应者的适应能力的跨文化培训提供了一系列有价值的切入点。例如，该模型指出，出身国社会和客居国社会之间的文化差距（cultural distance）或文化相异性是许多文化适应问题出现的根源。因此，跨文化培训可以有针对性地帮助文化适应者了解客居国文化的特征，学习和掌握该文化特定的社会技能和行为方式。由此可见，沃德的文化适应过程模型既有理论价值，也有实践意义。

第四节 文化认同

在之前的介绍中，我们可以比较清晰地认识到，跨文化适应时间的长久取决于自身的适应能力。这样的适应能力在很大程度上除了要参照地主国的文化环境，还要取决于当事人自身对于地主国文化的认同。一旦接受了地主国的文化，那么是否也就意味着就要丢掉自己熟悉的文化呢？还是说从多重文化认同（multiple cultural identity）也是可能的呢？

亨廷顿认为，文化认同就是"对于大多数人来说是最有意义的东西"[1]。"文化认同"是人们在一个民族共同体中长期共同生活所形成的对本民族最有意义的事物的肯定性体认，其核心是对一个民族的基本价值的认同；是凝聚这个民族共同体的精神纽带，是这个民族共同体生命延续的精神基础。因而，文化认同是民族认同、国家认同的重要基础，而且是最深层的基础。陈国明教授认为，文化认同实际上指的是一个人对于自身特殊文化所拥有的归属感。在人经历社会化的过程中，文化归属感自然产生于人的潜意识中。

文化认同比政治认同、社会认同、族群认同等具有更深远的内涵。或者不如说，与其他的认同相比，它更具"自我认同"的特征。丧失文化认同所引起的病

---

[1] [美]塞缪尔·P. 亨廷顿：《变化社会中的政治秩序》，王冠华、刘为等译，上海人民出版社2008年版，第124页。

理性焦虑的影响更为深远。

我们可以从下面的文章中看到文化认同对于我们的重要性：

"五十六个星座五十六枝花，五十六族兄弟姐妹是一家。"一首脍炙人口的歌曲《爱我中华》，响遍大江南北，传唱至今，唱出了中华儿女的共同心声、唱出了各族人民的文化情感。

树高千尺有根，水流万里有源。中华民族56个民族民心相通、守望相助、团结和睦。外国学者把这"令人吃惊的统一"看作是"中国的神话"。密码何在？"文化认同是最深层次的认同，是民族团结之根、民族和睦之魂。"习近平总书记5日下午在参加他所在的十三届全国人大四次会议内蒙古代表团审议时说的这句话，道出了各族人民亲如一家的文化根基，揭示了中华民族多元一体的精神血脉。

中华文化积淀着中华民族最深沉的精神追求，是中华民族生生不息、发展壮大的丰厚滋养。而我们灿烂的文化，正是各民族共同创造的。《诗经》是各地区各民族民歌的总汇，《楚辞》中相当一部分是记录或整理的少数民族仪式歌、民歌，元曲的繁荣有着少数民族多方面的贡献。正是因为各族文化交相辉映，才让中华文化历久弥新。展开历史长卷，从赵武灵王胡服骑射，到北魏孝文帝汉化改革；从"洛阳家家学胡乐"到"万里羌人尽汉歌"；从边疆民族习用"上衣下裳""雅歌儒服"，到中原盛行"上衣下裤"、胡衣胡帽，以及今天随处可见的舞狮、胡琴、旗袍等，也正是因为各民族在文化上相互尊重、相互欣赏，相互学习、相互借鉴，才造就了精彩纷呈、博大精深的中华文化。可以说，中华文化不仅是各民族文化的集大成，也是各族人民共同的精神家园，是56个民族牢固的精神纽带。

"人心所归，惟道与义。"各族人民在千百年的历史进程中，不仅创造了灿烂的中华文化，更是形成了以爱国主义为核心的民族精神，有着一脉相承的价值追求。昭君出塞、文成公主进藏、凉州会盟、瓦氏夫人抗倭、土尔扈特万里东归、锡伯族万里戍边等历史佳话，生动诠释着："中华民族精神是各族人民共同培育、继承、发展起来的，已深深融进了各族人民的血液和灵魂，成为推动中国发展进步的强大精神动力。"

回望历史，我国各族人民同呼吸、共命运、心连心的奋斗历程是中华民族强大凝聚力和非凡创造力的重要源泉。展望未来，实现中华民族伟大复兴，需要各民族手挽着手、肩并着肩，共同努力奋斗。铸牢中华民族共同体意识，不断增强各族群众对中华文化的认同，不断使各民族人心归聚、精神相依，我们就一定能促进各民族像石榴籽一样紧紧拥抱在一起，推动中华民族走向包容性更强、凝聚力更大的命运共同体，确保中华民族伟大复兴的巨轮乘风破浪前行，胜利抵达光辉的彼岸。①

文化认同和自我认同

文化认同之所以是一种"自我认同"，在于以下几点：

其一，文化的精神内涵对应于人的存在的生命意义建构，其伦理内涵对人的存在做出价值论证，这都是政治认同、社会认同等所没有的维度——它们更多对应于人的存在的表层，无法支撑个体对存在和存在价值的确认。

其二，文化是一种"根"，它先于具体的个体，通过民族特性的遗传，以"集体无意识"的形式先天就给个体的精神结构形构了某种"原型"。个体在社会化后，生活于这种原型所对应的文化情境之中，很自然地表现出一种文化上的连续性。即使这种连续性出现断裂，人也可以通过"集体无意识"的支配和已化为行为举止一部分的符号而对之加以认同。

其三，文化认同与族群认同、血缘认同等是重叠的。一个具有历史连续性的文化共同体同时也是一个地缘、血缘共同体，它们将人的各种认同融合其中，避免了这些认同之间因相异特性而发生的矛盾甚至冲突。"文化"的这种特性实际上使它嵌入了人的存在内核，对这种文化的否定，在心理上实际已等同于对个体和共同体的存在价值的否定。

---

① 陈凌：《文化认同是最深层次的认同》，《人民日报》2021年3月7日，第12版。

就这点来说，文化不仅与人的"自我"联系在一起，还与人的"存在"，乃至关于"人"的概念联系在一起。弗罗姆曾指出，"文化是人的第二本能"①。这个"本能"决定了人的社会存在是一种文化存在。剥离开这种存在的属性，人将只剩下动物本能和抽象的、还没有被编码的人性。但事实上，关于人性的判断也已经打上了文化的烙印，也就是说，人性的表现已经受到了文化的价值符号的染指，我们在社会中所"看"到的人性已经是它的文化表现形式。这如同人被尊重的需要一样，尽管它具有普遍化的形式和诉求，但在任一文化共同体中，这种被尊重还是通过一个文化秩序所提供的手段及受其价值指令的驱动来实现的。② 这一点看来并不难解释：如果我们的人性冲动不和具体的社会文化秩序产生联系，那么它就无法被确认和合理化，更无法切入我们关于自身的理解。就此而言，美国人类学家克利福德·格尔茨说的也许是对的：我们的思想、我们的价值、我们的行动，甚至我们的情感，像我们的神经系统自身一样，都是文化的产物。既然如此，文化模式就是"历史地创立的有意义的系统，据此我们将形式、秩序、意义、方向赋予我们的生活"③。

不仅如此，文化就是生活的内容。在人的社会化过程中，文化植入人的自我结构的过程也是一个个体不断地发现自身，并确认其与世界的联系、建构自己的生活意义的过程。无论是语言的习得、社会习俗的习得，还是价值规范的习得，都被内化成了"他的"东西。弗罗姆发现，这一点可能是人类的攻击性远比动物多得多的一个根源。对人来说，"有一些可能对他很珍贵的东西：自由的理想、荣誉的理想、他的父亲、他的母亲，在某些文化中他的祖先、国家、旗帜、政府、宗教、上帝。所有这些价值、组织和理想对他来说都可能与自己肉体的生存一样重要。假如它们受到威胁，他就会有敌对的反应"④。

文化认同的目的是寻求生存方式的持续性，但其过程却往往缘起于历史的断裂或社会的断层。传统社会文化变迁缓慢，风俗、习惯、道德规则和价值观继承性强；现代社会特别是都市化进程，使原来稳固的社会系统转变成流动性社会，

---

① [美] 埃里希·弗罗姆：《健全的社会》，蒋重跃等译，国际文化出版公司2007年版，第75页。
② [美] 埃里希·弗罗姆：《健全的社会》，蒋重跃等译，国际文化出版公司2007年版，第39页。
③ [美] 克利福德·格尔茨：《文化的解释》，韩莉译，译林出版社2014年版，第284页。
④ [美] 埃里希·弗罗姆：《生命之爱》，王大鹏译，国际文化出版公司2007年版，第72页。

规则和习俗的继承性减弱。同质化的社会更多的是无意识地被动接受既有文化，而不断变化的现代社会迫使人们思考自己的文化归宿和价值观选择。全球化进程和现代社会迫使人们去寻找自我，也寻找自己在其中感到如鱼得水的文化环境，选择以至创造自己所喜爱的文化形式。

在阿德勒的眼中，一个能够协调自我认同与周围环境变化的人，称之为"多重文化人"（multicultural person），其特色在于对于自己所处的文化有清醒的认识，而且能够跨越自身文化的局限，在世界观上表现出一种能够包容各个文化迥异性的心态。简而言之，多重文化人自身具有三项特点：

1. 心理上能够调适不同的情况，在文化理解上具有随和而不僵化的特点。
2. 个人经历丰富，接触过不同文化状况下的人和事件，且自我一直处于持续转变的过程。
3. 随时保持自身的开放心态，以此来面对周围文化环境的改变。[1]

当然，多重文化认同并不意味着失去文化立场。在多重文化认同中，有些是核心性的认同，有些是外围性的认同。一般来说，最容易改变的是外围认同，而核心文化认同是最稳固、最持久的。当然，即使外围的认同也是有象征意义的。例如，西服最初是改革开放的象征之一，但是现在它已经融入中国的服饰文化，成为现代中国文化的一部分。

而且，由于文化的差异，各个民族仍然不可能跳出民族形式的限制。为了保持文化的同一性，人们形成了自成一体的认同形式，但在文化同一性外观之下常常有相互差异甚至相互矛盾的各种话语表达的转换。而任何文化认同的要求，反映的都是权力、利益、欲望、追求的动力和意志。不同的认同方向，反映了不同的利益基础。一个人，一个民族，一个国家，在不同的时期和不同的场合有不同的利益追求，因此文化认同也呈现多重的话语形式。

---

[1] Adrian Furnham, Stephen Bochner, *Culture Shock: Psychological Reactions to Unfamiliar Environments*, London: Methuen, 1986, pp.109–112.

另外,全球化时代的文化认同是民族特性的拼接画,而不是单一文化的同质化过程。在相互影响中,各民族文化变得越来越像水彩画,某些颜色是重叠的,但是某些颜色和颜色的浓淡程度是各有特点的。

当前全球化进程并非对不同文化间非此即彼的讨论,也不是一个文化取代另一个文化的过程,而是文化间相互影响、相互建构的互动过程。文化也在这样的过程中加强了自身的包容性并重新建构。这个过程的意义不仅仅在于加强了文化间交流的积极性与流动性,而且在多种文化碰撞的过程中,更多元、更包容、更多重的文化应运而生。

本章推荐阅读书目

[1][美]埃里希·弗罗姆:《健全的社会》,蒋重跃等译,国际文化出版公司2007年版。

[2][美]埃里希·弗罗姆:《生命之爱》,王大鹏译,国际文化出版公司2007年版。

[3][美]塞缪尔·P. 亨廷顿:《变化社会中的政治秩序》,王冠华、刘为等译,上海人民出版社2008年版。

[4][美]克利福德·格尔茨:《文化的解释》,韩莉译,译林出版社2014年版。

本章参考书目

[1]Adrian Furnham, Stephen Bochner, *Culture Shock: Psychological Reactions to Unfamiliar Environments*, London: Methuen, 1986.

[2]Arno Haslberger, "Gender Differences in Expatriate Adjustment", *European Journal of International*, Vol. 4, No. 1, Jan. 2010.

[3]Colleen Ward, Stephen Bochner, Adrian Furnham, *The Psychology of Culture Shock*, East Sussex: Routledge, 2001.

[4]Daniel R. Landis, Janet M. Bennett, Milton Bennett (Eds.), *Handbook of Intercultural Training*, Thousand Oaks: Sage, 1996.

[5]Dieter Danckwortt, *Probleme der Anpassung Aneine Fremde Kultur:Eine sozialpsychologische Analyseder Auslandsbildung,* Hamburg: Breitenbach, 1959.

[6] Hert Higbee,"Role Shock - A New Concept", *International Education and Cultural Exchange*, Vol.4, No.4, Jan., 1969.

[7] John W. Berry, *"Acculturation as Varieties of Adaptation"*, in Amado M. Padilla(ed.), *Acculturation: Theory, Models, and Some New Findings*, Boulder: Westview Press, 1980.

[8] John W. Berry, "Acculturative Stress", *Journal of Cross Cultural Psychology*, Vol.5, May, 1974.

[9] John T. Gullahorn, Jeanne E. Gullahorn, "An Extension of The U-curve Hypothesis", *Journal of Social Issues*, Vol.14, No.1, Jul., 1963.

[10] John W. Berry, *Psychology of Acculturation: Understanding Individuals Moving between Cultures : Applied Cross-Culture Psychology*, Newbury Park: Sage, 1990.

[11] Jolene Koester, "Communicaition and Intercultural Reentry: A Course Proposal", *Communicaiton Education*, Vol.33, No.3, Jul., 1984.

[12] Juris G. Draguns, *"Problems of Dealing and Comparing Abnormal Behavior Across Cultures"*, Issues in *Cross-cultural Research*, New York: New York Academy of Science, 1977.

[13] Kalervo Oberg, "Culture Shock: Adjustment to New Culture Environments", *Practical Anthropology*, Vol.7, No.4, July., 1960.

[14] Peter S. Adler, "The Transitional Experience: An Alternative View of Culture Shock", *Journal of Humanistic Psychology*, Vol.15, No.4, Oct., 1975.

[15] Nancy J. Adler, *International Dimensions of Organizational Behavior 3rd ed.*, Cineinnati OH: South-Western College Publishing, 1997.

[16] Nancy J. Adler, "Re-entry: Managing Cross-cultural Transitions", *Group and Organizational Studies*, Vol.6, No.3, Sep., 1981.

[17] Simon Lysgaard, "Adjustment in A Foreign Society: Norwegian Fulbright Grantees Visiting the United States", *International Social Science Bulletin*, Vol.7, No.4, Jul., 1955.

[18] Theodore D. Graves, Nancy B. Graves, "Stress and Health Among Polynesian Migrants to New Zealand", *Journal of Behavioral Medicine*, Vol.8, No.1, Mar., 1985.

[19] Toby Miller, T., *"Culture, Dislocation and Citizenship"*, in Emory Elliott,

Jasmine Payne, Patricia Ploesch, *Global Migration, Social Change, and Cultural Transformation*, CA: Palgrave Macmillan, 2007.

[20] Wolliam A. Smalley, "Culture Shock, Language Shock, and the Shock of Self-discovery", *Practical Anthropology*, Vol.10, No.1, 1963.

第七章　语言与文化

于是我关闭我的语言，关闭我的心，深沉的悲哀是连眼泪这形式都无法采取的东西。

——村上春树[1]

---

[1] [日]村上春树：《世界尽头与冷酷仙境》，林少华译，上海译文出版社2007年版，第75页。

作为人类最为重要的交际工具之一，语言能够帮助我们保存和传递我们的成果。同样，语言也是体现一个民族的重要性与独特性的特征之一。一般来说，不同的民族都会产生属于自己的语言，汉语、英语、法语、俄语、西班牙语、阿拉伯语，是世界上的主要语言，也是联合国的工作语言，忽视了语言，实际上就是忽视了民族独特性的存在。之所以如此重视语言，是因为在跨文化研究中，我们经常会忽略语言对于人类态度和行为的深刻影响。在我们的潜意识中，好像会说话和具备写作的能力是与生俱来的。但是，你可曾想过，我们的一切思维都要依靠语言来形成，就像法国作家福楼拜曾经说过的那样："明确的语言取决于明确的思想。"同样，美国人类学家卡特米尔在其撰写的文章中也如此形容语言对于人类的重要性：

> 人类能说话，而其他动物则不能做到。这种技能使得人类成为成功、强大且危险的生物。通过语言，人类能够团结起来，为了同一目标而共同协作，如修建长城、进行第二次世界大战，登月。通过语言，人类能够编织绚烂的文学梦想和有寓意的哲学神话，并以此来进行交流。通过语言，我们能够超越死亡，将知识、记忆以及梦想代代相传、生生不息。语言对于我们的内心也有着巨大的影响，通过脑海中的自我思考，我们能够安静地凝思，如果没有语言的存在，我们只不过是

长着可爱双脚和有着一双灵巧双手的黑猩猩。有了语言，我们才能成为这个星球的主宰。①

可以想象，统一的语言能够为我们人类带来何种力量，这的确是一种非常了不起的天分。雅典诗人阿里斯托芬在创作《巴比伦人》的时候也曾说过："语言给思想插上了翅膀。"语言帮助我们实现了无限的潜力，语言包含了文化深层部分的一切内容：信仰、世界观、价值取向等各个方面，帮助我们在交流的时候能够更好地表达。

阅读与讨论

阅读以下文章，找一找网络语言影响汉语言文化的例子

网络语言对汉语言文化的影响 ②

丰富了现代汉语的词汇量。网络是一种新的传播媒介，它的发展必然伴随着许多新事物的产生，这些产生于网络的新事物需要被命名，因而诞生了大量的网络专用术语，比如"黑客""鼠标""QQ""IP"等。除此之外，网民还赋予了一些旧词新的意义，使这些旧词成为流行的网络词汇，比如"潜水""挖坑""冒泡"等。这些网络新词的出现，极大地弥补了现代汉语中的词汇量已远远不能满足新事物表达的需求，丰富了现代汉语的词汇量

增加了现代汉语的表现手法。语言是人类最重要的交际工具，它可以起到表情达意、交流思想的作用。在日常说话和文学创作中，人们为了加强语言的表达效果，往往会使用一些表现手法，现代汉语的

---

① Matt Cartmill, "The Gift of Gab", Discover, Vol.11, No.1, Nov., 1998, p., 56.
② 陈莹莹：《网络语言对汉语言文化的影响》，《文化产业》2020年第14期。

常用表现手法有修辞、联想、想象、渲染等。网络语言在构成时，往往也会使用一些表现手法：第一，谐音。谐音主要分为汉字谐音、数字谐音和英文词谐音。汉字谐音如"大虾"是"大侠"的谐音，"神马"是"什么"的谐音。数字谐音如"1573"是"一往情深"的谐音，"837"是"别生气"的谐音。英文词谐音如"闹太套"是"Not at all"的谐音，"爱老虎油"是"I love you"的谐音。第二，修辞。网络语言中的修辞主要有比喻和夸张。比喻的修辞使网络语言更加生动形象，例如："友谊的小船，说翻就翻。"夸张的修辞主要用以表达一种强烈的情感，如"晕""雷""槽多无口"等。

给人们的生活带来便捷和趣味。网络语言最大的特点便是具有创新性，而创新的目的就是为了省力和娱乐。在这样一个网络信息非常发达的时代，聊天软件发明了一个又一个，更新了一个又一个版本，现在人们的生活（特别是年轻人的生活）已经离不开网络，他们的交流分为线上和线下两种，带有省力和便捷性质网络语言主要还是在线上使用，而许多带有幽默诙谐色彩的网络语言已从网络虚拟空间中蔓延到了现实生活中，有时人们在面对面地说话时，也会冒出一两句网络语言，比如"惊不惊喜，意不意外？""扎心了，老铁"。

第一节　语言的功能与特征

一、语言的功能

　　由于人类交流的多样化，语言在其中所担任的角色也就不同。在这里，我们仅从语言的抽象意义上的功能入手，换句话说，我们仅仅讨论语言的象征性作用。在俄罗斯语言学家雅各布森看来，像任何符号系统一样，语言首先用于交流。虽然许多人认为交流的目的是有所指的，但雅各布森认为，有所指并非唯一的甚至并非基本的交流目的。在其名篇《结论发言：语言学与诗学》(*Linguistics and Poetics*)中，雅各布森阐明了任何言语活动的六个基本要素，即说话者、受话者、语境、信息、语码、接触。以这六个关键要素为基础，雅各布森建立了著名的语言功能框架，即有所指（传达消息和信息）、有诗意（沉迷于语言本身）、有情感（表达态度、感情和情绪）、有意图（通过命令和恳求来说服和影响他人）、有寒暄（与他人建立关系）及元语言功能（解释意图、单词和意义）。它们与语境、信息、说话者、受话者、接触和语码这些交流要素一一对应。[①] 虽然许多人认为交

---

① ［俄］罗曼·雅各布森：《结论发言：语言学与诗学》，腾守尧译，载赵毅衡编选《符号学文学论文集》，百花文艺出版社2004年版，第167—184页。

流的目的是有所指的，基本上，语言在社会交流中主要有六种主要功能。

（一）交际功能

交际功能是语言最重要的社会功能。社会能够成立和维持的基本条件之一，就是需要有各种交际工具来使社会成员相互沟通、彼此协调。不仅人类社会是这样，就连群居的动物也是如此。

人类社会相互沟通的手段很多，有听觉的，如语言、音乐、汽车的笛声、自行车的铃声、上下班的钟声、进军的号角声、协调步伐的哨声等；有视觉的，如文字、图画、电报代码、手势、舞蹈语汇、交通指示灯、古代的烽火、各种商标、袖章、徽标等；有触觉的，如盲文、握手、拥抱等。这些非语言交流我们会在第八章中进行更为详尽的讨论。

在众多的沟通与传播手段中，语言是最为重要的。因为其他的交际手段，要么携带的信息有限，要么适用的交际领域有限，要么使用起来要凭借其他的条件。而语言可以负载的信息量几乎是无限的，几乎可以适用一切生活领域，而且只要具有正常的发音生理条件和必备的神经心理条件，就可以自由使用它。

在交际中，虽然目标都是要维持人们之间的良好关系，但因为文化的主体不同，语言的主题也会有所不同。比如，香港男性很多时候都会以"今天晚上太太煲了汤，等我回去喝"为借口而离去，而在中非国家布隆迪的妇女则会用"我的丈夫会揍我"作为同样的借口。[1]

（二）表达身份

在一般情况下，每个民族都有自己的语言，一个民族的不同地区有地域方言、不同社团有社会方言。每一个人仿佛都随身披戴着一枚语言徽章，标明他属于某个民族、属于民族的某个地区或社会阶层。个人在长期的语言实践中，还会形成自己不同于他人的独特语言习惯。语言习惯是一个人的各种社会阅历的折射，也是有意或无意地对某种语言风格效仿和追求的结果。因此，一个人的话语

---

[1] David Crystal, *The Cambridge Encyclopedia of Language*, Cambridge: Cambridge University Press, 1997, p.11.

也会透露出有关他个人情况的一些消息。这就是语言的标志功能。

在日常生活中，我们在足球比赛中高呼口号，在集会中呼喊名字或者简短语句，这些都能够揭示我们自身从属的性质，比如宗教信仰、社会背景、教育水平或者个性，等等。在语言表达的过程中，我们的社会身份也得以持续，这对于我们的自我认知相当重要。语言帮助我们划分出等级鲜明的社会团体或阶层，一个人的谈吐能够很大程度上揭示他的社会地位和自身的教育水平。[1]

既然语言是一个民族、一个地区、一个社团的标志，那么它也就成为民族、地区和社团认同的标志和情感维系的纽带。同一民族、同一地区、同一社团的人交往时，要求使用本族语、同乡话或同社团的话，否则，就可能使听话人产生误解甚至反感，从而妨碍交际的顺利进行。一个外族人、外地人或其他社团的人，在说话时如果使用听话人的语言或方言，一般会获得听话人的好感。

（三）情感表达功能

当你在社交网络上发表最新的状态时，或者当你遇到了难过的事情向好友倾诉时，又或是你有喜悦的事情与别人分享时，你通过语言来表达内心的情感。根据一些调查，虽然大多数语言使用中都会传达一些信息，但信息传达在言语交流中所占比例或许不超过20%。情感功能是最有感染力的语言应用之一，因为它对于改变持支持或反对态度的受众的情感状况十分重要。戴维·克里斯特尔认为，它是一种消除压力状态下紧张情绪的方式，例如脏话、下流话、对美的艺术或景色的情不自禁的言语赞美，以及习用的单词或短语，例如天哪（God）、哎呀（My）、该死的（Damn it）、好一派景象（What a view）、哇（Wow）、呸（Ugh）、哎哟（Ow）。[2]

情感功能也被归入表达功能加以讨论。表达功能常常是完全个人的，压根没有与他人交流的意思。例如，当锤子砸了指甲时，一个人可能"哎哟"（ouch）一声，或者忘了赴约时，可能自言自语地说"该死"（damn）。有些感叹词，比如天哪（Man！）、好家伙（Oh boy！）、万岁（And hurrah！）通常脱口而出，

---

[1] John R. Edwards, *Language, Society, and Identity*, Oxford : Blackwell, 1985, p.15.
[2] Eugene Albert Nida, *Language, Culture, and Translating*, Shanghai Foreign Language Education Press, 1993, p.98.

无任何与他人交流的目的，但这是人们自身感情必要的言语反应。这些表达也可能是一群人共同的反应，他们支持彼此的语言以显示群体的团结。[1]

（四）哲学与神学功能

人的经验总是有限的，但是语言是无限的和无穷的。人类一切存在都是暂时的，都有其发生、发展、灭亡的过程。正因为如此，各个民族都有特殊的、有神性的语言。每个宗教都有自己的经典，而且对自己的经典看得非常神圣，绝不容许任何人亵渎，这把语言和文字的神学效应提到最高处。

语言的另一种魅力在于语言文字本身还有一种神秘感，这种神秘感由语言本身所创造出来的情境构成。情境并不是文字本身包含的意思，而是在特定的环境中赋予的特定的意义，如果离开这种环境，它的表意就显得苍白无力了。例如，在汉语中当有人打破一只碗或盘子的时候，主人或在场的人可能会说"岁岁平安"，又或者在西方，当有人打喷嚏的时候你会说"上帝保佑"，这些语言延伸为一种控制某些力量的方法。

（五）娱乐功能

语言的娱乐功能常常被忽视，因为人们误以为它似乎颇受到目的和用途的限制。但是，没有谁否认语言纯粹用来娱乐的作用，比如婴儿发出咿呀声，或吟唱者唱圣歌。在拉丁和伊斯兰世界以及中国一些地区，歌咏比赛流传甚广，比赛中通常一位歌者唱头几句，然后对手应战接唱后面的内容，或者回应一首节奏和韵律相似的歌曲。这种歌咏比赛可能长达几个小时，而且纯粹是为了享受语言的乐趣而举办。

如果观察孩子们玩耍，你会发现声音的力量。有时游戏中没什么意义的歌词甚至也有娱乐功能：重复的节奏帮助控制游戏，从中孩子们获得简单而巨大的快乐。成年人也有其纯粹欣赏语言的方式，例如，写诗给予他们享受语言之美的乐趣。

---

[1] Eugene Albert Nida, *Language, Culture, and Translating*, Shanghai Foreign Language Education Press, 1993, p.98.

二、语言的特征

（一）任意性

这一特征最初由瑞士语言学家索绪尔提出，并对这一特征进行了深入的讨论。索绪尔认为，语言的任意性体现在我们所写出的语言符号即为事实，也就是说语言符号的形式与意义之间没有天然的联系。例如，我们无法解释为什么书在英文中被称作"book"，而笔称作"pen"。索绪尔还意识到，语言的任意性（arbitrariness）似乎存在不同的等级。[1]

当我们试着想出一些拟声词时，你可能并不认为这些词语和其描述的声音有区别。例如汉语中的"叮咚""轰隆""叽哩咕噜"，在我们的认知中，这些语言形式和我们在大自然听见的声音是相同的。但是在英语语境中，用来描述同一声音的是完全不同的单词。例如，英语中狗的叫声是"wow wow"，而汉语是"汪汪"。

实际上，拟声效应和任意效应可能同时在起作用。例如，威多森（H.G. Widdowson）引用了一行诗作为例证，选自济慈的《夜莺颂》（*Ode to a Nightingale*）：

> The murmurous haunt of flies on summer eves.（夏夜蝇子嗡嗡地出没其中）

如果你把这行诗大声读出来，你可能感觉到其发音和意义之间的联系。但是，这一效应并非源于嗡嗡的声音本身，因为在懂得这句诗词的含义之前，你得首先要知道"murmurous""summer""eves"这些单词的意义。试想一下，如果用发音类似的单词"murderous"（凶残的）来替代"murmurous"（低声的），那么其发音和飞虫的嗡嗡声之间什么联系也建立不起来。"只有知道单词的意义，你才能推断其形式是合适的。"[2] 在很多语言中的拟声词有许多实例都适用于这一点。

---

[1] 参见［瑞士］费尔迪南·德·索绪尔：《普通语言学教程》，高名凯译，商务印书馆1980年版，第78页。
[2] ［英］威多森（H.G.Widdowson）：《实用文体学》，上海外语教育出版社1999年版，第6页。

(二)创造性

创造性的意思是，语言因其任意性的特点而变得极为丰富。实际上，语言比交通信号灯复杂得多的原因之一，在于我们能用它创造新的意义。有许多例子证明，单词以新的方式使用可能表示新的事物，以前从未见过的单词人们也可能即时理解。这一能力也使人类语言不同于动物——例如鸟之间的那种交流，因为显而易见，鸟的语言只能传达有限的信息。[1]

如果我们仅仅将语言定义为一种交流系统，那么它就不是人类所独有的。要知道，鸟、蜜蜂、螃蟹、蜘蛛，以及大多数其他生物都以某种方式交流，但是传达的内容严格地局限于一套信息。语言的创造性部分源于其任意性——上一部分刚刚讨论过——也就是说，由于任意性，说话人能够将基本的语言单位结合起来，形成无限套句子，其中大多数以前从未出现或听说过。

语言的创造性还有另一层意思，即创造永无终止的句子的潜能。例如，在英语中我们可以写下面这样一个句子，并无穷无尽地写下去：

He bought a book which was written by a teacher who taught in a school which was known for its graduates who……

(三)替代性

替代性的意思是，人类语言使其使用者能够表现在交流的时间和空间里并不存在的对象、事件和概念。因此，我们可以在言语中谈论任何事情，比如孔子、北极或者其他事物，尽管孔子已经死了四千多年，而北极离我们那么遥远，但我们在谈论这些事物的时候，脑海中能够形成替代这些词语的画面。

在自然环境中，大多数动物一旦受到事关群体利益的刺激就立即做出反应，例如，听见一只鸟的惊鸣，立刻知道有危险，这些动物受"即时刺激控制"。与动物交流系统不同，人类语言不受刺激因素控制。试想一下，蜜蜂用舞蹈来表示一处食物来源，以及这些食物距离蜂巢的距离；虽然狗不能告诉人们它的主人几

---

[1] Annabelle Mooney, Betsy Evans, *Language, Society and Power: An Introduction 4th Edition*, London: Routldge, 2015, p.8.

天后会回家，但他能够表达急切渴望主人回家的呜呜叫声。

替代性给予人类处理普遍和抽象概念的能力，从而使我们受益。当人们谈论起一些相对于难以理解的"非物质"概念时，常常会用一些替代性的语言来进行描述。比如，当对话中涉及"真"和"美"这些比较抽象性的事物时，虽然人们对于"真"与"美"这两个概念是模糊的，但是依旧能在脑海中找到相应的话语去形容它们。替代性话语对于人们的脑力活动至关重要，正是因为有了替代性语言，我们才能够用抽象的词语来进行交流。

阅读与讨论

阅读以下文章，想一想网络语言的兴起和语言的特性有关联吗？

近年来短视频日渐火爆，但字幕中错别字频出的现象屡见不鲜。"垃圾桶"写成"辣鸡桶"，"崩溃"写成"奔溃"，"喜欢"写成"稀饭"……近期《新华每日电讯》一则报道指出，短视频错别字太多"逼疯语文老师"。不仅是短视频，网络语言中"火星文"、生僻字、随意缩略、赋予新含义等各种不规范问题早已引起社会关注。互联网已深度渗透数以亿计的中国受众，如何在新的应用场景下看待语言的规范使用、与时俱进引导网络语言、丰富语言世界，已经是一个必须被认真讨论的话题。

把"看看"写成"康康"，用"xswl"代替"笑死我了"……打开一些网络视频，不规范用语层出不穷，有的固然让人会心一笑，有的却让人云里雾里，更让不少语文老师感到头大。

"有一次我在给学生默词的时候，说到其乐无穷这个成语，当天批改就发现有不少孩子将'其乐无穷'的'其'写成了'骑行'的'骑'。"南京石鼓路小学语文教师王文告诉《新华日报·交汇点》记者，问了孩子们才知道，原来是看了短视频的错别字成语才写错的。

"孩子模仿能力很强，短视频内容动作看一两遍就会了，如果成天看错字，形成了根深蒂固的印象，之后老师就很难纠正了。"女儿果果下半年就上三年级了，已是典型的互联网"原住民"，因此家长吴玲对孩子的语文能力塑造不无担忧。

2月3日，中国互联网络信息中心发布的第 47 次《中国互联网络发展状况统计报告》显示，截至2020年12月，我国网民规模达9.89亿，网络视频（含短视频）用户规模达9.27亿，占网民整体的93.7%；其中，短视频用户规模达8.73亿，占网民整体的88.3%。同样是这份报告指出，网民中学生是第一大群体，占比21%；19岁以下网民占比达16.6%，他们易于接受新鲜事物，对短视频的接受度尤高。一些受访者认为，短视频字幕中滥用、误用、错用的汉字，会给他们带来不良的示范和引导。

"这些错别字频出的短视频，有的甚至点击率达到了几十万，影响力是不容小觑的。大量短视频高频次的出现，很容易就把孩子'带跑偏'了。"王文举例说，短视频里有的是常见错误，如"的地得"等同音字混用，有些成语被改得面目全非，还有部分制作者故意使用一些错别字，甚至用一些字母代替汉字，"这不仅让我们学校的规范教学变得无力，严重影响到孩子的表达和写作，甚至给全社会都会带来一种错误的示范和导向"。

"语言表达的乱象、网络用语的不规范，这些现象并不是短视频兴起才有，而是从互联网诞生之际就有所显现。"南师大新闻与传播学院网络与新媒体系副教授张伟伟说，目前我国网民结构决定了网络生态，"我国网民受教育水平、经济收入总体偏低，因此在语言表达规范性、审美品位方面都会有所欠缺，这也造成了目前网络上语言乱象愈演愈烈。"第 47 次《中国互联网络发展状况统计报告》指出，截至2020年12月，我国网民中，初中、高中/中专/技校学历的网民群体占比分别为40.3%、20.6%；小学及以下网民群体占比由2020年3月的17.2%提升至19.3%，这为张伟伟的观点提供了一个注解。

除了传播者制作发布不严谨导致的不规范，一个可能更糟糕趋势是故意为之。百科类自媒体大号"赛雷三分钟"目前有1000余万粉丝，赛雷团队执行合伙人李雷雷告诉《新华日报·交汇点》记者，在视频发布平台规则下故意使用错别字是一种行业"潜规则"，这也是一种迎合用户的方法。视频过程中，制作者会根据各个平台的不同属性使用当下比较流行的"网言网语"，"例如年轻用户居多的bilibili平台，我们会使用一些他们比较感兴趣的词，更多的时候会考虑用户的体验度，让他们能够在这样的环境中'玩'得比较好"。

  这样的表达有时候固然让人会心一笑，但也会渗透影响其他场合的表达规范和准确。张伟伟就认为，"网络用语的不规范，会影响到年轻的网络'原住民'的语言文字的表达，这是毫无疑问的。比如网络用语讲求用符号、用短句、多分段，这些都表现在学生的作业、论文中，同时更影响了年轻人的思维模式"。[1]

---

[1] 杨频萍、胡安静、沈佳暄、蒋明睿：《互联网短视频错别字多引争议 网络应用场景下语言规范使用观念需创新》，《新华日报》2021年3月21日，第12版。

第二节　语言与文化之间的关系

很显然，当我们在对文化进行研究的时候，如果将处在文化环境中的语言抛开是无法进行下去的。语言就好像一把通往文化核心的钥匙，清楚地反映了使用该语言的文化内涵。就像我们之前说过的那样，语言能保持国家和民族的身份，语言具有非常显而易见的象征性，对于保持民族的独立至关重要。基辛（Keesing）的研究也证明，语言的意义和实际用法，受到团体的文化思想意识形态牵制。所以，文化知识（cultural knowledge）和语言知识（language knowledge）实际上是一脉相承的。所以说，我们可以通过一种语言来了解一个民族的文化背景，或者如果要深入理解一种语言，那么也必须了解这种语言背后的文化背景不可。比如，社会学家巴兹尔·伯恩斯坦对美国上层社会中的语言进行比较后发现，下层社会的人习惯使用比较有限的语言代码。他把这种语言叫"大众语言"。与这相对的是中上层社会人士使用的"正规语"。一般说来，大众语言不太准确，概念性差，较少地使用非人称代词"某人"。但大众语言比较生动，表达更有力和更直接。相比之下正规语言有较丰富的表达形式和象征性概括，能表达各种事物的细微差别。[①]

[①] 参见［美］威廉·A.哈维兰《当代人类学》，王铭铭等译，上海人民出版社1987年版，第242—248页。

在文化与语言的关系上，就好像科学家争论先有鸡还是先有蛋的问题一样，语言与文化到底是如何互相影响也一直被文化研究者们持续关注着。

一、语言决定论（Language Determinism）

对于文化，大多学者认同，其主要包含两方面：物质文化，精神文化。具体的以实例去展示文化现象对于我们的理解会大有好处，物质文化就是：印度女人穿纱丽，尼泊尔喜欢手抓饭，日本人喜食生鱼片，中国人见面爱握手，毛利人见面碰鼻子，韩国人习惯盘腿席地，这都是各个民族物质文化的表现。而精神文化就是在社会发展中，人们的意识形态集中起来的价值观念、思想道德、法律条例、审美意趣，而语言就是在人类产生之后，随着文化的产生而形成的一种精神文化，它属于文化的一部分，但是语言又具有其他文化所没有的特殊性。

语言作为文化的一部分，它不仅是一种文化现象，更是文化的载体。每一个民族因文化的不同而持有不同的语言系统，中国人说汉语，美国人说英语，韩国人说韩语，一个民族的语言蕴含着一个民族特有的传统文化，思维方式，社会心理，民族风情，价值取向，社会观念等。罗杰斯和斯坦法特曾提出：

> 如何认识一则信息，与人们如何理解符号和指示物之间的关系有关。语言的作用不仅仅是知道人们如何"说"，更是帮助人们如何"想"。语言的相对性是指语言影响人类的思想和含义的程度。人类在进行思考时，语言是符合和其指示物之间的中间因素。[1]

在萨丕尔和霍尔夫的研究中，在对于美国霍皮印第安人的语言系统做出系统性的研究之后，提出了"萨丕尔—霍尔夫假设"（Sapir - Whorf Hypothesis）。他们认为，语言和思想是一脉相承的关系，语言决定了我们思想的范畴。在萨丕尔看来，语言不单单是记录族群历史的方式，更是一种界定经历的方式：

---

[1] Everett M. Rogers, Thomas M. Steinfatt, *Intercultural Communication*, IL: Waveland Press, 1998, p.135.

人类并非单独生活在客观世界中，也不像我们通常认为的那样单独生活在社会活动之中。人类的活动在很大程度上受到了某种语言的支配，这种语言是我们和社会沟通的中介。真实的世界很大程度上是由语言习惯所积累起来的。在描述同一个社会现实的时候，从来没有两种非常相近的语言。世界的不同在于其社会形态的不同，而不仅仅在于其所贴的标签不同。①

这个假设可以简单理解为三个要点：

1. 语言在整个文化体系的建设和发展的过程中，扮演了至关重要的角色。语言不仅仅是一种用来沟通的工具，同时还起到了引导和指挥人们的认知系统，而且能够帮助语言的使用者构建起习惯性的理解性模式。因此，由于人类语言系统的差异性长期存在，跨文化沟通障碍也将持续存在。

2. 语言的结构和语意之间的关系是密不可分的。换句话来说，语言本身意识形态的影响是无法消除的，即使我们可以对某一个单词的解释发展到难以想象的复杂和详尽，但是解释本身就需要采用语言的方式，这也就无法消除语言本身的形态投射。所以说，语言是帮助人类发展的方式，但也是阻碍人类探索的限制，这种对立的关系就蕴含在不同文化的深层体系中。

3. 一种语言的表达方式，通常会依据语言持有者的思想模式，并且可以用来理解与测量一个人的价值观取向，也就是说语言和文化有直接性的关系。②

基于这样的假设，在霍尔夫看来，语言是决定文化思想和行为的主要依据：

---

① David G. Mandelbaum, *Selected Writings of Edward Sapir*, Berkeley and Los Angeles：University of California Press, 1949, p.162.
② David G. Mandelbaum, *Selected Writings of Edward Sapir*, Berkeley and Los Angeles：University of California Press, 1949, p.162.

一种语言的语意系统并不只是表达思想的再造工具，而是思想的塑造者，精神活动的引导者。我们对于大自然的认识和剖析，全部取决于我们的语言来进行设定。换句话说，我们所认识的世界，是经过我们的心智进行归纳后，进行的一种印象性概括。当然，这种概括就是我们自身的语意系统。[①]

针对这条假设，有很多事例可以说明其是有一定依据性的。比如在中国，方言是各个区域的人长期生活在特定环境下所产生的特有的语言。在语音方面，现代汉语普通话中"n"和"L"的区分很明显，但是在陕西话中这两个拼音所发出的语音是相同的。"奶奶"被称为"瀨瀨"，原因在于陕西方言中没有"奶奶"这个称呼，当地，父亲的母亲被称为"婆"，并不是现代汉语普通话中奶奶的发音。陕西话中"qian"和"tian"的发音也是相同的，因为长时间的语言习惯致使操着当地方言的人们无法区分这些语音。拼音文字受语音的制约极大，一个词的发音稍有变化拼写方式也就会随之改变。这种情况促使其他词语的生成，例如陕西话中为了避免"qian"与"tian"的区分，"田"称之为"地"，宁夏人一般说："在田里干活呢！"而陕西人说："在地里干活呢！"

又或者，美国人类学家威廉·A.哈维兰在《当代人类学》中将世界上不同的亲属称谓制度归纳为六种：爱斯基摩制、夏威夷制、易洛魁制、奥马哈制、克劳制和描述制。在这些不同的称谓制度中，除核心家庭成员（如父亲、母亲）外，同一家庭成员的称谓在相同的社会关系中没有相同或相应的词语表达。如爱斯基摩制强调核心家庭，特别分出母亲、父亲、兄弟和姐妹，并把其他的所有亲属——姨母和姑母、叔伯、舅舅和堂（表）兄弟，合而统称之，不加区分。而在夏威夷制中，同代同性别的亲属都用同一称呼；在一个人父亲的那辈中，一个人的父亲，父亲的兄弟和一个人的母亲的兄弟都合用"父亲"一个词来称呼。同样地，一个人的母亲，母亲的姐妹和一个人父亲的姐妹都称为"母亲"。在同辈中，堂表兄弟和堂表姐妹是通过性别来区分的，都称为兄弟和姐妹。夏威夷制反映了

[①] David G. Mandelbaum, *Selected Writings of Edward Sapir*, Berkeley and Los Angeles：University of California Press，1949，p.5.

这种社会缺少单系继嗣，而通常与两可继嗣有关。① 而汉语的称谓是详尽而又具体的。赵元任在《中国人的各种称呼语》一文中列举了114种亲属的称呼语，各种又有正式名称，直称及比较文气的称呼；使用何种称谓，视交际场合及交往双方关系的亲疏而定。

所以，根据萨丕尔和霍尔夫的假设，语言不仅仅是人类思想的传达工具，更是人类思想、信仰和态度行为的塑造者。从跨文化沟通的角度来看，一个人不可能拥有足够的能力来完全认识自己的文化，因此人们就无法有意识地或者完全操控着自己的语言，这也是跨文化沟通更容易产生障碍的主要原因。比如由于中西方文化传统和风俗不同，因而问候方式当然也是不一样的。因为中国是一个长期的农业社区，在日常表达中有很多的"食物"。当人们遇到对方，他们会说"你吃了吗？"这就相当于西方国家问候"你好"一样。在中国，这是一个常见的方式说"你好"，但西方的人不这么认为。他们可能认为这问候似乎在说："我没有吃，来吧，我们去吃点东西。"或"我正打算邀请你去我家吃晚餐"。总之，这意味着说"你好"邀请晚餐而用。另一个问候方式，中国是"你要去哪儿？"或者"你去哪儿了？"。在中国，这种问候只是礼貌的公式。但如果你使用这些句子迎接西方人民，他们会感到不高兴。他们的反应很可能是：这不关你的事！因而在西方的人们总是见面时谈论天气，如"天气好啊！"。他们尊重别人的隐私，也不会允许别人探听自己的隐私。

二、语言相对论（Language Relativism）

比起语言决定论来说，语言相对论的看法更为温和与保守。毕竟，语言与文化的关系太过复杂，无法简单地说清楚谁决定了谁。语言的运用取决于人类的认知系统，是我们大脑活动的一个细节，因此一些学者认为，语言知识反映人类的文化，包括思想、信仰及态度行为。

如萨默瓦和波特所言，言语反映了我们认识这个世界的方式。事实上，我们大多数的社会文化知识都是从词语中习得。当你还是一个孩童的时候，可能询

---

① 参见［美］威廉·A.哈维兰《当代人类学》，王铭铭等译，上海人民出版社1987年版，第409—411页。

问父母最多的问题就是:"这个词是什么意思?"这表明我们通常倾向于从词语中寻找意义。但是请注意,并非词语本身具有意义,而是我们自身的文化拥有意义,才赋予了词语意义。在萨默瓦和波特的观点中,同一个词语可以表达出不同的意义。

> 在一个人看来,单词"grass"是屋前的绿色植物,它必须浇水,一星期修剪一次;在另一个人看来,"grass"是一种纸卷的、用来抽的东西。所有人都依靠自己的背景判断一个词的意思。人们只有在交流或者拥有共同经验时,才会拥有相似意义。如果你有打棒球的经验,那么"rope"是击出边线得分的意思;如果你有爵士乐的背景,那么"ax"就不是指用来砍木头的东西,而是指一种号或者木管乐器;你和一个内科医生对单词"cancer"的反映也可能不同。

基于此,霍耶尔在对于语言决定论观点的研究中,提出了不同的看法。霍耶尔指出"萨丕尔—霍尔夫假设"过分夸张了语言对于跨文化交流与沟通的障碍。霍耶尔认为,随着全球性的交流广泛扩大,人类在生理、心理和社会特征上也会趋于相似,因此随着人类共通性的提高,语言影响跨文化交流的因素也在减小。

在研究了美国印第安族群纳瓦霍族的语言之后,霍耶尔认为,在研究语言与文化的关系之前,应该遵循着正确的方式认识语言的结构和语意。在对于语言的观察、分析和归类的过程中,语言的结构和语意在其中扮演的角色是不相同的,因此,在认识语言和文化谁决定谁的问题上要注意如下几点。

1. 首先要了解并且理清一个语言的结构形态。
2. 语言的结构形态对于语言自身的语意形态有所影响,语意形态依附于语言结构。
3. 区分出该语言的结构类别,并进一步区分哪些与语意形态有关。
4. 最后,找出及对比该语言的结构与语言形态,并从语言的表达提出印证。①

语言可以衍生出许多的文化意义这是不言而喻的，语言表达或者反映一个人的思想、态度或者行为的例子数不胜数。比如当阅读以下三个例句的时候，我们可以从指示名词（demonstrative pronoun）和顺序排列（sequential placement）的选择，看出一个人的喜好。

1. He came in and sat down.
2. He sat down and came in.
3. He sat down after he came in.

当我们说第一句时，我们指出了行为的顺序；如果我们说第二句，读者会认为其意思与实际发生的相反——也许他坐上轮椅，然后把自己推进房间。在第三句中，借助单词"after"我们可以颠倒分句的顺序。另外，我们通常也喜欢用正面或者肯定的语法结构来表达我们喜欢的事物，用负面或者否定的语法结构来表示我们不喜爱的事物。比如"这电影真好看"和"这电影还不错"，或者"我想和你一起聚聚"和"为什么我们不聚聚"，都反映出语言使用者自身的喜好。同样，如果一个人花费极长时间去描述一个人或者其他事物，这说明了当事人对于其描述事物的强烈情绪。②

另外，语言的使用也反映了团体和个人所拥有的权力大小。在社会或者某一团体中权力地位高的人，通常会使用控制力强的语言去发号施令，比如"我认为应该……"或者"你们应当……"。

最后，语言能够反映人与人之间的亲密关系。这从夫妻间的用语可以很轻易地得到佐证。例如"亲爱的（dear）""甜心（sweat heart）"。在台湾南部，也有女性称呼其丈夫为"死鬼""夭寿的"或者"死路旁的"，初听之下，还以为夫

---

① Harry Hoijer, "Language", *Linguistic Society of America*, Vol. 13, No. 2, Jun., 1994, pp. 165–173.
② Morton Wiener, Albert Mehrabian, *A Language within Language, Immediacy: A Channel in Verbal Communication*, New York: Appleton-Century-Crofts, 1968, pp. 12–16.

妻间不和睦，其实，就像"杀千刀的"用法一样，是对于自己丈夫的昵称。[1]

　　关于文化对于词语意义的影响，可以用夏威夷和萨摩斯语来举例。在夏威夷语言体系中，只有2万个词语，而且只有将近1.5万个词语收录在词典里。对不了解夏威夷语言的人来说，这是一种相当复杂的语言体系，因为其每个单词的语意相当模糊，有些单词的含义可以多达五种，另一些单词则可以有更多种用法，或者用在各种语境中。只有了解每一个单词的各种意思，说话者和聆听者才能正确理解其语言中的含义。在瑞典基律纳市的萨摩斯语言有500个单词是来解释"雪"的，还有几千个表示"麋鹿"的单词，但却没有任何关于"计算机"的词语。例如，在描述"雪"的单词中，有一个含义是如此解释的：麋鹿曾经在那里打洞、进食，后来又离开的地方，因此没有必要在那儿狩猎。驯鹿是萨摩斯地区的主要出口产品，下雪天则是基律纳地区最常见的天气。这些词语对于萨摩斯文化的意义重大，所以萨摩斯语言中有许多词语来表达他们。但是，现代社会中常用的计算机对于萨摩斯人猎鹿则毫无用处，因此萨摩斯语中没有词来形容英语中那些再平常不过的词汇。[2]

阅读与讨论

阅读以下段落，试着写出几个语言影响文化理解的例子。

　　汉语中有个谚语："夏练三伏，冬练三九。"激励人们坚持锻炼身体。"三伏"和"三九"在英语里是什么呢？一个年轻翻译对几个加拿大人说"three fu"和"three nine"。听的人当然莫名其妙。他只要说"In summer keep exercising during the hottest days; In winter do the same thing during the coldest weather"就可以了。

---

[1] 陈国明：《跨文化交际学》，华东师范大学出版社2009年版，第73页。
[2] Larry A. Samovar, Richard E. Porter, Edwin R. McDaniel, Carolyn Sexton Roy, "The Sapir-Whorf Hypothesis", *Intercultural Communication: A Reader*, Cambridge: Cengage Learning, 2014, pp. 194–200、p.184.

一个中国青年到附近游泳池去游泳，一会儿就回来了。和他同住一室的中国人和一个外国朋友都感到奇怪。他解释说："游泳池里人太多，水太脏，早该换了。简直像芝麻酱煮饺子。"这个比喻很别致，很生动，和他同住一室的中国朋友笑了，而那个外国人既没有吃过"芝麻酱"也没有见过"煮饺子"，丝毫不觉得这个比喻幽默，难怪他显出一副茫然不解的神情。西方人形容某地人多、拥挤不堪，常说"It was packed like sardines"（塞得像沙丁鱼罐头一样，拥挤不堪）。这种比喻有些中国人可以理解，但不一定能欣赏其妙处，因为见过打开的沙丁鱼罐头的人很少，看到过一个又小又扁的罐头盒里，紧紧塞满整整齐齐的几排手指头长的沙丁鱼的人是不多的。

还可以举出很多例子说明某些事物或概念在一种文化中有，在另一种文化中则没有。例如，汉语中"干部"这个词译成英语时往往用 cadre。但是英语中的 cadre 与汉语中的"干部"不同。而且 cadre 不是常用词，许多讲英语的人都不知道它是什么意思。即使认识它的人，在说到它时，发音也不一样——有三四种读法。因此有人建议用 official（官员，行政人员，高级职员），functionary（机关工作人员，官员），administrator（行政官员）等代替 cadre，但这些词没有一个与汉语中的"干部"完全相同。

同样，汉语中没有表达 cowboy 和 hippie（或 hippy）的意思的对应词。这两个词是美国社会特有的产物。cowboy 与美国早期开发西部地区有关，关于他们的传说总带有浓厚的浪漫主义和传奇色彩。在汉语中译为"牧童"或"牛仔"，反映不出这些意义。汉语中把 hippie 音译成"希比士"或"希比派"也没反映出60年代那些中国人觉得行为古怪的美国青年的特点。译成"嬉皮士"可能稍好一些，不过这个词也会造成误解，因为那批青年并不都是"嬉皮笑脸"的人，其中有不少人对待社会问题很严肃，对社会怀有某种不满情绪，尽管他们的生活方式与众不同：往往蓄长发，身穿奇装异服，甚至行为颓废，染上吸毒恶习，等等。这就要在词典上或译文中加解释性说明了。

在社会活动和政治活动方面的用语中也可以举出不少例子。例如汉语中的"斗争会"这个词可以译成 struggle meeting，但这种译法说明不了这种会的内容。反过来，美国的 revival meeting 是什么样的活动，中国人很难猜测，除非亲自到现场看过这种宗教气氛极浓、歇斯底里般的信仰复兴集会。同样，中国人对 bingo party 和 bingo game 往往一无所知，有些词典中 bingo 的汉语注释是："一种用纸牌搭成方块的赌博。"（《新英汉词典》）"排五点一种赌博性游戏。"（《英华大词典》），读者查到此词仍然不得要领。[①]

[①]《语言文化背景差异（一）》，《Reading and Writing（初中版）》2005年第Z1期。

第三节　语言与文化价值取向

在地球上，唯有人类能够用无意义的符号创造出有意义的交流系统，没有任何东西能够像语言那样清楚地将各种文化区别开来。就如同我们在上节介绍的两种理论一样，尽管在语言与文化的关系上有所分歧，但都认为可以经过考察语言的使用过程，一个文化的内涵与价值取向，是可以加以表达、描述、确认以及预测的。[1] 比如，不同的社会文化中，会用不同的方式来表示一台坏了的自动售货机。在英国会这样写："这台机器不接受10分硬币，对不起。"在美国则可能会这样表达："不接受10分硬币。"在日本，其版本则可能是对机器不能接受10分硬币表示难过，并向消费者道歉。[2] 对于初学外语的人来说，有些外语语句在逻辑和表达方式上十分不合情理与逻辑，但如果进行深入学习的话人们会发现，这样的情理与逻辑是在特定的原因下形成的。

---

[1] Elaine Chaika, *Language：The Social Mirror*, New York：Newbury House, 1989, p.34.
[2] [美] 拉里·A. 萨默瓦、理查德·E. 波特：《跨文化传播》（第四版），闵惠泉等译，中国人民大学出版社2010年版，第178页。

一、直接与委婉的表达方式

值得注意的是，语言使用的直接程度反映了文化价值的深层结构。萨默瓦和波特指出，在北美洲的语言系统中表达观点很少有所保留，尤其在美国，语言的使用表现出坦率、清晰、随意和诚实等一系列简单直接的特点，美国人在使用语言的时候，总是尽可能地避免模糊和不清楚的情况，如果需要表达否定的意思时，总会毫不犹豫地说出"不"。而在英国人看来，直接用"不"来表达否定是一种不优雅且缺乏教养的表现，所以英国人在与美国人交往时，总会产生美国人粗鲁且对别人不够尊重的感觉。

里士满和盖斯特林指出，非洲人在表达语言的时候，含蓄和模棱两可对于他们来说是一种艺术的表现：

> 非洲人说话随心所欲、滔滔不绝、毫不犹豫，但是他们的用词和数字往往都不精确；每一次人际互动都变成一场关于如何建立双方关系的讨论。西方人应该心平气和的询问细节，直到理解全部意思为止。[1]

而在东亚文化中，将真正的含义隐藏在模糊的语言中似乎成为了每一个人的必修技巧。这种语言倾向反映出亚洲文化注重交流过程，而并非注重词句的意义。举例来说，在中国、日本和韩国文化中，在使用语言的时候都非常谨慎，因为在这些国家的文化中，如果公开反对别人的意见是相当不礼貌的。同时由于集体主义的影响，说话时往往更加倾向于表达集体利益，而非个人利益。同时，在东亚地区的高语境文化影响下，间接表达个人的意思更有助于团队和谐，而在相互进行交流的时候，往往从整体、语境的视角来理解信息。[2] 在秦培龙教授的《东方人与西方人的50个思维差异》中，有一个有趣的例子：

> 在商业往来上，一个美国人给日本人写信。日本人一看美国人的

---

[1] Yale Richmond, Peter Gestrin, *Into Africa: Intercultural Insights*, ME: Intercultural Press, 1998, p.85.
[2] Emiko S. Kashima, Yoshihisa Kashima, Y., "Culture and Language", *Journal of Cross-Cultural Psychology*, Vol.29, No.3, May, 1998, pp.461–487.

信，他马上就火了。因为美国人在信的开头，首先讲了自己的要求，开门见山，订货多少，什么时候付款等等，后面才讲些客套话。日本人收到信看看开头火就上来了，觉得这些美国佬真不客气，为了保持心理的平衡，日本人在收到美国人的来信后，决定先看后面。

而美国人看日本人的信则是越看越糊涂，不知道对方要说明什么问题。因为日本人写信总是先跟他们寒暄客气，到信的末尾几句才说他要说的问题。这让美国人觉得日本人真啰嗦，在浪费他们的时间，所以美国人读日本人的信也是倒过来看。[①]

就像我们之前提到的那样，美国人在交流中会极力避免含糊其词的情况出现，所言往往直接进入主题，不说废话。而在日本，礼节是一个人最先学会的社会技能，日本人在与别人建立关系的时候，往往注重寒暄的过程，认为这是一种顾及别人感受且有礼节的行为。而在上面的例子中，美国人和日本人在进行跨文化交流时，语言上的误会实际上反映的正是文化价值取向之间的差异。

关于语言的直接与委婉如何反映文化价值取向的问题上，同样也能在其他方面得到体现。比如在一些针对冒犯性的语言的研究中，可以看到如果美国人使用侮辱性语言的话，他们会更加倾向于使用一些即刻生效的语言来修饰侮辱对象，希望能够立刻收到效果。而对于中国人来说，侮辱性语言要保持长久的效果，达到长时间的影响才算成功。对于中国人来说，"最有力的侮辱是让受辱者在挨骂之后很久都无法入睡，因为他或她越想越生气"[②]。

二、社会地位与层级关系

对于一个文化来说，语言维系的不仅仅是人际交流与表达，更是表述层级之间关系的重要工具。简单来说，在维系和加强文化成员间的合理地位和关系方面，语言起着很大的作用。

[①] 秦培龙编著：《东方人与西方人的50个思维差异》，哈尔滨出版社2009年版，第21页。
[②] Ren Ma, "Language of Offense in the Chinese Culture: The Creation of Corrosive Effects", *Journal of Cross-Cultural Psychology*, Vol.23, No.2, Nov., 1996, pp. 23–26.

比如，许多讲英语的人常常用名字称呼别人（如：Tom，Michael，Linda，Jane 等），而不用某某先生、某某太太或某某小姐（如：Mr Summers，Mrs Howard，Miss Jones 等），这种做法在美国人中尤为普遍，同样在中国的很多外资企业中也能常常见到，不仅年龄相近的人之间这样称呼，年龄悬殊的人之间也这样称呼，并没有不尊重对方的意思。在美国，我们可以听到孩子叫年长的人 Joe，Ben，Helen 等，甚至孩子对父母或祖父母也可以这样称呼。在一些西方国家，社会地位不同的人也是这样称呼的。例如，许多大学生叫老师的名字。老师们对这种做法并不反感，也不认为学生不尊重自己或过于随便；他们反而认为学生能这样做，正好说明自己待人友好，平易近人。

这当然与中国的习惯完全相反。中国孩子对祖父母，学生对老师，若直呼其名，成年人的反应是可想而知的；孩子会挨一顿骂，甚至会挨几巴掌。中国人称呼家庭成员、亲戚或邻居时，往往用"二哥""三姐""四婶""周大伯"之类。这些称呼不可用于英语，用英语称呼时不论对男人还是女人，一般直呼其名就行了。主要的例外是：称父母为 Dad，Mom 等，称祖父母为 Grandpa，Grandma 等，有时称年长的亲戚为 Aunt Mary 或 Uncle Jim（注意：一般用名字，不用姓），就连对这种亲属关系，美国人也倾向于用名字相称，不用表示亲属关系的词语。值得注意的是，Brother Joseph 或 Sister Mary 之类的称呼只用于天主教团体和某些别的宗教或职业团体，用来表达团体间的从属及神圣关系。

和中国人一样，日本人在进行交流时，最为注意的是传达社会地位的语言。和西方人注重事物以及其中的逻辑性不同，日本人和中国人一样，在语言结构中要求说话人重视人际关系。但日本文化和社会拥有更为严格的规则，这些规则支配着社会关系和人们在社会中的地位。因此，日语在不同场合使用都存在着很大的区别，对于上级、下级和同级的称呼都有着很大的区别，要使用不同的词汇。因此，尽管要表达同样的意思，一个人在面对上级和面对下级的时候，其选择的语言特定方式也会不同。① 这样的社会规则和语言使用方式在韩国也是如此，我们在韩国电视剧中常常能看到年纪大的人如此训斥年纪或地位比自己小的人：

---

① David Matsumoto，Manish Assar，"The Effects of Language on Judgments of Universal Facial Expressions of Emotion"，*Journal of Nonverbal Behavior*，Vol. 16，No. 2，Aug.，1992，p. 14.

"你怎么敢对我不用敬语？！"

同样，在日语系统中，敬语的使用要根据使用者和聆听者之间的地位和谈论的对象而定。比如，在日语中有很多种词汇来表达"你"，以供使用者在不同场合下使用，"你这家伙"（omae），"君"（kimi），"您"（ariata），"先生"（kisama），"您"（anata-sama）。另外，还有一些特定词汇适用于夫妻间微妙的关系，比如 omae 这个词，除了在特定情况下用于无礼地称呼另外一个男人，就是称呼自己的妻子。因此，当一个男人称呼一个女性为 omae 的时候，他们之间毫无疑问是夫妻关系。[①]

中国人称呼别人时，有时称此人当时所担任的职务，前面加上他的姓，如"黄局长""林经理""马校长"之类。但是，很少听到讲英语的人称别人为 Bureau Director Smith（史密斯局长），Manager Jackson（杰克逊经理），Principal Morris（莫里斯校长）。只有少数职业或职务可用于称呼。如医生或有博士学位的人称 Doctor，有权主持法庭审判的人可称 Judge——，州长和市长可称 Governor——和 Mayor——，但往往只称 Governor 或 Mayor，省去其名；Professor 一词也有类似用法。

三、情感表达与宣泄

一位中国青年妇女在美国，身上穿着一件漂亮的服装。当别人对她说：这件衣服真雅致，颜色美极了。这位中国青年妇女很高兴，但有些不好意思，就按中国习惯回答说："这是件普通的衣服，我在中国国内买的。"

在这个例子里，当事人的回答或多或少会被美国人误解，也许会被理解为是说对方不识货，对一件普通衣服如此大惊小怪，可见鉴赏能力有问题。而当美

---

① David Matsumoto, Manish Assar, "The Effects of Language on Judgments of Universal Facial Expressions of Emotion", *Journal of Nonverbal Behavior*, Vol. 16, No. 2, Aug., 1992, p. 15.

国妇女谈她丈夫工作如何努力，干得怎样出色，得到奖励，等等，她也会夸自己的子女多么聪明，学习成绩怎样好，在集邮小组里多么积极，在什么地方的音乐会上演出过，等等。在中国，人们就会认为这样做未免太俗气。他们不会在外人面前夸自己家里的人。

中国人还忌讳夸别人的妻子长得漂亮。许多中国人认为说"你的妻子真漂亮"这样的话近乎下流，对中、老年人来说尤其是这样。然而，对西方人来说，却很自然，被夸奖的人颇为高兴。

同样，在英国人使用语言时，也会注意委婉的表达，以帮助使用者避免一些强烈的情感表达。比如，当英国人不赞成某人时，他会倾向于用下面的话作为自己的开场白："也许我的想法是错误的，但是……"或者"你刚才说的话里我有一点不大明白"。同样，在表达自己的要求前，英国人会不厌其烦地表达自己的感激之情。比如，"我会非常感谢你的帮助，如果你……"。但即使如此，在面对中国语言文化时，英国人想要和中国人一样表达好自己的意思仍有难度：

> 一天早晨，一位英国妇女在中国公园里遇见了一位上了年纪的中国人，看见他长长的白胡子，就走上前用汉语客气地问道："爷爷，你几岁啦？"老人诧异地看看她，转身对周围的人有点生气地说："您瞧，她问我几岁啦！几岁啦！"这位年轻的英国妇女根本没有想到自己的话会引起对方这样的反应。后来她才知道产生误会的原因：她用这句话问一个小孩的年龄是对的，对上了年纪的人应当问"您高寿？"或"您多大年纪啦？"。[①]

这个有趣的事说明，讲英语的人和中国人交谈时，要注意语言上和文化上的差异：跟长辈或上级说话时与跟同辈或下级说话时不一样，往往要使用某些尊称或敬语。如果使用同样的词语，会认为用词不当而失礼，甚至显得高傲。另一方面，在与长辈谈话或给长辈写信提到自己时，要用谦词，否则会被人认为失礼。

---

① 林一、刘珺主编：《跨文化交流案例分析》，经济日报出版社2012年版，第45页。

近二三十年来，这种情况虽有变化，一些人仍在使用尊称或者敬词，但不像从前那样普遍。

讲英语的人在用汉语交谈时，对敬语和谦词问题感到特别困难。因为在英语中敬语和谦词很少，目前一般还在用的就更少了。在英语中，同自己的上级说话或写信时也许需用比较尊敬的语气，但并不需要什么特殊的词语。不论对方年龄多大，级别或地位多高，"你"就是"你"，"我"就是"我"，没有像汉语中"您"这样的称呼。

阅读与讨论

阅读以下案例，结合自身经历，说一说中国人和其他国家的人在用语言表达情感时的差异。

Alice 最近从家乡美国来到中国并找到了一份收入可观的工作，在中国某艺术大学当外教。上班的第一天隔壁办公室的马主任就特别照顾她，在工作中马主任经常帮助她，用餐时还经常聊一些家乡小事。日子一天天地过去，她们的关系也越来越亲密了。这天，马主任刚搬了家，特别高兴，邀请 Alice 到她家里去做客，Alice 爽快地答应了。马主任一家人都非常热情，还特意准备了上等好茶碧螺春来招待她，但是由于 Alice 一直都不喜欢喝茶，所以一直都没喝。马主任出于热情还是端起茶杯坚持要 Alice 尝一尝，Alice 实在推托不了就把一杯茶喝了下去。马主任很高兴地又把茶杯满上了，并且非常热情地让她再喝一杯。看到马主任又要给她倒，Alice 很不情愿地用手捂住了茶杯，一个劲儿地说："我不想喝，这个茶一点也不好喝。"马主任很不好意思地收回了手，空气一下子凝固了，过了一会儿，Alice 就回家了。

再见面时，马主任很客气地为那天可能让 Alice 觉得不快而道歉。Alice 告诉马主任，她很奇怪为什么刚开始不想喝一直都让她喝，她都已经用手捂住茶杯了，马主任还是要给她倒茶。马主任解释说，她一直以为Alice是第一次去家里面不好意思喝茶，没想到是因为不习惯喝。Alice这时候才恍然大悟，说："其实我所表达的都是我真实的想法，想喝我就会要的，不会不好意思。"[①]

[①] 林一、刘珺主编：《跨文化交流案例分析》，经济日报出版社2012年版，第23页。

第四节　语言表达与文化价值取向的变化

同文化一样，语言自身也具有动态性。为了延续生命，语言也会随着时间和空间的变化，同时做出自身的调整。从语言的变化，我们也能够看出社会文化自身的价值取向的变化。

一、社会变革带来的变化

社会的变革会对于词语的本意和使用方式产生极大的影响，其中包括外来词。外来词是英语造词的重要来源，每年都有大量外来词汇被收录进"牛津大词典"，仅中式英语就已经在英语中形成不小的气候。比如从中文中引入了"Kung fu（功夫）""tu hao（土豪）""feng shui（风水）""ma jiang（麻将）""kan bai（干杯）""ba gua（八卦）""yin and yang（阴阳）"等，这些词汇我们读起来行云流水，但老外读起来就磕磕绊绊，发音怪异，显示出英语对中文的不兼容性。

而面对中国所没有的新事物，中国人不会全部接受其发音，而是用中国的习惯给其命名，比如番茄（外国的茄子）、胡萝卜（胡人的萝卜）、西瓜（西方来的瓜）、胡椒（胡人的花椒）、胡瓜（胡人的瓜）、洋火（洋人的火）、洋车（洋人的车）、洋枪（洋人的枪）等，用中国相似的事物，在前面加上番、胡、西、洋，就完美地给外来物品命名了，而且这些词汇在使用中还会继续中国化，比如"洋车"变成了"自行车"、"胡瓜"变成了"黄瓜"、"洋火"变成了"火柴"。

二、大众媒体带来的变化

同样，随着大众传媒手段的日益多样化，报纸、杂志、广播、电视、书籍、电影以及网络，在向大众提供信息、知识、思想、见解、娱乐、广告等活动的同时，对社会生活中的文化意识、思维方式、交流途径等都起到了一定的迁移作用。大众传媒尤其在语言词汇方面，成为语言变革的积极推动者，不断创造出新的词语、新的词汇。新词语具有快速反映社会现实的特点，而大众传媒恰恰能够及时地传递社会信息、反映时代特色，因此大众传媒成为了新词语推广的有力载体，使新词语流传得更快、更广，同时缩短了其变化发展的进程。

而且由于大众传媒的特殊性，尤其是具有跨越时空的特点，这就使得原本只在某一地区使用和只在某一地区流行的词语，一时之间风靡全国，甚至更广，成为大众的时髦词、流行语。如北京说的"倒儿爷"等。汉语词语受到西方文化的影响，大众传媒不断吸收外来语的某些文化元素，创造出许多新的源于英语的流行词语，使汉语词汇变得更加丰富、鲜活，更具表现力，例如"粉丝"（fan）等。

网络作为一种新的交际形式不同于传统的书面语和口语，网络交际中面对的新问题、新行为、新状态而在汉语现成的词语中得不到阐述和诠释，然而为了网络交际的顺利进行，这时语言的自我调节机制就发挥了作用，从而大量的网络词语填补了现成词语的空缺，大大地丰富了汉语词语。如网络新词"晒"的频繁出现，大凡可以与他人分享、公之于众的东西，由此衍生出"晒工资""晒基金"等等。

大众媒体为新词语提供了广阔的发展空间，对新词语的流行起到了推动作用。大众传媒日益的完善和发达，出现了一些新的特定词语，并且其本身的传播功能和巨大感染力也推动了汉语新词语的快速传播与应用。从而使得新词新语得到广泛传播，构成汉语词语的新成员。

阅读与讨论

阅读以下文章，说出一个你所了解的借由媒体传播所形成的新词语，并解释它的来源。

这样说肯定很神奇，但是OMG真的不是现代网友在发短信或者发微博的时候创造的——语言学家本·齐默（Ben Zimmer）在他的文章《OMG，100岁了》中，详细解释了"OMG"存在100多年的故事。

1917年9月9日，英国海军上将约翰·阿布斯特·费舍尔。给英国首相温斯顿·丘吉尔写了一封信，信中第一次用了"OMG"这个单词："哦天哪，我的上帝，我听说您的桌子上有个新的骑士勋章，带来海军部让我们看看呗！"实际上，当时这位上将已经70多岁，从皇家海军退休了。他在信中抱怨英国在第一次世界大战中对德国的海军战略，于是信中词句都很"阴阳怪气"，用假装震惊的语气来表达自己一肚子的不满。

仔细看看，真的有点儿像是最近网络上流行的那句"不会吧不会吧，不会真的有人这样觉得吧"——"你好厉害啊，又有了一个新的骑士等级，那为什么还不能带领我们军队胜利啊！"。可以看出来，这位上将是在用一种开玩笑的语气，即兴创造了这个词语"OMG"。不过这个词真正流行起来并不是在这封信面世之后。因为直到2011年，一位牛津词典的研究人员在研究"OMG"一词的起源时，才发现了这封信。

其实，如果我们讨论网络用语的真正起源，应该是着眼于20世纪90年代。随着科技的进步、人们联系越来越密切，就开始使用这种首字母缩写词，更节省交流时间，也更有趣一些。而这个OMG，自从那位海军上校创造了它之后，很长一段时间是消失在了历史的长河中，没有人去使用它——丘吉尔在收到这封信后，并没有把"OMG"加入他自己的措辞中。

本·齐默教授给我们打了个比方：假如丘吉尔在信中注意到了这

个单词,并且开始在演讲中使用它:"OMG,我们应当选择战斗!"那么历史就会非常不同了,可是他没有这样使用,所以人们直到90年代中期,才重新发现了这个改造过的单词。[①]

本章推荐阅读书目

[1][美]爱德华·萨丕尔:《萨丕尔论语言、文化与人格》,高一虹等译,商务印书馆2011年版。

[2][德]威廉·冯·洪堡特:《论人类语言结构的差异及其对人类精神发展的影响》,姚小平译,商务印书馆1999年版。

[3][法]海然热:《反对单一语言:语言和文化多样性》,陈杰译,商务印书馆2015年版。

[4][德]J. G. 赫尔德:《论语言的起源》,姚小平译,商务印书馆2014年版。

[5]罗常培:《中国人与中国文·语言与文化》,新星出版社2015年版。

本章参考书目

[1]Annabelle Mooney, Betsy Evans, *Language, Society and Power: An Introduction 4th Edition*, London: Routldge, 2015.

[2]David Crystal, *The Cambridge Encyclopedia of Language*, Cambridge: Cambridge University Press, 1997.

[3]David G. Mandelbaum, *Selected Writings of Edward Sapir*, Berkeley and Los Angeles: University of California Press, 1949.

[4]Benjamin Lee Whorf, *Language, Thought and Reality*, Cambridge MA: MIT, 1956.

[5]Benjamin Lee Whorf, *Science and Linguistics Basic Concepts of Intercultural Communication*, Yarmouth ME: Intercultural Press, 1998.

[6]Edward Sapir, "Communication", *Encyclopedia of the Social Science*, Vol.4, No.1, Jan., 1931.

[7]Edward Sapir, *Culture, Language, and Personality*, Berkeley CA:

[①] 《"OMG"这个词竟然已经100多岁了?盘点你一定会用到的英文网络用语!》,新浪网,2020年9月28日。http://k.sina.com.cn/article_1653662315_6290e26b01900pi0s.html。

University of California Press, 1958.
[8] Elaine Chaika, *Language: The Social Mirror*, New York: Newbury House, 1989.
[9] Emiko S. Kashima, Yoshihisa Kashima, Y., "Culture and Language", *Journal of Cross-Cultural Psychology*, Vol.29, No.3, May 1998.
[10] Everett M. Rogers, Thomas M. Steinfatt, *Intercultural Communication*, IL: Waveland Press, 1998.
[11] Harry Hoijer, "Language", *Linguistic Society of America*, Vol.13, No.2, Jun., 1994.
[12] [英] 威多森（H.G.Widdowson）:《实用文体学》，上海外语教育出版社1999年版。
[13] John R. Edwards, *Language, Society, and Identity*, Oxford: Blackwell, 1985.
[14] *Language, Culture and Translating*, Jun Gao.
[15] Larry A. Samovar, Richard E. Porter, Edwin R. McDaniel, Carolyn Sexton Roy, "The Sapir-Whorf Hypothesis", *Intercultural Communication: A Reader*, Cambridge: Cengage Learning, 2014.
[16] Morton Wiener, Albert Mehrabian, *A Language Within Language, Immediacy: A Channel in Verbal Communication*, New York: Appleton-Century-Crofts, 1968.
[17] Yale Richmond, Peter Gestrin, *Into Africa: Intercultural Insights*, ME: Intercultural Press, 1998.
[18] 林一、刘珺主编：《跨文化交流案例分析》，经济日报出版社2012年版。
[19] 陈国明：《跨文化交际学》，华东师范大学出版社2009年版。
[20] [美] 拉里·A.萨默瓦、理查德·E.波特：《跨文化传播》（第四版），闵惠泉等译，中国人民大学出版社2010年版。
[21] [美] 威廉·A.哈维兰：《当代人类学》，王铭铭等译，上海人民出版社1987年版。
[22] [俄] 罗曼·雅各布森：《结论发言：语言学与诗学》，腾守尧译，载赵毅衡编选《符号学文学论文集》，百花文艺出版社2004年版。
[23] [瑞士] 费尔迪南·德·索绪尔：《普通语言学教程》，高名凯译，商务印书馆1980年版。
[24] [法] 伊夫·谢弗勒：《比较文学》，王炳东译，商务印书馆2007年版。

第八章 非语言沟通和文化

有许多隐藏在心中的秘密都是通过眼睛被泄露出来的,而不是通过嘴巴。

——爱默生

对于非语言沟通（non-verbal communication）的研究虽然晚于对于语言的研究，但实际上一个信息的全部表达是由7％语调加上38％声音再由55％肢体语言组成的。也就是说在人类互动的时候，非语言的沟通实际上要比语言沟通重要得多，因此，非语言在信息传播中所占的比率与其传递的意义要高出很多。[1] 如果我们把声音和肢体语言都作为非语言交往的符号，那么人际交往或商业活动中信息沟通就只有7％是由言语进行的。

　　想一想，如果对一个阿拉伯人亮出鞋底或在与虔诚的穆斯林的商业交往中使用左手，则会丧失许多非常宝贵的商业机会（穆斯林用右手吃饭，左手仅在如厕时使用）。在同日本人做生意时，美国人最头痛的是日本人做出反应前的沉默或长时间停顿。日本人在与人谈判时，经常不说话，只是不断地点头，保持安静，甚至会闭上眼睛。对于日本人来说，沉默意味着对某个问题印象不错并在深入考虑它。当陷入困境时，日本人的典型反应是沉默、退出或改换主题。日本人的礼貌常常被美国人认为是不自然的和过度的；美国人的直率和专横对于日本人来说则意味着缺乏自制，并给人以不可信任的感觉，至少，这意味着缺乏诚意。美国人不愿意同一个不用眼睛直视他的印度人进行坦率的交流；而印度人喜欢美国人通过直接身体对抗来进行控制和指导。对印度人来说，不盯着人看表示尊敬；而

---

[1] Albert Mehrabian, *Nonverbal Communication*, ChicagoIL：Aldinc，1972，pp. 23－27.

在美国，直视说话人的眼睛才表示尊敬。在印度，老年人由于其年长而自动被人们尊敬，吻老人的脚在印度是一种常见的风俗，这是一种对长辈表示尊敬的方式。与之相对应的是，美国人把法国人直接的和强烈的眼神接触，看作是攻击性的和顽固的。法国人把避开或不以相同方式对待他的热切凝视的美国人，看作是软弱的、随意的和不诚恳的。

以上如此多的例子无非是想说明两点，第一，就如我们在开始时所强调的那样，非语言沟通对于跨文化交流来说是异常重要的组成部分；第二，非语言沟通并非独立存在，而是在全世界范围内具有普遍性，且绝大多数非语言沟通都依赖自身文化潜移默化的作用。

第一节　非语言沟通的定义与本质

可以说，非语言沟通包含了所有非经语言传递的信息。非语言性的信息并非来自人类自身，而是我们对于周围事物感知所产生意义的讯息。因此，在萨默瓦和波特看来，非语言交流包含了在特定交流情境下的所有非语言刺激的因素，这些刺激因素是通过其信源及环境对于信源的影响下产生的。萨默瓦和波特在定义时，先确定了非语言交流的范围，然后对于非语言沟通的过程进行了描述，尤为重要的是，在研究非语言沟通时，要考虑到有意行为和无意行为对于非语言沟通的影响。

在人类进行沟通交流时，我们经常会不自觉地发出大量非语言信息，但可能丝毫不会察觉到这些信息对于他人的意义。在日常生活中，我们会在与他人交流时小心谨慎地遣词造句，生怕因为言语冒失得罪了人。但在语言交流中可以做到谨小慎微，而有些非语言的行为有时候却不经意间已经发出许多其他信息。比如当切洋葱时被熏到眼睛流泪，却被误会为想到伤心事；又或者不经意间对于异性的触碰，却被认为是想有所发展；又或者是下面例子中小王的经历：

小王是新上任的经理助理，平时工作主动积极，且效率高，很受上司的器重。那天早晨小王刚上班，电话铃就响了。为了抓紧时间，她边接电话，边整理有关文件。这时，有位姓李的员工来找小王。他看见小王正忙着，就站在桌前等着。只见小王一个电话接着一个电话，最后，他终于等到可以与她说话了。小王头也不抬地问他有什么事，并且一脸的严肃。然而，当他正要回答时，小王又突然想到什么事，与同室的小张交代了几句……这时的老李已是忍无可忍了，他发怒道：难道你们这些领导就是这样对待下属的吗？说完，他愤然离去……

在以上的例子中，我们可以感受到，你的行动可以在自己无意识的时候发出信息，正如美国社会学家戈夫曼所言，非语言沟通是蕴含着有目的行为和无目的行为的：

> 人类个体的表达能力（以及由此产生的魅力）涉及两个截然不同的信息活动：个体的主动表达和个体给人的印象。前者是指语言符号或者双方皆知的传达信息的语音替代物，这是传统意义上和狭义上的交流；而个体给人的印象则更像是一种行动，别人认为这些行动就是发出者的象征，除非这种行动的发出另有原因。[1]

一、非语言沟通的重要性

（一）表达自身情感及判断对方举止的含义

在前面的例子中我们已经看到，在非语言交流中我们会自觉或者不自觉地对于他人释放出的非语言信息做出判断。对于这样的判断，美国心理学家巴恩罗德指出：

> 在人类交往中的许多甚至绝大多数关键词的意义是由触摸、眼神、声音的细微差别，手势、说话或无语时的面部表情传达出来的。从认

---

[1] Erving Goffman, *The Presentation of Self in Everyday Life*, New York: Doubleday, 1957, p.2.

出对方的那一刻起到相互告别，人们利用所有的感官观察对方：倾听话语的停顿、语调的变化，留意着装、仪表，观察眼神及面部的表情，乃至注意其遣词造句、话语背景。信号的协调与否关系到能否理解对方转瞬即逝的心情或其持久不变的品性。通过对动作、声音、语言等信号的理解，人们做出不同的决定：是争论还是同意，是报之以笑还是面红耳赤，是放松还是抵制，是继续还是中断谈话。[1]

具体来说，非语言交流是人类表达和感受他人感情的有力工具。在生活中，我们经常通过非语言信息来感受自己与他人之间关系的好坏。从说话的语气，到和对话者之间的距离，身体触碰的次数，我们都能够感受到自己与对话者之间的亲疏关系。非语言交流通常依赖身体的部位变动所发出的信息，因此长时间的握手、拥抱和凝视对方都自然而然地发出了信息，如果对方也以相同姿态回应，那么这样的信息就有了更多的含义。

正如在上一章中我们所提到的那样，人类自身也能够自主接收、储存、编译与生成语言讯息，这些非语言信息是受制于我们自身的生理本能，如紧张时候的双手发抖，激动时候的脸部抽搐，不好意思时有人会脸颊发烫，恐惧的时候惊声尖叫，高兴时的手舞足蹈等。这些非语言信息是人类与生俱来的生理本能，在沟通时无须言传，便能让人领会自身感情。所以在实际的沟通中，绝大多数人依赖亲眼所见。而在实际的研究中，当非语言信息和语言信息两者互相矛盾时，很多人会相信非语言信息。[2] 所以我们在进行非语言交流中，最为依赖的器官不是耳朵，而是眼睛。

比如，当某个人说"他用十分轻蔑的眼神看着我"，就显示出交谈对象高高在上的态度。而当你对别人说"说话的时候看着我的眼睛！"，那就表示你怀疑他在撒谎。在面对面的交谈中，我们的目光大部分时间都停留在对方的脸上，所以眼睛所传递的信息，是帮助我们解读对方态度与想法的主要来源。

---

[1] Dean C. Barnlund, *Interpersonal Communication: Survey and Studies*, Boston: Houghton Mifflin, 1968, p.536.

[2] Judee K. Burgoon, David B. Buller, Gill W. Woodall, *Nonverbal Communication: The Unspoken Dialogue*, New York: Harper & Row, 1989, pp.9–10.

（二）形成第一印象

在很多时候，我们往往都根据第一印象对于周围的人进行判断，因为非语言交流先于语言传递信息。在我们的实际经验中，难免出现根据对方的肤色、身高、面部表情和衣着等方面的信息做出先入为主的判断。更为重要的是，这样的信息会影响我们对于以后事情的感知。绝大多数人在选择朋友和伴侣时往往受到第一印象的影响，我们往往会因为一个人的魅力而刻意接近他/她，当然也会因为某人差劲的第一印象而刻意回避。

当然，第一印象也不是固定在人们脑海中一成不变的。与其他的记忆信息相似，第一印象也会随着时间的推移而慢慢地淡化。如果我们给别人留下的是好的印象，我们就要努力保持自己的作风和态度。而如果我们给别人留下了糟糕的第一印象，那么就要正视自己的缺点，不要抱着"真金不怕火炼"的想法依然故我，而要努力去提高自身素质和形象，争取彻底改变这种不利局面。

有些人甚至会完全颠覆他以前给人留下的第一印象，第一印象效应在这种人身上是不起作用的。还有一部分人通过努力，颠覆了别人对其原先的印象，这种通过改变给人带来的新印象往往比第一印象要深刻得多。

随着人们生活节奏的加快以及交际圈的扩大，绝大多数人都借助网络等通信手段来与陌生人接触和交往。因此如果第一印象通常不是面对面地产生的，往往就会产生偏差。研究表明，大部分人会有意识地在网络上隐藏自己现实中给人留下普遍印象的那一面，以寻求某种未体验过的新鲜感。即，越是自卑的人在网络上越有表现欲，越是有文化的人越喜欢在网络上假装一问三不知，更有一部分人喜欢通过网络转变自己的年龄和性别。这种所谓的"第一印象"，往往是不堪一击的。在真实生活中见面的那一刻，就会自行瓦解。

（三）体现为潜意识行为

许多非语言行为都可以受到自身约束，我们可以根据自身态度用恰当的肢体语言来表示喜爱、歉意、厌恶等情绪。但需要注意的是，许多非语言行为很难有意识地加以控制，常常体现出潜意识行为。

二、非语言沟通的特征

（一）无意识性

例如，与自己不喜欢的人站在一起时，保持的距离比与自己喜欢的人要远些；有心事，不自觉地就给人忧心忡忡的感觉。正如弗洛伊德所说，没有人可以隐藏秘密，假如他的嘴唇不说话，则他会用指尖说话。一个人的非语言行为更多的是一种对外界刺激的直接反应，基本都是无意识的反应。正如爱德华·霍尔使用"隐藏的空间"和"无声的语言"来提醒人们去注意非语言沟通的看不见的一面。美国文化学者安德森也强调："个人几乎注意不到自身的那些不经意的、自发的、潜意识的非语言行为。"[1] 两位学者对于非语言沟通的认识是一致的，那就是大部分非语言沟通和文化具有相似性，其属性是隐含的、自发的、超意识的。

陈国明教授也同样提到，非语言沟通的无意识性特点也体现为无所不在性（commonplace）。通常对于非语言信息的忽略表现在我们对于语言的过度重视，其实非语言沟通的线索一直无处不在。正如文化的普遍性、多元性和无边际性一样，非语言沟通可以存在于任何地方。我们的服装首饰、复杂的面部表情、大量的肢体动作、触摸他人的方式以及如何利用时间、空间，甚至我们表达沉默的方式，这些都可以来传递信息。

（二）关系性

舒茨证明，非语言沟通具有一系列功利性的作用，如交通警察利用哨子、手势和一系列肢体语言来指挥交通，但非语言沟通更多地运用在人与人之间的沟通和社交关系上。也就是说，比起语言，非语言沟通更能表现出人与人之间的包容（inclusion）、关爱（affection）以及相互控制或者影响（control）的社交需求关系。[2]

举例来说，当我们对于一名异性具有好感时，很少有人会直截了当地表达自己的倾慕之情，我们多会利用一些非语言信息表达自身情感。比如，在面对喜

---

[1] Peter Anderson, "Cues of Culture: The Basis of Intercultural Differences in Nonverbal Communication", *Intercultureal Communication: A Reader*, Vol.48, No.2, 2000, p.258.

[2] William Schutz, *The Interpersonal Underworld*, Palo Alto, CA: Science and Behavior Books, 1958, p.27.

爱的异性时，会异常注意自己的穿着和妆容，时常冲他/她微笑表达情意或者是做出一些其他举动以引起对方的注意力。这些有意识与无意识的动作，就是企图利用非语言信息建立起社交或者亲密关系的动力，而这样的方式相比起语言来说更具有普遍性。

（三）文化制约性

最值得注意的，同样也是我们在开篇时就有所强调的是，非语言沟通的文化制约性，因为文化的差异性，同一种非语言信息在不同的环境下会有不同的意义。也就是说，虽然在大部分非语言沟通的过程中，其讯息是具有普遍性的，但是由于文化背景差异，一些非语言信息在解读时会有所偏差。霍尔也在自己的书中指出了这个值得注意的问题：

> 我相信，同外国人交往的大多数困难在于我们对跨文化交流知之甚少，对别国语言、历史、政体、风俗习惯等诸多方面的正规学习仅仅是这一综合工程的第一步。了解世界各国和国内各群体的非语言行为具有同等的重要性。大多数美国人几乎意识不到这种沉默的语言，尽管他们每天都在使用[1]。

举例来说，中西文化差异在非语言信息上就有极大的不同。布罗斯纳安在《中国和英语国家非语言交际对比》（*Chinese and English Gestures : Contrastive Nonverbal Communication*）一书中第一次将中国与英语国家的非语言交际进行了系统的对比研究，认为中英文化聚合型（togetherness）与离散型（apartness）之别是中英非语言交际行为差异的核心所在。[2]

在书中，布罗斯纳安认为中西非语言行为的这一文化特征有其传统的根源。有人常把古老的中国文明体系称为"华夏文化圈"，这主要是由于山隔水阻的地理因素和儒家思想的影响而使中国人处于相对封闭自足的状况之中，形成一个同

---

[1] Edward T. Hall, *The Silent Language*, New York : Fawcett, 1959, p.10.
[2] 参见[美]莱杰·布罗斯纳安《中国和英语国家非语言交际对比》，毕继万译，北京语言学院出版社1991年版，第12页。

族家庭式国家,崇尚"统一"、追求"和谐"、喜群聚,具有极强的家庭、家族观念,形成一种"聚合型"的行为模式。这与西方人以个人为核心,追求独立,奉行外向的"离散型"行为模式形成鲜明对比。

中西方的这种文化差异尤其体现在体态语上。以"个人空间反应"为例,文化不同,人们对空间的需求和与空间有关的交际规则也不同,如体距的差异;文化不同,空间范围所引起的联想和感觉也不同,如对个人领地的不同态度;文化不同,有关空间和距离使用的价值观念也不同,如利用空间距离显示地位差异。在跨文化交际中,由于文化的差异,中国人与西方人对个人空间有不同的处理方法和观念,中国人习惯近距、西方人则爱远距(交谈时双方至少离一臂之距)。曾经有人观察到这样一个有趣的场面:一个中国人和一个英国人在大厅友好交谈,中国人主动靠近讲话者以示亲切(聚合型特征体现),双方都只根据各自的文化来确定个人空间距离,其结果是英国人感到受到威胁而不断后退,而中国人却不断地靠近,两人就像跳舞一样转起圈来。[1]

---

[1] 参见[美]莱杰·布罗斯纳安《中国和英语国家非语言交际对比》,毕继万译,北京语言学院出版社1991年版,第78页。

第二节　非语言沟通的功能

如在第一节中所示，非语言沟通的功能是多样化的，也就是说，非语言沟通包含着各种各样可以同时发出的信息。这种多元性也反映在非语言沟通和语言沟通的交叉运用上。正如同玛兰多和贝克所言，语言沟通和非语言沟通的交叉运用表现出人类交流活动的功能性。[1] 基本上来说，非语言沟通的主要功用包括以下五种类型：重复、补充与强调、代替、规范与调整和冲突。

一、重复

人们经常使用非语言信息来重复阐述重要观点。比如，在表达自己的否定意见时，就会一边说"不好"，一边摇头示意，有时候在回答问题时，我们也会用手势来配合自己的意见。同样，像"点头称赞"或者"挥手告别"等现象，都可以看出非语言沟通重复口语信息的功能。

---

[1] Loretta A. Malandro, Larry L. Barker, *Deborah Ann Barker*, *Nonverbal Communication*, MA: Addison-Wesley, 1983, p.24.

二、补充与强调

非语言沟通的补充特点是与其重复特点紧密相关的。如我们之前所说,非语言沟通中,重复的行为可以单独存在,而再补充则会增加额外的信息。比如当你对于别人表示歉意的时候,除了说"对不起,很抱歉"之外,还会面露歉意。也就是说,非语言沟通会为所说的话语附加上一层含义。这种辅助性的非语言信息,除了具有表达双方的互动关系之外,还能够强调语言信息的功能。

三、代替

当你见到相熟已久的老朋友的时候,你会笑容满面地握手寒暄或者张开双臂拥抱他,用这样的非语言沟通来代替语言表达。当教室熙攘喧闹时,教师也会把食指放在嘴边,而不是用语言来表示"请安静"。这些非语言沟通的作用便是代替口语以传达信息。同样,在异性间进行交往时,女性所进行的非语言沟通远远大于男性,尤其以面部表情和头部动作为多,根据美国心理学家摩尔做出统计,以下是女性表示好感常用的代替性非语言动作:

微笑 环顾四方 大笑 短暂而快速的一瞥 定点直视 甩头发 摇头 咯咯笑 轻声轻语 露出脖子 舔唇 噘嘴 羞涩一笑 面对面 亲吻 挑眉 涂嘴唇[1]

四、规范与调整

利用一些非语言行为可以调整和控制交流的状态。比如,当进行交流时,对方看着你的眼睛,并不时点头对你所说的话表示赞同。同样,父母有时候会非常严肃地看着玩闹的孩子,让他别再淘气。老师看到喧闹的教室,也可以瞪

---

[1] Monica M. Moore, "Nonverbal Courtship Patterns in Women: Context and Consequences", *Ethnology and Sociology*, Vol.6, No.4, Jan., 1985, pp. 237–247.

大眼睛盯着学生，或者大声拍掌几下。这些非语言沟通表现了规范与调整的功能。

五、冲突

有时候，我们所表现出来的非语言信息和语言字面上的信息截然相反。你告诉别人你很高兴见到他，却面露不快，谈话时也不断转移目光，一直看着时间。这是非语言和语言信息相互矛盾的写照。正如我们之前所说，这些非语言信息大多由人们的潜意识所形成，所以，作为跨文化交流者，应当能接收到相互冲突的信号，并且能够正确识别。弗洛伊德曾经说过："我们可能扣除谎言，但我们身上的每一个毛孔都渗出背叛的信号。"

> 早上去买油条，摊点的老板是三四十岁北方的汉子，我距离摊点还有3米左右的距离，老板笑容满面地大声说"来啦！"，那感觉像是多年不见的朋友突然重逢，让你心里热乎乎的很是高兴，我想了半天记起来好像1个月之前来过他的摊点。我现在明白为什么他生意好，虽然他给别人拿油条直接用手抓。

> 登机的时候，空姐站在舱门口附近，一边和身边的同事聊天，一边机械地、面无表情地重复着"欢迎光临"，稍微好点的，会用尽全力把嘴角稍微上翘一点，挤出点皮笑肉不笑的效果。下机的时候，空姐站在舱门口附近，嘴里说着"慢走，再见"，一边打着哈欠、流露出厌倦的感觉。

除此之外，还有一部分非语言信息用来表达亲近性（immediacy）的感受和行为。这种亲近性的非语言沟通，通常表达为正面性信息：

1. 亲近的信息。如挥手与点头，表示对方可以靠过来。
2. 邀请谈话的信息，如谈话时眼睛凝视对方，身体前倾，或者面对讲话人，都有鼓励对方继续发言的意思。

3. 加强感官刺激的信息,通过抚摸、凝视或者拥抱对方,这样的动作无论是在生理还是在心理上都有可能是想要双方增加互动的意思。

4. 表示个人的热心和亲切性。将手放在对方的肩膀上,或者是浅浅一笑,都能够让对方知道你有意聆听,希望继续了解情况。[1]

在与人交往的过程中,亲近性的非语言信息占据了至关重要的地位,因为亲近性的非语言信息一旦得到友善的回应,便可以增加双方见面的欲求和彼此的好感。在跨文化交流研究中,克洛普夫等人也发现了来自不同文化环境的人,其表达亲近性的非语言信息的方式也有所不同。比如,比起芬兰人和美国人来讲,日本人很明显地较少使用非语言的亲近信息。[2]

六、非语言交流的局限

美国文化学者奥斯本和莫特利认为:"非语言行为的含义和诠释总是摇摆不定。"[3] 正如在本章一开始就谈及了非语言信息的有意性和无意性一样,我们在非语言沟通中无法确保他人能够正确理解我们所传达的信息,这是因为即使是一样的动作在不同的文化背景中也有不同的含义。比如竖起大拇指在中国是好的意思,但是在泰国是走开的意思;OK 的手势在其他国家表示"好的"或者"可以"的意思,在法国则具有侮辱性的含义。其次,非语言交流也是依照具体情境而定,比如当熟悉的异性触摸到了你的手,你无法知道这仅仅是无意而为,还是对你传情达意。情境对于非语言信息的模糊性可见一斑,所以在进行非语言交流时,应当认识到这种交流方式的模糊性。

需要注意的是,尽管文化特性普遍存在,但人类不仅仅是文化的产物,我

---

[1] D. Klopf, C. Thompson, S. Ishii, A. Sallinen-Kuparinen, "Nonverbal Immediacy Differences Among Japanese, Finnish, and American University Students", *Perceptual and Motor Skills*, Vol.73, No.1, Jan., 1990, p.73.

[2] D. Klopf, C. Thompson, S. Ishii, A. Sallinen-Kuparinen, "Nonverbal Immediacy Differences Among Japanese, Finnish, and American University Students", *Perceptual and Motor Skills*, Vol.73, No.1, Jan., 1990, p.73.

[3] Suzanne Osborn, Michael T. Motley, *Improving Communication*, Boston, MA: Houghton Mifflin, 1999, p.50.

们同样受到其他事物的影响，如政治背景、职业等一系列其他事物。所以，一个人的肢体语言，同说话人的性格、气质是紧密相关的，爽朗敏捷的人同内向稳重的人的手势和表情肯定是有明显差异的。每个人都有自己独特的肢体语言，它体现了个性特征，人们时常从一个人的形体表现来解读他的个性。

第三节 非语言沟通的种类 —— 身体行为

简单来说，非语言信息可以被分为两大类：一类是主要由身体行为发出的信息，如外表、动作、味道等；另一类是个体同环境结合所发出的信息，如空间、时间和沉默。

一、外表

哲学家汤姆斯·富勒曾经说过：观其外表可知其内在。从古至今，我们对于自身外表的持续关注，使得我们花费巨资投入到改变自身外表中去。从购买各式衣服、配饰到健身、节食，到佩戴隐形眼镜和假睫毛，再到整容等等，人们对于外表的持续关注支撑起了一项巨大的产业链条。思考一下，便可知道，我们是如何从某人身着的服饰搭配和随身携带搭配判断他的。萨默瓦和波特曾如此评价美国人的外貌观念："大多数美国人认为，外表应该是完美无瑕的。许多人在人生的早期就意识到由性别、衣服样式、种族、年龄、民族、身份、体型、情绪等外化出来的表象来反映某人的基本特征。"[1]

---

[1] [美]拉里·A.萨默瓦、理查德·E.波特：《跨文化传播》（第四版），闵惠泉等译，中国人民大学出版社2010年版，第200页。

与外表有关的非语言信息包括五官、体型、肤色和头发样式等。自我们开始使用工具开始，对于自身外表的修饰就从未停止过。我们的祖先们早在几万年前就将骨头或者石头做成项链佩戴，展现了早期人类对于美的追求。现代人类用各种不同的材料做成不同款式的衣服修饰身型，西方人喜欢去海边将自己的皮肤晒成棕色以显示健康，而中国女性到哪里都喜欢带着遮阳伞以防止自己的皮肤被晒黑，为了追求外表的美，也有人不惜去医院整容。同样，为了修饰自己的外表，佩戴饰物也是必需的。正如美国人类学家基辛所言："修饰身体具有文化上的普遍性。"[1] 试想一下，全世界各地的女性都会用耳环、面霜、口红来修饰自己的容貌，想方设法让自己更符合大众审美观念中的"美丽"形象。

很多时候，我们对于外表的判断来自于体型，在西方文化中，高个子、苗条的女人更具有魅力，而对于大多数中国人和日本人来说，小巧的女人更具有吸引力，但非洲人对于女性体型的认识则截然不同：

> 在非洲，美的观念不同于欧洲和美洲。在传统的非洲社会里，丰满是美丽、健康且富有的标志，而纤瘦则代表着不幸、疾病或受到丈夫虐待的标志。[2]

值得一提的是，因为文化是处于动态变化中的，所以随着世界范围内文化的交流，人们的审美也在发生着变化。

二、服饰

在什么样的场合穿什么样的服装，以及穿什么样式的服装均能够反映出某种文化的价值取向。作为非语言信息，服装以及服装的穿着要求蕴含着大量的文化内容，比如伊斯兰国家要求女性不能够裸露身体，因此在伊斯兰国家中生活的女性必须头戴围巾，身着长袖衣服，并且外披黑色长披风（abaya）。而在西方人

---

[1] Roger M. Keesing, *Cultural Anthropology: The Science of Custom*, New York: Holt Runehart & Winstion, 1965, p.203.
[2] Yale Richmond, Peter Gestrin, *Into Africa: Intercultural Insights*, ME: Intercultural Press, 1998, p.45.

的眼中，服装和文化价值观也是紧密联系在一起的。比如，当评价德国人的穿着时，霍尔夫妇认为以下穿着体现出了德国人的严谨性。

> 德国人对于事物的恰当行为，体现在得体而又保守的服装上。男士的职业装通常是这样的：刚刚熨烫好的深色西服，配以浅色衬衫和领带，鞋袜通常是深色的。对于举止和服装的保守态度是重要的。德国人像重视他们的房屋外观一样重视个人外表。[①]

而在东方的日本，服装和文化价值观的结合更为紧密，日本的男性上班族普遍身着白色衬衫，黑色西装外套和长裤，佩戴领带，即使是夏天也是如此。可以说，服装款式和保守的颜色加强了日本社会的集体主义观念，同时减少了因为着装不统一造成社会不和谐的可能性。

在陈国明教授的定义中，服装的功能除了具有以上行为范式功能之外，同时也能够表示当时的情感。比如在传统中国葬礼中，出席的亲属都要"披麻戴孝"，而在西方葬礼中，出席的人都要身着黑色或者深色服饰，借此表达庄严肃穆的情感。其次，服装区别了人们的身份，在中国，大学以下的学生都必须身着校服，有的校服还绣上了学生的姓名和学号，以区分学生身份。最后，从衣着也可以看出当时情况的正式与否。比如，面试的时候，求职者普遍会穿着正式服装以显示尊重，在其他会议上，也鲜见参会者穿着短裤拖鞋而前往的。

三、身体动作

在语言诞生之前，人类就已经学会运用肢体动作来进行交流，而对于动作交流的研究称之为身体动力学（body activity）。一般来说，动作交流是指那些看得见的，能发出信息的身体动作，这些动作通常包含以下含义：

---

① Edward T. Hall, Mildred Reed Hall, *Understanding Cultural Differences: Germans, French and Americans*, Yarmouth, ME: Intercultural Press, 1990, p.53.

1. 发出动作者对于他人的态度：如当一个人对其他人竖起中指表示辱骂，或者在坐下来谈话时身体后仰，表示身心放松。

2. 自身的情感状态，比如不停地咬指甲表示紧张，时不时地看手表表示焦急或者不耐烦。

3. 控制环境的欲望，比如伸手示意某人走过来，表示想和他谈话。①

当然，由于文化环境的不同，具有不同文化背景的人们在表达同一信息时，其所使用的身体动作也会不同，由此也可以体现出文化之间的差异。但需要注意的是，在绝大多数情况下，身体运动所表达的信息只有和其他信息（如语言）结合起来才会有意义，就像人们会微笑着招手问好。

四、面部表情

人的面部表情多种多样，同时别人的表情也能够影响你的自身情绪。在中国很早就有"面相"的说法，即可以通过面部长相来判断人们的性格，世界上也有不少国家相信，通过面孔的表情可以洞悉别人的性格。对于面部表情的研究自几个世纪前就有所争论，在埃克曼和弗雷森看来，面部表情在世界范围内是一种通用语言，每个人都有相似的面部表情，但是人们赋予它们的含义却因文化差异而有所不同。② 在人类的认知中，起码有六种表情相当容易辨识出来：快乐、悲伤、恐惧、气氛、厌恶和惊讶。这样的通用面部表情在中西方戏剧的表现上都可以体现出来，比如中国的京剧脸谱很清楚地代表着忠、恶、邪和其他个性，同时古希腊和日本的剧作家们也利用面具和夸张的化妆来展示剧目中的演员情绪。

虽然在达尔文看来，文化是无法改变我们面部表情的③，但是我们周围的文化环境却能够对于我们何时该做出何种面部表情做出了规范。根据文化中的规范，我们根据周围场合和社交规则，在不同的场景中使用不同的表情来表达情

---

① [美]亚伦·皮斯、芭芭拉·皮斯：《身体语言密码》，王甜甜、黄佼译，中国城市出版社2007年版，第17—21页。
② Paul Ekman, Wallace V. Friesen, "Constants Across Cultures in the Face and Emotion", *Journal of Personality and Social Psychology*, Vol.17, No.2, pp. 124–129.
③ Paul Ekman, "Face Muscles Talk Every Language", *Psychology Today*, Vol.7, September, 1975, pp. 35–39.

绪，在日常交往中，我们也会注意交流时别人的面部表情。在美国，为了表现出坚强，男人不会轻易流露出悲伤的感情，日本男人甚至用微笑来掩饰自己的低落情绪。研究也表明，同样是观看一部电影，在观看令人压抑的场景时，美国人和日本人所流露出的表情是相似的，但是在有他人在场时，日本人则面无表情。[①]同样，对于中国人来讲，将喜怒哀乐轻易地展现出来是很伤和气和"面子"的，这样会引起个体与群体之间的冲突。

五、目光接触

在埃克曼的研究中，仅仅是人类眉毛的动作就能够展现八种不同的位置，而眼皮和眼球能够区分出来的动作也有很多。[②]通过眼神，我们可以把内心的激情、学识、品德、情操、审美情趣等等传递给别人，达到互相沟通的目的。不同的眼神，给人以不同的印象。眼神坚定明澈，使人感到坦荡、善良、天真；眼神阴暗狡黠，给人以虚伪、狭隘之感；左顾右盼，显得心慌意乱；翘首仰视，露出凝思高傲；低头俯视，露出胆怯、害羞。眼神会透露人的内心真意和隐秘。

在我们熟悉的戏剧、电影、小说和诗歌中，也有对于眼睛传达信息的描述。比如，在美国电影《泰坦尼克号》中，男女主角长时间的凝视表达了互相之间的爱意，而有些电影或者戏剧中，长时间的凝视也可以表达出恨意、悲伤等其他情绪。在生活中，我们经常会听到别人用很多种不同的词语来形容别人的眼神：兴奋的、悲伤的、聪慧的、愉快的、可疑的、世故的、顽强的。我们在寻求帮助的时候总是用眼神环顾四周，而在犹豫紧张的时候则尽可能地避免眼神的接触，由此可见目光交流和接触对于人类交流的影响。

在美国社会学家莱兹尔的研究中，美国人的眼睛主要具备六种交流功能：

1. 表示关注、感兴趣和兴奋的程度；

---

① David Matsumoto, *Unmasking Japan：Myths and Redlities About the Emotions of the Japanese*, StanfordCA：Stanford University Press, 2011, p.54.
② Paul Ekman, "Face Muscles Talk Every Language", *Psychology Today*, Vol.18, No.3, September, 1975, pp.35-39.

2. 有改变态度和说服的功能；

3. 调控和交流过程；

4. 交流情感；

5. 表明权力和地位；

6. 在给人留下何种印象方面起到关键作用。[1]

当然，和面部表情一样，在进行眼神接触的时候，文化环境影响着我们。比如，生活在西方国家的多数人认为，在进行谈话时进行合理的目光接触，这样表明了尊重。而如果不能进行一定的目光接触时，西方人往往会认为此人行为不够尊重礼貌。而在东方国家，比如中国和日本，在和长辈进行交流时，直接进行目光接触是一种禁忌和侮辱。在非洲的许多地区，目光向下表示尊敬，同一个年长者或者有较高地位的人进行交流时，直视对方的眼睛是一种侮辱，甚至是挑衅行为。[2]

目光交流的方式也存在于性别差异中。调查表明，在大多数情况之下，女人使用目光交流的频率要远远多于男人，而且，女性之间互相注视所使用的时间远远比男人之间更加频繁，且时间更长。需要注意的是，文化同样对于目光交流的性别因素有所影响，比如在伊斯兰国家，男女普遍要求避免直接的目光接触。[3]

和其他非语言交流形式一样，目光交流的意义变化很大，而且也依赖着前后情境关系；但在几乎所有的社会相互作用中，目光交流都传达着丰富的信息。首先，目光交流常用于调整谈话。比如，一位讲演者开始发言时转移目光，要结束时就抬起目光。转移目光似乎是为了预防反问和打扰，而抬起目光标志着一个问题的结束并允许其他人发言。

目光交流同样也表明兴趣。电影里经常有两个互相凝视的人，以表示爱情、热情和极大的关心。另外，一次偶然的谈话，如果其中一个谈话者总保持着目光交流，就会变成一种浪漫的表示。相反，避免或中断目光接触，通常是对一个

---

[1] Dale G. Leathers, *Successful Nonverbal Communication: Principles and Applications*, New York: Macmillan, 1986, p.42.

[2] Yale Richmond, Peter Gestrin, *Into Africa: Intercultural Insights*, Yarmouth, ME: Intercultural Press, 1998, p.88.

[3] Dorothy Chave Herberg, *Frameworks for Cultural and Racial Diversity*, Canada Canadian Scholars Press, 1993, p.48.

人不感兴趣的标志。当某人在谈话中目光不接触时，一般就认为他或她是心不在焉。目光不接触，有时可以说明某人害羞或害怕。另外，正传达坏消息或诉说痛苦事情的人，也可能避免目光接触。

六、触摸

作为最早发育成熟的感觉，触摸的作用早在我们还未融入社会之前就已经显现出来。当我们还在婴儿时期的时候，母亲和其他亲人的触摸，比如用蹭脸、搂抱、轻拍、拥吻等行为对于我们成年以后进行的交流至关重要。早在20世纪90年代，美国的研究人员就已经证明，那些在婴儿时期没有得到足够关爱性触摸的孩子，在成年后都存在严重的生理或者情感问题。虽然中国人对于触摸的表达是含蓄而理智，但是对于西方人来说，触摸的限制则少了很多。美国社会学家艾格莱把西方人经常使用的身体接触行为进行了总结，总共归纳为16种：

轻拍（patting）　　　　　握（holding）
拧（pinching）　　　　　用手引导（guiding）
掌击（slapping）　　　　拥抱（embracing）
捶打（punching）　　　　连接（linking）
击打（stroking）　　　　踢（kicking）
摇（shaking）　　　　　整饰（grooming）
吻（kissing）　　　　　搔痒（tickling）
舔（licking）　　　　　放置（laying-on）[①]

对于这些身体触摸行为，我们在任何文化中都能够看见，但触摸行为的使用频率和禁忌则对于每个文化都有所不同。在不同的文化中，对于触摸都具有不同的要求，在美国文化学者安德森（Anderson）的研究中，有些文化属于触摸型文化（contact culture），这些文化鼓励情感的外露；而有些文化则属于非触摸

[①] Michael Argyle, *Bodily Communication*, New York: International Universities Press, 1975, pp. 14-46.

型文化（uncontact culture），这些文化强调压抑感情和强调社会地位。一些阿拉伯国家、犹太人、东欧及俄国地区和西班牙都属于触摸型文化，而东亚地区如中国、日本和韩国以及北欧都属于非触摸型文化。在安德森的研究中，是如此形容在国际机场上来自不同文化的夫妻如何告别的。

> 前往汤加王国的一家人围成一圈，相互依偎，边祈祷边唱歌。一位妻子即将返回波斯尼亚，她的丈夫眼泪汪汪的一次又一次试着离开他那已经泣不成声的妻子，每次他再次转向妻子时，双方都紧紧地握住了对方的手，深情而又用力地相互亲吻，泪如雨下。而一对韩国夫妇分别时，没有任何形式的身体接触，尽管摆在他们面前的是漫长的别离。①

可以说，文化教会了我们进行触摸的规则。在成长的道路中，我们慢慢学会了谁可以进行触摸，可以触摸哪些部位。社会环境中的一系列文化规则和对于非语言交流形式的强调取代了我们进行触摸和被触摸的欲望。比如，在中国进行改革开放前，即使是夫妻，在公共场合进行搂抱和有亲昵行为被视为有伤风化的举动，而在今日的中国，男女间在公共场所进行爱意的表达已经习以为常了。

身体接触在不同文化中也有所不同。在西方，男女之间在公共场所用触摸表达爱意已经是司空见惯的事情了，比如用亲吻的方式来表示感情，但是对于日本人来说，在公共场合亲吻无疑是无礼的举动，在日语中，甚至没有表达亲吻的词汇，其相应的"kissu"一词来源于英语的音译。

同目光交流的情况一样，触摸中也存在着男女间的性别差异。比如，在工作场合和一般社交场合中，男人主动触摸女性要比女性主动触摸男性的频率高，而女性要比男性更多地拥抱其他女性、男性和孩子。②

---

① Larry A. Samovar, Richard E. Porter, Edwin R. McDaniel, Carolyn Sexton Roy, "The Sapir–Whorf Hypothesis", *Intercultural Communication: A Reader*, Cambridge: Cengage Learning, 2014, pp.194–200.
② Bill Bates, *Communication and the Sexes*, New York: Harper and Row, 1994, pp.60–62.

第四节　非语言行为的种类 —— 空间与距离

如果在生活中稍微注意观察，你会发现在与不同人进行交流与沟通时，你与这些人之间的距离是不同的。这种利用空间来传达信息的方式，同样属于非语言交流中的一部分。与此同时，文化也时刻影响着我们对于空间的认识。比如，在美国文化学者霍尔的描述中，生活在20世纪70年代的纽约人是这样认识美国的：

> 几年前，一本杂志刊发了一张普通纽约人眼中的美国地图。纽约市的情况详尽清晰，北郊的情况也相当准确。好莱坞的地形也比较详细。然而，纽约市与好莱坞之间的辽阔领土却几乎是一片空白。像凤凰城、阿尔伯克基、大峡谷、陶斯、新墨西哥等地却混沌一团，令人绝望。显然，一般纽约人对国内其他地区的事情知之甚少，也不大关心。在地理学家的眼里，这张地图是糟糕得扭曲。然而，对文化学者而言，它之精准却让人吃惊。它显示的隐形的印象，是许多美国人心目中其他地区的形象。[①]

[①] [美]爱德华·霍尔：《无声的语言》，何道宽译，北京大学出版社2010年版，第128页。

如霍尔所言，我们所认知的空间与对空间的掌控离不开文化的影响，在霍尔的另一本专著《隐藏的空间》(The Hidden Dimension)中，对于空间的使用有着详细的描述，他将空间分为了固定空间(fixed-feature space)、半固定空间(semi-fixed feature space)和非正式空间(informal space)。

一、固定空间

固定空间是指在设定之后就无法再进行改动的空间。比如当我们按照计划完成一栋房子之后，就很难将其移动了。如果对这样的空间不满意的话，就只能将它推倒重新建设了。在霍尔看来，地理空间同样也属于固定空间，在前面例子中所讲到的纽约人对于美国领土的认识就属于此。固定空间的设置几乎不会对人与人之间的角落产生影响，但是有时会对人产生心理冲击。

二、半固定空间

半固定空间是指那些可以自由移动，但却不会经常移动的摆设。如大件家具的摆设或者办公室内部的布局，这些摆设同样可以传达文化信息，比如萨默瓦和波特提到，在意大利人和墨西哥人看来，美国人的客厅摆设无疑是令人疑惑的，因为美国人客厅里的家具并非都面向电视而摆放。因为在他们看来，在家庭中进行互相交流是十分必要的，而家具的摆放就要便于交流，把沙发或者椅子朝向电视会影响相互间的谈话。

办公室的设计与办公桌的摆放也能显示出一个民族的性格与特性，比如霍尔在对美国企业管理者进行跨文化训练时，提到了这样的例子：

> （在美国）新同事到来时，几乎人人的办公桌都会挪一挪，让他分享空间。这就是说，长期占用的位置可能会动，我们可能会失去原来喜欢的窗外美景。重要的是，同事们愿意做一些调整。其实这就是一个信号，他们挪动办公桌时就已经承认了新到的同事。空间调整后，老板就可以确定，新员工融入这个群体了。如果屋子比较大，美国人

靠墙安排座位，把中间留下来开会，进行集体活动。

……

法国人和我们形成了鲜明的对照。他们不会像我们那样，接受那种无须挑明、理所应当的移动位置、腾出空间的方式。他们不会为了一位新同事而重新分割空间。相反，他们可能勉强给新同事一张小书桌，一个面向墙壁的阴暗角落。这种行为传递的信息十分明显……在法国人的办公室中，关键人物坐镇屋子中央，掌控一切使得一切顺利进行。①

霍尔将此总结为，法国的公共办公空间是法国文化和制度的反映。所有的一切都高度集中化，整个国家都在空间上围绕中央向四方分布。而在强调个人隐私的德国办公室内，办公桌的摆放就十分分散。日本人在办公中鼓励集体参与，他们在一个宽敞的、没有隔墙的公共场所中央，按照等级依次摆放桌椅。监督者和管理者都坐在离窗户最近的地方。这种方式便于交流信息，更容易完成多项任务，符合儒学思想中的行为要求。②

在其他一些亚文化中，对待空间的方式也有所不同。比如，西方的黑帮文化对于空间的占有欲格外强烈。通常他们在心理上划分一块属于自己的地盘后，会竭尽全力驱赶其他的外来帮派，似乎这些空间是他们的个人财产。这样的行为在美国诸多电视连续剧如《火线》《黑道家族》等中都有所展现。对于空间的不同看法也在男女性别上有所显现，在美国社会学家莱兹尔的研究中，与男人相比，女人通常允许男人和其他女性站得离自己近一些，而男人似乎把空间视为支配女人的一种手段，比如：

1. 男人要求比女人更多的个人空间；

2. 男人所需求的空间往往比女人大得多，当空间受到侵犯时，他们会更积极地反抗；

---

① Edward T. Hall, *The Silent Language*, New York: Fawcett, 1959, p.23.
② Edwin Mcdaniel, "Japanese Nonverbal Communication", *A Review and Critique of Literature*, Vol.5, No.1, Feb., 1993, p.18.

3. 人口密集的情况下，男人会更加努力地去获取想得到的私人空间；

4. 在多数情况下，男人走在女伴前面，而非女人走在男伴前面。①

三、非正式空间

非正式空间指的是围绕在我们周围的空间，也就是我们在进行沟通时所占的空间距离。非正式空间是我们的专有领域，任何过分侵犯非正式空间的行为，都是一种侵犯，会让我们感到不舒服，或者后退以重新创造出新的空间。霍尔曾用亲身经历举例：

> 一位博学的贵宾来访，他是资深的外国高级外交官。几次会晤之后，他在交往之中对行为细节的敏感给我留下了深刻印象。这位 × 博士对我们几人当时的研究颇为感兴趣，他要求听一次我的讲演。下课时，他走上前来与我交谈，就授课内容发表意见。在谈话过程中，他对授课内容和自己的看法津津乐道。我们面对面站着谈，我隐约感到他站得太近，准备后退。幸好，我压抑了最初的冲动，原地不动，因为除了距离稍近之外，我没有感受到任何攻击性的信号。他语气热切，神态专注，体姿传递出他的兴趣和热心……我稍稍后退，互动的模式就有所改变，他说话就不那么自在，如果我退到比较舒服的距离（约21英寸②），他看上去就显得很困惑、不快，仿佛在说："他为什么这样？我竭力表示友好，他却突然后退。难道我举止不适当？说话不得体？"③

在这样的基础上，霍尔进一步将非正式空间分为四大类：

---

① Dale G. Leathers, *Successful Nonverbal Communication: Principle and Application*, New York: Macmillan, 1986, p.236.
② 1英寸=2.54厘米。
③ Edward T. Hall, *The Silent Language*, New York: Fawcett, 1959, p.27.

（一）亲密距离（Intimate Distance）：6—18英寸（15—44厘米）

15厘米以内，是最亲密区间，彼此能感受到对方的体温和气息。15—44厘米，身体上的接触可能表现为挽臂执手，或促膝谈心。44厘米以内，在异性，只限于恋人、夫妻等亲密关系之间，在同性别的人之间，往往只限于贴心朋友。这样的距离需要建立在双方互相信任的基础之上，且对于个体来说，这样的距离是一个禁区，如果他人无故闯入这个禁区，对于个体来说是一种领域的侵犯。我们在银行、售票窗口等地方常看到"一米线"，其目的就是如此。

（二）个人距离（Personal Distance）：1.5—4英尺（46—122厘米）

这是人际间隔上稍有分寸感的距离，能够产生直接身体接触的机会较少。这样的距离是两个普通朋友、同事之间或者小组之间进行谈话或者交流时所占用的距离。对于西方人来说，这是在不熟悉的情况下没有压力的个人距离，如果少于这个距离，则感到受到了侵犯，如果多于了这个距离，则感到没有受到对方的尊重。个人距离对于不同文化的人来说则衡量标准各不相同，比如中东国家的人对个人距离的认识短于30厘米，而且越接近越好。所以在进行跨文化交流时，这样的距离认知时常造成误解，一方拼命向后退，而另外一方则步步紧逼，而双方都感到被冒犯了。

（三）社交距离（Social Distance）：4—12英尺（1.2—3.7米）

这已超出了亲密或熟人的人际关系，而是体现出一种公事上或礼节上的较正式关系。例如推销员和顾客之间，管理者与员工的会晤之间，这样的距离意味着相互间的协助，且无咄咄逼人的意思。社交距离的取舍，往往影响着人们如何看待对方或者对方的反应，比如在教室里师生之间距离小的老师，代表着学生对其满意度高。而与病人之间距离近的医生，容易获得病人的认可和信任。[①]

[①] V.P. Richmond, "Increasing Teacher Influence Through Immediacy", *Power in the Classroom: Communication, Control, and Concern*, Vol.1, No.2, Jan., 1992, p.24.

（四）公众距离（Public Distance）：12—25英尺（3.7—7.6米）

当公众人物上台演讲时，或者当演唱会开始时，演出者和观众的距离属于公众距离。在这个距离上，双向的沟通已经不大可能，在演讲或者进行演出时，因为听众人数众多，使用较大的距离是常有之事。当然，如果要进行双向沟通可以借助麦克风作为工具。

从这四种分法可以看出，人类在不同的活动范围中因关系的亲密程度而有着不同的距离。不同民族与文化构成人们之间不同的空间区域，多数讲英语的人在交谈时不喜欢离得太近，总要保持一定的距离。西班牙人和阿拉伯人交谈时会凑得很近，而对俄罗斯人来说，意大利人交谈时过于靠近，拉美人交谈时几乎贴身。更有趣的是英国人与意大利人交谈时，意大利人不停地"进攻"，英国人不断地"撤退"。实际上他们交谈时都只不过是要占据自己适当的、习惯的实际距离。西方文化注重个人隐私，东方人"私"的概念薄弱。在电梯、巴士或火车上，素不相识的人挤在一起，东方人可以容忍身体与身体接触的拥挤，西方人无法容忍，在对个人空间的要求方面，中国人、日本人以至大多数亚洲人要比西方人小得多。这是因为不同的文化习俗的缘故，西方人看重宽松的氛围，崇尚个人自由和个人权利，而东方人的传统文化根深蒂固。

空间的观念是立体的，不仅包括领域的大小距离，也包含领域的高度。"拉开距离"具有保持身份的威严的功能，而保持空间领域的高度也是支配权利的一种方式。法庭、教堂、礼堂、会议厅的布置都十分注重利用空间距离来发挥这一功能，以表现优越感与从属关系。在中国，长辈和领导面朝南坐，在西方则坐在椭圆桌子头的位置，等等，不一而足，这些都说明不同文化背景的人对空间的运用和安排都有着各自的固定模式，从而构成无数的文化差异，让空间的使用具有了更为丰富的文化功能。

四、时间

对于我们的社会来说，时间有着巨大的约束作用。时间度量了一节课的时间，约束了什么时候应该到岗上班，什么时候应该下班。可以说，时间约定了与人相关的现象，对于时间的认识，以及如何对待时间的方式都会反映出我们所拥有的文化特性。我们在日常生活中也利用时间来传递信息？比如当一位学生迟到30分钟进入教室却丝毫不表示歉意，这传递了什么样的信息，如果他立刻鞠躬道歉，这时他所要传达的信息就又有所不同。同样，不同文化成员间建立起亲密关系的时间也不相同，因为双方都需要一段时间去表明他们之间是否相互感兴趣。由此可见，不同文化的时间差异可以很大。

（一）非正式时间（Informal Time）

简单来说，非正式时间是我们对于时间的观念，这样的观念来源于我们对时间的认知。非正式时间表现在规则和节奏上，这样的规则与节奏并非与生俱来的，而是后天在社会中成长自动习得的。时间观念和文化的大多数组成部分一样，是无意识的。我们常说的"时间就是金钱""一寸光阴一寸金"就是这样的认识。

对于守时的看法来源于我们自身的文化经历。在中国，如果领导或者重要人物参会迟到了，我们不会介意，而如果是普通职员参会迟到，我们就会用眼神去责怪他。一位演艺明星在演唱会上迟到了，我们会耐心地等待多个小时，但如果护士在医院迟到了，那就会面临严重的纠纷。在非洲和拉丁美洲国家，人们已经惯了活动的迟到，但对于德国人来说，迟到无疑是一种不可接受的行为。霍尔夫妇曾经形容德国人的时间观念："在德国准时是理所当然的，实际上人们对此简直到了痴迷的程度。"[1] 在英国社会学家劳伦斯的描述中，德国人对于时间的严苛享誉全球：

> 到德国旅游的外国人印象最深的是德国人对于守时观念的强调，无论这个标准是否能实现。准时，而非天气，是车厢里陌生人之间闲聊的典型话题。在德国的长途旅行中，火车的每节车厢内都挂着一个火车时刻表的小册子，上面列出沿途经过的所有车站的到站和离站时间以及路程中所有可能的中转线路和时间。每当列车进站时，乘客就

---

[1] Edward T. Hall, Mildred Reed Hall, *Understanding Cultural Differences: Germans, French and Americans*, Yarmouth, ME: Intercultural Press, 1990, p.35.

会伸手拿出火车时刻表，并且用自己的电子手表来核对所乘的列车是否准时，这在德国是一种极其普遍的现象。万一火车晚点了，广播员会以一种低沉到压抑甚至是悲伤的音调来播报这则消息。在这些晚点中最恶劣的一种是："无限期的延迟：我们也不知道会晚点到什么时候。"这时候广播员的语调与葬礼上致悼词的语调无异。①

同样，在观察某个文化群体的人做事缓急以及他们对于事件的不同反应时，我们也可以得知这个文化的时间观念。比如阿基尔在自己的研究中就讨论了人们在守时准则上的差异：

> 多么迟才算"迟"？不同的文化，标准不一，在英国和美国，参加商业约会可以迟到五分钟，但不可以迟到十五分钟，更不能迟到三十分钟。而迟到十五分钟到三十分钟在阿拉伯国家是完全正常的事儿。在英国应邀赴宴可以迟到五到十分钟，但如果在意大利，可能你需要等上两个小时，而在埃塞俄比亚，赴宴的人也许两个小时以后才能到，在爪哇，人们也许干脆不去赴宴了，因为他们答应去赴宴纯粹只是给主人一个面子。②

在商业谈判上，中国人崇尚循序渐进的态度，先交朋友，再谈生意是常态。日本人在这方面也和中国人一致，日本人总是想在做生意之前先深入了解他们的生意伙伴，而且最好是进行深入的长谈。但是这样的态度对于美国人来说无疑是致命的，信奉"时间就是金钱"的美国人做事要求快速，喜欢开门见山，直入主题，对于十几分钟的寒暄是能够接受的，但是一旦超过了半个小时他们就认为这是不可理喻的。同样，在时间节奏上也能反映出文化的差异，如果你仔细观察一下，就会发现，在国内二三线城市，人们步伐的速度要比一线城市慢许多。

---

① [荷]吉尔特·霍夫斯泰德、格特·扬·霍夫斯泰德：《文化与组织：心理软件的力量》（第二版），李原、孙健敏译，中国人民大学出版社2010年版，第174页。
② Michael Argyle, Intercultural Communication, in *Cultures in Contact: Studies in Cross-Cultural Interaction*, New York: Pergamon Press, 1975, p.68.

我们在之前的章节中对于文化价值取向模式进行了较为详尽的阐述，世界上的文化模式将非正式时间划分为过去、现在和未来三种取向。有些文化重视过去的传统，有些文化则活在当下，而有些文化就喜欢放眼未来，在克拉克洪和斯托贝克文化价值模式以及霍夫斯泰德的文化价值模式中，我们已经做出了说明。第二种方式是将时间分为单线性时间（mono-chronic time）与多线性时间（poly-chronic time）。

（二）单线性时间（Mono-chronic Time）

单线性时间又称之为 M 时间，霍尔对此的解释为："西方世界的人们，尤其是美国人，往往认为时间是自然环境的组成部分，必须遵守与尊重。"[1] 在单线性时间观念的影响下，人们认为时间是线性的，可分割、控制并且不可浪费的。对于时间，应该做到尽量去掌控它，而不应该浪费，而且时间是可以经营管理的。因此，在一段时间内只能做一件事，在欧洲大部分地区和北美洲，以及亚洲部分地区的人们具有单线性时间取向。

（三）多线性时间（Poly-chronic Time）

多线性时间又称之为 P 时间。对于习惯多线性时间的人来说，时间并不如人际关系的和谐那么重要，准时或者不准时是次要的，因此他们可以同时做几件事情或者同时和多个人交往。对于多线性时间取向的人们来说，浪费时间的愧疚感不像单线性时间文化中那样普遍。

单线性时间取向和多线性时间取向比较[2]

单线性时间取向的人	多线性时间取向的人
一次做一件事	一次做几件事
工作集中精力	工作容易受到干扰，容易被打断

---

[1] Edward T. Hall, *The Silent Language*, New York: Fawcett, 1959, p.19.
[2] Edward T. Hall, Mildred Reed Hall, *Understand Culture Differences: Germans, France and American*, Yarmouth, ME: Intercultural Press, 1990, p.15.

（续表）

单线性时间取向的人	多线性时间取向的人
认真对待时间承诺（期限、日程安排）	认为时间承诺是可能情况下要达到的目标
低语境、需要信息	高语境、已经拥有信息
忠于职守	忠于人和人际关系
按计划行事	常轻易改变计划
尽量不麻烦他人，注重他人隐私	更关心的是亲近的人（家人、朋友），而不是同事
尊重私有财产，很少借还物品	借出和借入是常有的事
强调迅捷	是否迅捷要看关系而定
习惯建立短期关系	倾向于建立终生关系

本章推荐阅读书目

[1] 云贵彬：《非语言交际与文化》，中国传媒大学出版社2007年版。
[2] [英] 布莱恩·劳森：《空间的语言》，杨青娟等译，中国建筑工业出版社2003年版。
[3] [美] 托尼娅·瑞曼：《身体语言的力量》，洪友译，天津社会科学院出版社2008年版。
[4] [英] 罗伯特·菲普斯：《身体语言：瞬间解读他人微表情与微反应》，段鑫星等译，人民邮电出版社2014年版。
[5] [美] 乔治·斯坦纳：《语言与沉默：论语言、文学与非人道》，李小均译，上海人民出版社2013年版。

本章参考书目

[1] Albert Mehrabian, *Nonverbal Communication*, ChicagoIL: Aldinc, 1972.
[2] Erving Goffman, *The Presentation of Self in Everyday Life*, New York: Doubleday, 1957.
[3] Edward T. Hall, *The Silent Language*, New York: Fawcett, 1959.
[4] Dale G. Leathers, *Successful Nonverbal Communication: Principles and Applications*, New York: Macmillan, 1986.

[5]Edward T. Hall, Mildred Reed Hall, *Understanding Cultural Differences: Germans, French and Americans*, Yarmouth, ME: Intercultural Press, 1990.

[6]Judee K. Burgoon, David B. Buller, Gill W. Woodall, *Nonverbal Communication: The Unspoken Dialogue*, New York: Harper & Row, 1989.

[7]Larry A. Samovar, Richard E. Porter, Edwin R. McDaniel, "Cues of Culture: The Basis of Intercultural Differences in Nonverbal Communication", in *Intercultureal Communication: A Reader*, LA: Cengage Learning, 2011.

[8]Loretta A. Malandro, Larry L. Barker, *Deborah Ann Barker, Nonverbal Communication*, MA: Addison-Wesley, 1983.

[9]Laura K. Guerrero, Michael L. Hecht, *Nonverbal Communication, Reading*, MA: Addison-Wesley, 1983.

[10]Monica M. Moore, "Nonverbal Courtship Patterns in Women: Context and Consequences", *Ethnology and Sociology*, Vol.6, No.4, Jan., 1985.

[11]Suzanne Osborn, Michael T. Motley, *Improving Communication*, Boston, MA: Houghton Mifflin, 1999.

[12]Michael Argyle, *Bodily Communication*, New York: International Universities Press, 1975.

[13]Michael Argyle, *Intercultural Communication, In Cultures in Contact: Studies in Cross-Cultural Interaction,* New York: Pergamon Press, 1975.

[14]Roger M. Keesing, *Cultural Anthropology: The Science of Custom,* New York: HoltRunehart& Winstion, 1965.

[15]William Schutz, *The Interpersonal Underworld,* Palo Alto, CA: Science and Behavior Books, 1958.

[16][美]莱杰·布罗斯纳安:《中国和英语国家非语言交际对比》,毕继万译,北京语言学院出版社1991年版。

[17][美]爱德华·霍尔:《无声的语言》,何道宽译,北京大学出版社2010年版。

[18][荷]吉尔特·霍夫斯泰德、格特·扬·霍夫斯泰德:《文化与组织:心理软件的力量》(第二版),李原、孙健敏译,中国人民大学出版社2010年版。

第九章 培养跨文化沟通的能力

1983年，来自鹿特丹的一位高中生安尼克参加了荷兰与奥地利之间的一个青年交流项目。她住在奥地利一个中等城镇的中学教师家里，家中还有老师的妻子瑞多（她是一位医生），他们的女儿海德以及海德的两个弟弟。

　　安尼克和海德一起上学，她的德语水平提升得很快。每个星期日她还和海德一起去教堂，海德是个虔诚的天主教徒。安尼克是一名新教徒，但是她并不介意；她喜欢这种经历，喜欢教堂里的歌声。她带来了她的小提琴，放学后和海德一起拉小提琴和弹钢琴。

　　安尼克来到瑞多家两个月后的一天，吃晚饭时，大家谈到关于犹太人的话题。瑞多似乎对于犹太人有很大的偏见，安尼克对此表示失望。她问瑞多夫人是否认识什么犹太人，"当然不认识！"瑞多夫人回答道。

　　安尼克觉得热血上涌，"你现在就认识了一个！"她对瑞多夫人说道，"我就是犹太人，至少我妈妈是真正的犹太人，根据犹太人的传统，只要是犹太人母亲生的孩子也是犹太人"。

　　晚餐不欢而散，第二天早晨，瑞多夫人把安尼克叫到一边，并告诉她以后不要再跟他们一家人坐在一起吃饭。他们会单独给她找一张桌子。她也不能再跟她们一起去教堂，她应该早些告诉他们自己是犹太人。几天后，安尼克就回到了荷兰。①

在之前的章节中，我们一再强调，文化是不同的，不同的文化在进行交流和沟通时，冲突是无法避免的。以上的案例是由于歧视所引发的文化冲突。在欧洲的一些地区种族歧视已经蔓延了几个世纪，上面的案例也表明，种族歧视至今依然存在。我们无法想象，瑞多夫人的孩子们在经历这样的事件后做如何感想，同样安尼克在回国后是如何评价奥地利人的。在我们进行跨文化交流和沟通的过程中，需要掌握一定的跨文化沟通技能，对于交流对象有一定的认知，从而避免因为文化认知而引起冲突。

实际上，我们在前几章中展示了关于文化的方方面面。其最终目的，并不是将每一个人训练成为跨文化交流的研究者，而是希望提高对于文化差异的认知程度，从而具有一定的跨文化交流能力。在本章中，我们将就什么是跨文化交流能力，如何培养跨文化交流能力等几个方面来进行讨论。

---

① [荷]吉尔特·霍夫斯泰德、格特·扬·霍夫斯泰德：《文化与组织：心理软件的力量》（第二版），李原、孙健敏译，中国人民大学出版社2010年版，第204页。

第一节 跨文化交流能力的含义

在科技高速发展的今天，随着跨国集团的持续发展，移民在全球范围内的广泛流动，以及我们获取信息方式的快捷，我们已经能够或多或少地察觉文化与文化之间的碰撞与多元文化的发展。因此，在跨文化交流与沟通中，我们首先要学会尊重和理解来自不同文化的人们的生活与思考方式，而要达到这个目标，首先要具有跨文化沟通能力。

美国文化学者鲁本（Ruben）在20世纪50年代就提出，跨文化交流与沟通能力是为了解决个人在海外生活工作以及海外机构建设等的诸多问题。从这一角度出发，鲁本认为跨文化能力主要体现在直接的行为表现上。但随着时间的推移，在对于跨文化交流与沟通的进一步研究后，美国社会学家布莱恩·施皮茨伯格认为，将跨文化交流能力简单地定义为一种直接的行为表现是不具有理论基础的。诸多研究者在跨文化交流能力的基本特征达成共识后，施皮茨伯格对于跨文化交流能力的定义得到了广泛的认可，他认为，"跨文化交流能力是一种为实现特定目标，以一种特定方式在交流干扰出现时交流的能力"。跨文化交流能力还是"在具体环境中，对行为表现的合理性和沟通效率的感受"[1]。施皮茨伯格对交流能力

---

[1] Brian H. Spitzberg, William R. Cupach, "A Model of Intercultural Communication Competence", *Intercultural Communication: A Reader*, Vol. 9, 2000, p.375.

的界定可以涵盖跨文化交流能力的内容,即在跨文化交流语境中(特定场景),交流者得体(符合目的文化的社会规范、行为模式和价值取向)、有效(实现交流目标)的交流行为。

在萨默瓦和波特的观点中,跨文化交流者具备以下三点特征:

1. 有能力的;
2. 有知识基础可以借鉴;
3. 拥有一定的交流技巧。

综合来说,跨文化交流能力主要集中于组织交流、文化冲击、跨文化培训、社会风俗变化以及外国留学生咨询方面。在针对跨文化交流能力的研究中,其中两项值得注意的能力,有效性(effectiveness)和得体性(appropriateness)被作为跨文化交流能力的基本特征而提出来。[1]

一、跨文化交流能力的有效性

有效性和得体性一直作为衡量跨文化交流能力的两项基本指标来使用。有效性指一个人在跨文化交流与沟通的互动中,所展示出达成某种结果和目的的能力;适当性指的是在跨文化交流与沟通中,互动者自身能够适应沟通情境的语境需求(contextual requirements)。[2]

维曼认为,沟通能力可以视作:"互动选取可沟通的行为,以便达到自身目的,同时估计对方的心理与符合当时沟通情形的能力。"[3] 所以,交流行为的有效性是指交流者是否实现交流目标,也有学者把有效交流看作交流能力的体现。跨文化交流能力的有效性主要来源于我们在社会中的学习和社会化过程,简单来

---

[1] John M. Wiemann, Philip Backlund, "Current Theory and Research in Communicative Competence", *Review of Educational Research*, Vol.50, No.1, Sep., 1980, pp.185–199.

[2] John M. Wiemann, Philip Backlund, "Current Theory and Research in Communicative Competence", *Review of Educational Research*, Vol.50, No.1, Sep., 1980, p.199.

[3] John M. Wiemann, "Explication and Test of Model of Communication Competence", *Human Communication Research,* Vol.3, No.2, Jun., 1977, pp.195–213.

说,在我们成长的过程中,随着对于周围事物的认知和理解,自身的沟通能力也会随之增加,体现出了有效沟通的特点。①

对于增强个人沟通的有效性来说,除去在成长中加强对社会事物的认知和理解外,还需要具备足够的自我认同能力(self-identity),还需要更多地获取与交流内容相关的信息,以及正确地预测对方的答复,最后,还需要有针对沟通对象不同选择的沟通技巧。② 这些内容我们会在稍后的内容中进行详细讲解。

二、跨文化交流能力的得体性

如前所述,跨文化交流能力的得体性体现在互动者配合或者达到沟通情形的基本要求的能力。在维曼和巴克隆德的观点中,在跨文化交流中,基本的情形包括以下几种。

> 1. 口语环境(the verbal context),指遣词造句、陈述和主题选择的得体性。
> 2. 关系环境(the relationship context),指与沟通对象进行交流时,注重信息与对方身份和交流环境相符合。
> 3. 背景环境(the environment context),指在进行沟通时,应对周围环境对于表达信息的限制,使得沟通能够顺利进行。③

从上面的定义看来,沟通行为的得体性取决于交流场景和交流对象,在某一场合中"得体的行为",在其他场合有可能不得体。一个精通中国文化的美国人在与中国人交往时表现出很强的交流能力,而在与阿拉伯人打交道时却表现得手足无措。交流能力是交流双方给对方的印象或评价,或者说,交流能力是对于

---

① Chris Argyris, "Exploration in Interpersonal Competence", *Journal of Applied Behavioral Science*, Vol.1, No.3, Sep., 1965, pp. 255-269.
② Mike R. Park, "Communication Competence and Interpersonal Control", *Handbook of Interpersonal Communication*, Vol.35, Aug., 1994, pp. 589-618.
③ John M. Wiemann, Philip Backlund, "Current Theory and Research in Communicative Competence", *Review of Educational Research*, Vol.50, No.1, Mar 1980, pp. 185-199.

交流者交流行为的社会评价，交流行为的得体性指交流者的交流行为符合交流语境中交流对象的社会文化规范和行为期待。交流双方的关系也是影响交流行为得体性的因素之一，有时人们会以违反交往规范的方式建立新的规范或关系。例如：按照规则，公司同事在上班时间内的谈话内容应该只限于业务信息，但实际上，人们在交谈中往往会夹杂个人信息或其他与工作无关的话题。从交流场景来看，这样的行为是不得体的，但是就交往双方的私人关系而言，谈论私人话题是可以接受的，交流双方行为的得体性体现在对规则违反程度的把握和交流语境的选择上。此外，不同文化中人们的行为习惯、交流模式、语言和非语言符号的差别使判断行为得体与否更加困难。

例如：美国文化中商务谈判是一种很正式的交流形式，一般在会议室进行，谈判双方的座位安排以面对面为主；因此，美国人会认为阿拉伯文化中席地而坐，谈判双方人员混坐在一起的谈判方式不正式，同时也会觉得芬兰人喜欢在集体洗桑拿浴室谈判的行为不得体，而在阿拉伯和芬兰文化中，人们这样做是为了缓和竞争的紧张气氛，保持融洽的关系。

交流行为的得体性和交流结果的有效性决定交流质量。交流行为不得体，交流结果无效是交流质量最低的模式；行为得体却达不成交流目标的是社交变色龙，在交流中他们不违反交流规则却也不能实现交流目标；能够实现交流目标，但是行为不得体，例如那些通过欺骗、强迫等手段，牺牲他人利益，为达目的不择手段的行为；高质量的交流是交流者既能够实现交流目标，同时交流行为又符合特定场景的文化习惯。下面的案例可以向我们展示交流得体性与有效性的关系：

> 美国商人 Btian Holtz 被公司派往泰国管理分公司。Mr.Thani，泰方的经理助理，为人精明强干，是不可多得的人才，但是他最近一段时间经常迟到。Holtz 决定采取些措施提醒他一下。经过深思熟虑，他有四种处理问题的策略：
> 1. 找 Thani 私下交谈，询问迟到的原因，并告诉他必须按时上班。
> 2. 不理会这一问题。
> 3. Thani 下次迟到时，公开责备他。

4. 在私下交谈时，示意他想请 Thani 帮忙处理公司职员经常迟到的问题，并请 Thani 建议处理方法。

第一种方法是有效的，因为这样做的结果是 Thani 不会再迟到。然而，泰国的文化习俗是避免当面直接批评或责备他人，Holtz 的这种行为在泰国的文化语境中是不得体的。第二种策略（不理睬对方迟到的行为）是得体的，但是不能实现交流目标（使对方按时上班）。第三种策略（公开指责）则既不得体，又不有效，因为公开指责在泰国文化中被视为侮辱，Thani 可能会提出辞职。Thani 是一个有价值的职员，Holtz 是想让他更好地为公司服务，而不是想终止合作关系，所以 Thani 的辞职意味着交流失败。第四种策略，间接提醒对方自己关注的问题，避免让对方觉得"丢脸"，是既得体又有效的最佳选择。

阅读与讨论

阅读下列文章，想一想如果你在田中先生与美国人之间调节，你会怎么做？

不会说英语的日本人田中先生，第一次代表日本樱花公司前往美国洽谈生意。刚到美国的他觉得美国人满脸笑容，很友好热情，而且很爱开玩笑；田中先生也觉得第一面应该给美国人留下个好印象，于是表现得特别严肃与镇定。没想到这使得美国人觉得很不舒服。

在第二天上午进行谈判时，又出现了问题。美国人在谈判时一直看着田中先生的眼睛想猜透他到底在想些什么，但田中先生认为这样的行为太过不礼貌，并且觉得美国人并不是看上去那样友好，让人觉得不舒服。而在美国人看来，日本人回避眼神交流是一种逃避行为，猜测着谈判中是不是有欺诈行为。在谈判过程中，日本樱花公司有一批货物报价为100万美元，而美国人坚持只能出资80万美元，双方僵持不下。在这个时候，美国方谈判人的表情变得非常严肃，但是日方的田中先生反而笑了。美国人不知道日本人用笑来掩饰自己的尴尬，以缓解气氛，反而认为这是一种危险信号，从而提高了对他的警惕。不过在谈判了近两个小时之后，双方终于达成了协议。田中先生很有礼貌地伸出手去握手，美国人也接应了。

在谈判后，美国人提出一起去酒吧庆祝，在喝酒时，美国人一直把胳膊搭在田中先生的肩膀上，以表示亲切。可田中先生却认为这是美国人对自己的刻意侮辱，以显示美国人的身材高大，这让他十分恼火。但田中先生又怕直接告诉美国人自己的感受会伤了双方和气，影响生意，所以也就忍了下来。就这样，虽然生意谈成了，但双方给彼此留下来的并不是好印象，心里都觉得下次再不进行合作了。

第二节　跨文化沟通能力的构成

对于我们来说，跨文化沟通能力实际上基于沟通能力的基础之上。两者之间的区别就在于，跨文化沟通能力特别强调沟通背景的重要性。除了对于沟通的有效性与得体性之外，也需要注意人与沟通环境之间的互动与双方的文化认同。在对于跨文化沟通能力的研究上，美国学者鲁本的七大交流维度理论认为交流能力"是指以与具体环境中的个体的需要、能力、目标和交流期待基本一致的方式进行交流的能力，同时也要满足交流者自身的需要、能力、目标和交流期待"[1]。

他指出了跨文化交流情境中使个体能够有效交流的七大行为要素：

1. 尊重：个体显示出对他人价值和潜在价值的高度尊重。
2. 互动中的姿态：交流中，以一种描述性而非评价性的态度来回应对方。
3. 对知识的取向：将自身的知识与认知看作个人的知识而非四海皆准的知识。

---

[1] Brent D. Ruben, "The Study of Cross-cultural Competence: Traditions and Contemporary Issues", *International Journal of Intercultural relations*, Vol.13, No.1, Jul., 1989, pp. 229–400.

4. 移情：设身处地从对方的情况入手考虑问题，争取达到"将心比心，感同身受"。

5. 角色行为：特定的群体情境中完成相关的任务与扮演相关角色。

6. 互动中的管理：适当调控交流对象的互动表现。

7. 对模糊性的容忍：能够适应与预期不同的模糊情况，能够对其充分容忍而不感到过分的不适。[1]

而英国杜伦大学的社会学者麦克·拜拉姆的欧盟模式认为跨文化交流能力是"要求学生获得跨文化交流方面的知识、技巧、态度和客观评判型的文化意识"。他提出跨文化交流能力的构成要素为：

1. 跨文化交流的态度：对文化问题要保持好奇和开放的态度，不再对其他文化和自身文化持怀疑态度。这就意味着，愿意去比较描述自身的价值观，信仰和行为，而且不再假定它们是唯一的和绝对正确的，能够客观地从其他文化的角度看待自身的价值观、信仰和行为。简单地说，不再将自身的文化看作"中心文化"。

2. 知识：知识是指社会群体的成就性"产品"和自身文化或其他文化的行为规则，以及社会交流和个体交流的具体过程。因此知识包括两大要素：社会交流过程的知识和解释这些社会交流过程和产物的知识，后者包括他人如何认识你和你对他人的认识与理解。

3. 解释与讲述的技巧：解释来自其他文化的文献或事件，从自身文化的角度来解释或是讲述其他文化的文献或事件。

4. 发现和互动的技巧：能够习得文化和文化实践中的新知识并且运用这些知识、态度和技巧来处理实际交流中互动上的一些问题。

5. 客观评判型的文化意识：能够根据来自自身文化和其他文化的

---

[1] Brent D. Ruben, "The Study of Cross-cultural Competence: Traditions and Contemporary Issues", *International Journal of Intercultural relations*, Vol.13, No.1, Jul., 1989, pp. 229–400.

外在显性标准、洞察力、实践和结果来客观评判文化问题。[1]

无论从何种角度来看,跨文化沟通能力是当今世界中每个人必不可少的技能。而对于跨文化沟通能力的研究也就构成了跨文化交流研究中的重要一环,而在其中,又以以下三位学者的研究成果最为值得注意。

一、布莱恩·施皮茨伯格的跨文化交流能力构成理论

施皮茨伯格认为跨文化交流能力由知识、动机、技巧三个因素构成,三者相互影响、相互依存。跨文化交流能力需要足够的跨文化知识、积极的动机和有效的交流技巧,三个因素应同时具备,任何一个因素都不能单独构成跨文化交流能力。[2]

(一)知识

知识指交流者应该了解目的文化中交流对象、语境以及人们对得体行为的要求等信息。这些知识是交流者正确解读交流对象传达的语言和非语言信息的基础,同时也是交流者选择得体交流行为的依据。缺乏跨文化交流知识,交流者便会无法确定自己的交流行为在目的文化的某一语境中是否得体、有效。

跨文化知识包括广义文化知识(涉及各国文化的知识)和狭义文化知识(涉及某一特定文化的知识)。广义文化知识从宏观上解释跨文化交流现象,对交流者的跨文化交流行为做一般性的指导。例如:了解各国文化中存在不同的文化模式和交往规则可以帮助交流者意识到文化差异的重要性,提高对跨文化现象的敏感度。了解文化对人际交往模式的影响可以帮助交流者理解跨文化交流语境中交流对象的行为取向。跨文化交流能力还需要掌握某一特定文化的知识和常识,如:该文化不同于其他文化的特点,以及其主流文化模式和优势等。特定的跨文化交流目标要求交流者掌握特定语境的知识,如:进行跨文化商务沟通要求交流

---

[1] Michael Byram, *Teaching and Assessing Intercultural Communicative Competence*, Bristol: Multilingual Matters Ltd., 1997, p. 225.
[2] Brian H. Spitzberg, William R. Cupach, *Handbook of Interpersonal Competence Research*, London: Springer, 1989, pp. 21–24.

者掌握目的文化中有关商务活动的常识，出国留学要掌握与学习和生活有关的文化常识等。

（二）动机

动机指交流者在预期和进行跨文化交流活动时的情感联想。与知识一样，不同的情感因素影响跨文化交流的效果。人类的情感包括感觉和意图。感觉是指人们在与来自不同文化背景的人交流时体验到的情感状态。尽管人们总是混淆情感和思想，但是情感并不是思想，而是人们对思想和经验的情感和心理反应。跨文化交流中人们会有幸福、哀伤、急切、愤怒、紧张、惊讶、迷惑、轻松和快乐等情感体验。感觉涉及交流者对其他文化的敏感性，以及对交流对象和某一特定文化的态度。有的人不习惯面对不熟悉的东西，其他文化中陌生的景色、声音、味道使他们退却。提高体验陌生事物的动机有利于提高跨文化交流能力。

意图或目的是指导行为的目标和计划，指导交流者在具体交流活动中的行为取向。人们对来自不同文化背景的人往往持有某种定式性的看法，这种看法可以帮助交流者缩小采取应对措施的选择范围，意图会受这种定式的影响。如果在交流行为发生之前，交流者对交流对象或其文化持有负面的看法，那么在交流中，这种负面看法会影响到对交流对象行为的客观判断。如果交流意图或目的是积极的，交流双方彼此的判断和评价准确，表明交流者跨文化交流能力较强。

（三）技巧

技巧是在跨文化交流中表现出来的得体、有效的交流行为。交流者只掌握必需的跨文化交流知识、持有积极的交流动机还不足以完成跨文化交流任务，他必须能够运用一定的行为技巧。这好比一个人想游泳，他看了很多关于如何游泳的书，掌握了游泳技巧的知识，他有强烈的游泳的动机，但是他还是不会游泳，因为他没有掌握游泳的技能。

二、金荣渊的跨文化交流能力构成理论

在施皮茨伯格之后，很多跨文化交流学者对施皮茨伯格的理论作以修改，

提出相似的模式。比如美国韩裔文化学家金荣渊运用社会心理学、应用语言学和社会学方法，把影响跨文化交流能力的因素结合起来，形成一个新的跨文化交流能力模式。她认为，跨文化交流能力由认知能力、情感能力和行为能力构成，三者相互联系，相互影响，不可分割。

熟练掌握对方语言、熟悉对方文化是培养认知能力的关键；表现出与对方交流的强烈动机和展现积极的交流态度则是情感能力的体现；另外通过掌握对方的非语言系统从而表现出良好的交流技巧是行为能力的表现方式。

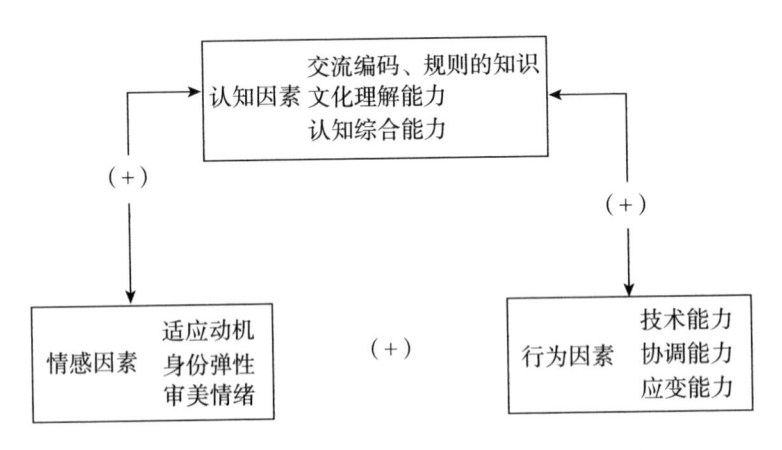

```
                    ┌─────────────────────────┐
                    │        交流编码、规则的知识   │
                    │ 认知因素  文化理解能力        │
                    │        认知综合能力          │
                    └─────────────────────────┘
                 (+) ↑                    ↑ (+)
                    │                    │
   ┌──────────────────┐              ┌──────────────────┐
   │      适应动机      │    (+)       │      技术能力      │
   │ 情感因素 身份弹性   │ ←──────→    │ 行为因素 协调能力   │
   │      审美情绪      │              │      应变能力      │
   └──────────────────┘              └──────────────────┘
```

金荣渊的跨文化交流能力构成图（"＋"代表正关联）

（一）认知能力要素

交流与沟通是一个复杂的过程，是交流者对交流目的进行编码，形成信息，再通过一定的渠道或者方式传达到接受者，由接受者解码反馈的过程。如同之前所提到的那样，交流过程中的各个环节都受到交流双方性别、年龄、受教育程度、文化背景等干扰。跨文化交流的认知能力要求交流者具有能够理解并破译不同语言和非语言编码的能力，具体包括三方面的能力：

1. 掌握目的文化的交流体系。语言是交流的主要手段之一，掌握目的文化的交流体系要求掌握目的文化的语言。这里的语言不只包括语言知识还包括语用知识。语用知识能够帮助交流者得体使用语言，如以对方习惯接受的方式表达赞扬、邀请、拒绝等意图和情感。

2. 文化理解话语模式和行为模式基于文化，对于目的文化的理解程度决定了交流者对其话语模式与行为模式的理解和接受程度，是移情能力的基础。文化是一个宽泛的概念，其分类形式多样，一般认为文化的重心包含于伦理方面、宗教方面、政治方面和经济方面。理解文化是一个浩大的工程，要求了解其历史、政治、宗教、价值观等方面的知识。

3. 认知综合能力。所谓认知的综合能力是整合信息的能力。一个高水平的跨文化交流者能够更深入地了解目的语和目的文化，从而形成一种心理倾向，能够辨别本族文化和其他文化的细微差别。[1]

（二）情感能力要素

情感能力是跨文化交流能力的重要组成部分，要求交流者具有跨文化交流意识、尊重其他文化、克服民族中心主义、种族主义等交流障碍的能力。具备良好的移情能力有利于在行为上采取得体的交流策略。情感能力包括三方面内容：

1. 适应动机。适应指交流者在跨文化交流语境中适应他者文化系统的交流模式，能够按照对方习惯接受的方式交流。主体适应的速度和程度取决于主体的动机。融入对方文化动机强烈的人，接受对方文化的心理准备充分，行动积极，适应速度较快；反之，动机弱则不利于克服自身文化系统的干扰，适应速度较慢。此外，年龄对于适应也有影响，年轻人比较容易接受新的目标文化，而年纪大的人接受起来就比较困难。

2. 身份弹性。身份弹性是一种基本的社会心理定位，涉及主体对自身、自身文化和目的文化的尊敬，即主体是否愿意改变其建立在原有文化体系中的行为模式和习惯。这种弹性或适应性有利于减少对其

---

[1] Young Yun Kim, *Becoming Intercultural: An integrative Theory of Communication and Intercultural Communication,* Thousand Oaks CA: Sage, 2001, p.88.

他文化的偏见，从而使交流者实现交流目标。

3. 审美情绪。审美情绪与鲁本提出的移情较为接近。移情是从对方的角度看待问题，而审美情绪更加深入，指交流者在跨文化语境中的交流行为是否符合目的文化的审美习惯。了解对方的审美习惯有利于主体欣赏、理解对方的文化产品，包括美术、音乐、体育等；同时也有利于主体理解日常生活中遇到的对方文化中的笑话、幽默、喜、怒、哀、乐等情绪的表达。[1]

（三）行为能力要素

跨文化交流能力指主体能与不同文化背景的个人或者群体进行有效沟通的能力。交流是一种行为，交流能力体现在具体交流行为中，所以跨文化交流的行为能力是跨文化交流能力的最终体现。行为能力的最终形成需要认知能力所获得的知识做支撑，情感能力做铺垫，即通过具体行为表达个人的认知和情感经验。跨文化行为能力包括三方面内容：

1. 技术能力，包括基本的语言技能、工作技能、学术技能等一切能够获得有用信息、解决不同问题的技能。

2. 协同一致能力，指交流者能够以得体的举止与当地人和谐相处的能力。

3. 应对变化的策略能力，指交流者能够克服文化差异，运用合适的交流策略解决问题、实现交流目标的能力。[2]

三、朱迪丝·马丁与托马斯·那卡雅玛的跨文化交流能力构成理论

朱迪丝·马丁与托马斯·那卡雅玛于2001年编写的《语境中的跨文化交流》

---

[1] Young Yun Kim, *Becoming Intercultural: An Integrative Theory of Communication and Intercultural Communication*, Thousand Oaks CA: Sage, 2001, p.98.

[2] Young Yun Kim, *Becoming Intercultural: An Integrative Theory of Communication and Intercultural Communication*, Thousand Oaks CA: Sage, 2001, p.150.

中提出一种新的跨文化交流能力模式，包括知识因素、情感因素、心智活动特征和情境特征四个要素。

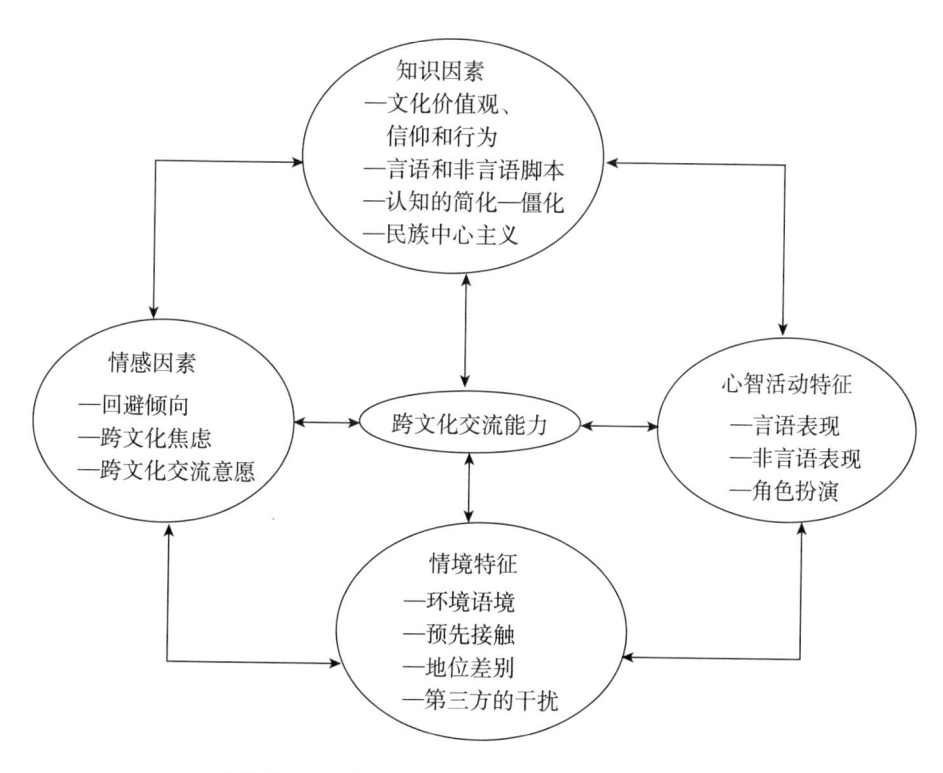

```
                    知识因素
                 —文化价值观、
                  信仰和行为
                 —言语和非言语脚本
                 —认知的简化—僵化
                 —民族中心主义

   情感因素                           心智活动特征
  —回避倾向      跨文化交流能力      —言语表现
  —跨文化焦虑                        —非言语表现
  —跨文化交流意愿                    —角色扮演

                    情境特征
                 —环境语境
                 —预先接触
                 —地位差别
                 —第三方的干扰
```

朱迪丝·马丁与托马斯·那卡雅玛跨文化能力构成图

（一）知识因素

跨文化交流能力中的知识因素是指交流者对交流对象所在文化了解的程度，了解对方文化越多，跨文化交流能力越强。交流者应该了解目的文化的价值观念和信仰，了解交流对象来自何种文化模式：个体主义—集体主义，高语境—低语境，高权力距离—低权力距离，高不确定性回避—低不确定性回避。交流者还应掌握目的语文化的语言和非语言交流脚本。正如我们在第八章所谈到的那样，语言和非语言交流对于我们的交流活动都起到了指导作用，而在社会中学习语言和非语言的过程中，交流所产生的脚本就存在于人脑的长时记忆中。一个知识经验丰富的交流者拥有较多的能够指导他理解和预见交流对象交流行为的剧本库，当他与他人交流时他会从记忆库中找到类似的经验指导他的行动，如果他没有经历过同样的交流场景，他会利用类似的经历作为参考，甚至借鉴以前观察到的他人（包括书籍中，电影、电视等）的经验。在日常生活中，我们评价一个人有经验，就是这个道理。

马丁与那卡雅玛认为，认知的简化和僵化指交流者在与来自其他文化的人交流时，处理信息的方式过于简单僵化。金荣渊在论述文化冲突时把这种现象用作一种维度，认为人们认知的简化和僵化可以促进思维定式的形成。这种认知习惯导致个体目光狭隘，容易对其他文化产生负面的判断。有跨文化交流能力的交流者往往具有较为开放的、灵活的认知体系，而认知体系简单僵化的交流者不具备跨文化交流能力。比如，我们在第五章中提到民族中心主义者通常对其他文化群体持有消极的态度或采取敌对的行为，他们认为自己文化群体的价值观念最为正确，并以此为衡量一切的尺度。民族中心主义是跨文化交流能力发展的障碍，此种观念的持有者对宏观文化的理解程度较低。

（二）情感因素

跨文化交流中的情感因素指交流者对待来自不同文化的交流对象和跨文化交流行为的态度——接近或疏远，其重要特点是对跨文化交流活动产生的焦虑，即因正在进行的或预期进行的跨文化交流活动产生恐惧和焦虑心情。跨文化交流焦虑程度高的人倾向于避免与来自外来文化的人交流，在他们眼里那些人都是行为奇特的"他者"，对"他者"奇特行为的不理解使他们觉得紧张、焦虑，并因此躲避交流。是否愿意进行交流，即交流动机，是跨文化交流能力构成中的重要情感因素。

在研究中，金荣渊认为个体处理心理压力的能力可以影响其接近或避免跨文化交流的态度。在跨文化交流语境中，文化差异带来潜在的不确定性，这会增加交流者的压力，有的个体善于把握压力，有的则不掌握减轻压力的方法。古迪昆斯特和金荣渊一样，认为有效的跨文化交流者应该在一定程度上能够容忍含混和不确定性。交流者处理压力和容忍含混的能力越强，跨文化交流能力越高。[1]

---

[1] William Gudykunst, Young Yun Kim, *Communicating with Strangers: An Approach to Intercultural Communication*, New York: Random House, 1984, p. 273.

跨文化交流能力中的知识因素和情感因素相互支持、相互影响，跨文化交流知识越多，跨文化交流的心理压力越小，进行跨文化交流的动机越强；交流动机越强烈，获得跨文化交流经验的机会越多，积累的跨文化知识就会越多。

阅读与讨论

填写由美国跨文化专家杰弗里·凯辛设计的下列问题，测一测你是否有进行跨文化交流的意愿：

跨文化交流意愿量表[①]

假设您有绝对的自由选择的权力，在以下六种情境中您可以选择交流或不交流。表明每种情境中您选择愿意交流所占的比重，记住您要指出的不是在这些情境中进行交谈的可能性，而是在这些情境中您想要交谈次数的比例。在左侧横线上写出想要交流次数的比例。0＝从不，100＝总是。
1. _____ 与我认为和我很不同的人交谈。
2. _____ 与外国人交谈。
3. _____ 与我对其文化知之甚少的人交谈。
4. _____ 与其他种族的人交谈。
5. _____ 与其他文化的人交谈。
6. _____ 与以英语为第二语言的人进行交谈。（注："英语"可改为"汉语"，如果被试的母语是汉语）

得分：您的分数值域在0—600之间，300分以下表明不愿意进行跨文化交流，350分以上表示有一点意愿进行跨文化交流，400分以上表示中度愿意，500分以上表示高度/非常愿意进行跨文化交流。

（三）心智活动因素

跨文化交流能力中的心智活动因素是知识和情感因素的体现，内容包括语言和非语言表达以及角色扮演。语言表达指个体如何运用语言。交流者可能了解很多目的文化的语言知识，但是语用能力很差，不能在实际对话中使用目的语流利表达。很多留学生到目的语国家不是为了学习语言知识而是为了有更多

[①] Jeffrey Kassing, *Dissent in Organizations*, New York: Polity, 2011, pp. 17–21.

的机会练习使用目的语。了解并运用目的语可以增强交流者的认知能力,提高跨文化交流质量。语言脚本可以减少不确定性,心智活动把语言脚本付诸实践,一个不了解目的语的人不会知道目的语中基本的交流方式,如问候、邀请、日常用语等。

非语言表达也是重要的心智活动之一。如同我们在上一章所提到的,交流者要注意对方文化中肢体语言、时间语言、颜色语言、空间语言、辅助语言等非语言符号的细微差别。与语言交流的情况类似,一个具备目的文化语言交流知识的人不一定能够准确使用该非语言符号系统。因此,在出国之前应该刻意做一些专门的练习,提高运用非语言符号系统的能力。例如:如果准备去日本,你应该在家人和朋友面前练习鞠躬。此外,味道也是很重要的非语言符号,在出国之前应该了解目的文化对味道的喜好和日常的习惯,有的国家,如美国喜欢用香水或其他化妆品掩盖人体的自然味道,而很多国家的人们却不习惯使用香水。

角色扮演与语境有关,指交流者在目的文化中如何根据自己的角色身份得体地使用语言和非语言符号。人们在社会生活中扮演不同的社会角色,文化记载了社会对不同社会角色的期望和要求,是个体扮演角色的脚本;换而言之,人们根据自己文化内部的角色期待扮演自己的社会角色,个体的言行符合其扮演的角色身份。文化是社会角色的行为规范,不同文化对同一社会角色言行的期待不同,跨文化交流者应了解目的文化对自己所扮演角色的期待,并调整自己的行为模式,使自己的言行符合目的文化的要求。

在美国,教师与学生尽量保持平等的关系,对学生的约束较少,学生可以自由提问,教师和学生一般使用非正式的、生活化的语言对话,所以一个美国教师在课堂上身着牛仔裤,坐在桌子上讲课可以理解为制造轻松活泼的课堂气氛;而在韩国,学生期待教师为人师表,仪表言行都应该正式、庄重,美国教师的行为在韩国文化中不符合其扮演的角色身份要求。[1] 不同文化对职业以及性别的语言和非语言表达方式以及行为模式的期望不同,跨文化交流者要能够调整不同语境中角色身份的行为差异,以对方文化可接受的得体方式进行交流。

---

[1] William Gudykunst, Young Yun Kim, *Communicating with Strangers: An Apporach to Intercultural Communication*, New York: Random House, 1984, p.184.

(四)情境特征

跨文化交流能力的第四个因素是发生跨文化交流的真实语境。个体可能在某一语境中表现出较强的交流能力,而在其他语境中则无法自如应对,因此交流能力的大小依语境变化,影响跨文化交流能力的情境特征包括环境语境、预先接触、地位差别和第三方的干扰等。

环境对交流的影响很大,某些环境承载的文化信息量很大,在这样的环境中,交流者很容易感到紧张,从而影响到语言和非语言表达。例如:日本的茶道是一个文化内涵很深的仪式化的活动,而不仅仅是大家在一起喝茶的活动,美国人不了解茶道的内涵和程序,在整个茶道仪式中感到莫名其妙和无所适从,他下一次参加茶道的动机会减少。[1]

与目的文化是否有过接触对提高跨文化交流能力意义重大。如果个体在出国前曾经与目的文化的人有过接触,那么发展跨文化交流能力要相对容易。当然,与目的文化的交流者建立信任感需要一定的时间,但是一般来讲,与当地人接触越多,了解对方文化知识越多,与对方文化接触的紧张感越低,交流动机越强,移情能力越高。

人们所扮演的社会角色存在社会地位差别,不同文化背景的人们对社会地位有不同的认识,在权力距离高或权力距离低的不同社会,人们往往对与自己平等、低/高于自己的人在情感态度和言行上表现出不同取向。美国人倾向于降低身份距离,他们对父母直呼其名,百姓和媒体公开评论当权者的言行和决策。在权力距离高的国家,地位决定一切,甚至在对话中谈话者的发言顺序都由地位身份来确定。在美国电影《安娜与国王》中,西方女性安娜看到泰国国王的仆人见到国王时要马上跪拜,觉得难以接受,因为她认为这是对仆人人性的不尊重。西方文化与泰国文化对地位的不同理解导致跨文化误解,安娜不能以西方文化的价值观改变泰国国王的习惯,泰国国王也不该依泰国人的习惯要求西方人(安娜)见到他就行跪拜礼。

第三方的干扰或参与也是改变交流情境的因素之一。第三方的出现可以改

---

[1] William Gudykunst, Young Yun Kim, *Communicating with Strangers: An Apporach to Intercultural Communication*, New York: Random House, 1984, p.31.

变你在交谈中的地位，如：你的上司加入你和同事之间的谈话，你就要注意当前的话题是否得当，并调整语言和非言语表达方式。如果第三方是女士，那么交流者就要注意对方文化中与女性交流的要求。

一个人的跨文化交流知识增加了，交流动机随之增加；交流动机增加在行为上表现为积极参与交流活动。积极的参与使交流者增加经验知识，学到更多的跨文化交流知识，推动积极情感能力的发展，形成良性循环。

第三节　如何提高跨文化交流能力

在前两节中，对于跨文化交流能力我们可以理解为，其是认知、情感和行为三方面共同构成的能力。认知能力可以通过学习知识来提高，情感方面，无论是交流动机还是交流态度，也需要认知或知识来促进，这两方面的能力最终要靠行为技巧来体现。特里安迪斯（Triandis）将其总结为跨文化敏感力（intercultural sensitivity）。跨文化敏感力代表文化沟通能力的情感层面，是指一个人在不同场景和来自不同文化的人进行沟通行为时，个人情绪的波动或者情感的变化。特里安迪斯指出，一个具有跨文化沟通能力的人，应该在跨文化交流之前、之中和之后，都接受和发出正面的、积极的情感反应。这种正面的情感反应会帮助文化交流者尽快接受和适应文化差异的情况。

在这里，敏感力可以分成对于一般外部事物差异的敏感力，和对于个人差异的敏感力。前者指的是对于社会群体生活变化的察觉能力，后者是指在人际交往的过程中，对于分辨他人认知、行为以及感情方面差别的能力。进一步说，跨文化交流敏感力在日常生活中更多体现为心态。具有跨文化交流敏感力的人，在接受人们的差异性和复杂性上，具有更宽广的心胸，愿意与抱有不同意见的人交流意见，并且能够容忍他人僵化和刻板的一面。这也同样证实了，跨文化沟通能力是建立在认知、情感和行为上的。

在这个基础之上，本内特（Bennett）提出了跨文化敏感度发展模式，这一模式提供了理解人们经历文化差异的过程，描述了人们如何从不同的文化角度来观察、思考和诠释他们身边发生的事情。这种发展模式在处理文化差异的过程中体现了一系列渐增的敏感性，即通过对差异阶段性的认知和接受，逐渐从民族中心主义中摆脱出来，本内特把这种现象称为"民族相对主义"（ethnocentric）。该模式共有六大发展阶段，连续经过几大阶段后，个体获得了更大的理解能力，同时对文化差异有了更为积极的经验。每个阶段的特征如下所示：

否定阶段

1. 与来自自身文化相近似的文化的人交流时，往往感到舒服。
2. 对文化差异大的生活感到焦虑。
3. 没有注意到身边的文化差异现象。
4. 对于与自身不同的个体采取隔离的控制方式。

防卫阶段

1. 对关于文化与文化差异的问题，个体执着于自身的看法与情感。
2. 对待与自身文化不同的观点与行为，往往采用不信任的态度。
3. 察觉到周围的文化差异，但是不能够有效地理解这些文化而且对这些文化往往有着比较强烈的消极的文化定式。

缩小差异阶段

1. 认为来自不同文化的个体在深层文化上与你相像。
2. 能够意识到周围不同的文化，但是这些知识仅限于对习俗和仪式的认识上。
3. 不再诋毁其他文化。
4. 能够做到"己所不欲，勿施于人"。

接纳阶段

1. 察觉并意识到自身的文化。
2. 将自身的文化看作经历与理解世界的众多方式之一。
3. 认为其他文化的个体同你自身一样复杂。
4. 认为其他文化中的观点、情感和行为看上去可能不寻常，但是他们的经历与你自身的经历一样丰富。
5. 对其他文化更感兴趣，找机会来学习其他文化。

适应阶段

1. 承认对自身适用的文化价值观多于一种。
2. 能够从其他文化的观点入手来理解和评价自身文化或其他文化的具体情景。
3. 能够主动地调适自身文化的基本行为，使之在与其他文化人们交流时更为得体。

文化融合阶段

1. 能够将多种文化观点、意向和行为融合成为你自身的文化身份与世界观。
2. 能够自如地对待文化问题。[1]

在萨默瓦和波特看来，增强跨文化交流能力的最好方法就是将自己置身于不同文化之中，了解这个文化的社会制度、历史和家庭。正如同毛泽东所言："实践是检验真理的唯一标准。"但在深入接触不同文化和与来自不同文化背景的人

---

[1] Daniel R. Landis, Janet M. Bennett, Milton Bennett (eds.), *Handbook of Intercultural Training*, Thousand Oaks: Sage, 1996, pp. 128 – 139.

交流时,你需要准备:(1)了解自己;(2)了解人和自然环境;(3)寻找共同语言;(4)发挥移情作用;(5)鼓励反馈;(6)学会文化适应。①

一、了解自己

了解自己看上去是一件十分简单的事情,但是在锻炼跨文化沟通能力的过程中,这一阶段恰恰是需要你付出极大努力的地方,因为你在这一方面的成熟与否,决定着跨文化交流的成败。

(一)了解自身文化

自我了解和分析的第一步就是了解你自己的文化。在前面的几章中,我们花费了大量的时间去学习与研究文化到底是何物,如何去研究它。对于每一个人来说,其都是文化的产物,而学习并且了解文化有助于交流。文化是人们的行为指南,人们倾向于用自己本民族的价值观、社会规范和行为模式衡量他人的行为,因此了解自身文化的特点及其优点和缺点可以帮助人们克服民族中心主义中的狭隘倾向,提高跨文化交流能力。

(二)了解自己的情感态度

想一想,在之前学到的关于文化认知的内容中,刻板印象、偏见和歧视给人与人之间的交流带来了多少恶劣的影响。处事态度往往决定交流质量,人们在与他人沟通之前,往往会有一种由预先印象或定式带来的情感态度。这些交流前态度给交流者戴上有色眼镜,不能如实描述看到的客观现象,产生误解。如果交流者能够事先意识到这一点就能在一定程度上克服先入为主的消极情绪,减少负面情绪对交流的影响。你需要知道的是,错误的态度不仅仅伤害了别人,同样也不利于你去更好地了解这个世界。

---

① [美]拉里·A.萨默瓦、理查德·E.波特:《跨文化传播》(第四版),闵惠泉等译,中国人民大学出版社2010年版,第189页。

(三)了解自己的交流风格

试着问一问自己如"我在平时是如何交流的?""别人是如何看待我的?"这样的问题,想一想你在平时交流时的表现如何? 如果你自己的答案和别人的答案有所不同,那么你就需要反思,自己的交流风格是不是出现了问题。交流风格指交流者在沟通中喜欢哪类话题,喜欢何种交流形式,如仪式化的形式、巧妙对答的形式、辩论形式等,交流者希望交流对象参与的程度,交流者喜欢的交流渠道,如语言和非语言等,以及交流者赋予信息的实际内容和情感内容的多少等。

在实际交流过程中,你可以尝试着留意自己的交流方式,也就是说你是如何向别人表现自己的。在跨文化交流的研究中,很多学者认为交流风格实际是跨文化沟通能力的特点之一,其中美国社会学学者诺顿,总结并归纳出了九种交流的特点,我们可以从中找出符合自己的交流风格。

诺顿交流风格对照表[1]

交流风格	特点
支配型	经常发言,打断和控制谈话
戏剧化型	非常富有表现力的语言,经常夸大和添油加醋
争强好胜型	喜好争吵,表现出敌意
精力旺盛型	精力充沛;带有富有表现力的手势和面部表情
印象深刻型	以令人难以忘怀的方式表达观点和情绪
放松型	冷静、舒适,很少在人多的地方感觉到紧张
诚恳型	良好的倾听者,对诉说者提供语言或非语言的鼓励
开放型	不封闭个人信息,表现情绪和感受
友好型	提供积极的反馈和帮助

值得一提的是,当你发现自己的交流方式出现问题的时候,你需要开诚布公地面对自己的问题,因为在目前的社会里,个人和文化之间的交流已经必不可

---

[1] Robert Norton, *Communication Style: Theory, Application and Measures*, Beverly Hills: Sage, 1982, p.237.

少，而极大地提高自身交流技巧对于你今后与他人的交流大有神益。萨默瓦和波特也认为，交流者对于自身所得到的信息必须正确解读，并保持灵敏的反馈，所以当需要进行跨文化交流时，需要对自己提出以下问题：

1. 我看起来放松还是紧张？
2. 我是不是经常不顾他人而改变话题？
3. 我反对别人的说法吗？
4. 我经常微笑吗？
5. 我反复打断别人的讲话吗？
6. 当别人有麻烦时，我表现出同情了吗？
7. 我的行为有没有伤害到别人的自尊？
8. 当我与人谈话时，是否使用了一种令人愉快的语调？
9. 我更喜欢挑起讨论的话题，还是更喜欢加入话题的讨论？
10. 声调对于我来说意味着什么？
11. 当有陌生人碰我时，我会是什么反应？[1]

（四）了解人和自然环境

萨默瓦和波特认为，在进行沟通时，时机、自然环境和风俗习惯对于促进交流和沟通的顺畅程度起到重要作用。[2]

1. 时间概念

交流能力较强的交流者知道在正确时机进行交流的重要性，知道在何时谈论某一话题。所以，据不同的情形选择恰当的时机进行交流是十分重要的。同样，对时机的运用也受到文化的影响，比如说，在中国的商务会谈中，初次见面不经寒暄就谈及商务合作是不礼貌的；而对于美国人来说，直接进入主题是最好的时机。

---

[1] Robert Norton, *Communication Style: Theory, Application and Measures*, Beverly Hills: Sage, 1982, p.241.
[2] [美]拉里·A.萨默瓦、理查德·E.波特：《跨文化传播》（第四版），闵惠泉等译，中国人民大学出版社2010年版，第201页。

2. 物理环境

文化定义交流，不同文化在不同语境中的交流规则大相径庭。在美国，商务谈判通常安排在会议室中，谈判双方面对面坐着，气氛比较紧张。阿拉伯人倾向于避免这种正面的冲突，他们喜欢圆桌会议，或者干脆席地而坐。而在中国，一些商务合作或者重要协议是在餐桌或者咖啡馆达成的。

3. 习俗

对于文化习俗的理解或者适应程度在很大程度上决定着跨文化交流的成功与否。一个民族的文化习俗反映人们的价值观念和行为模式，适应当地文化的习俗和传统是一种跨文化交流能力。一种文化中的简单习俗对于不知情的人来说都会很难把握，什么时候应该点头？什么时候应该握手？什么时候应该鞠躬？这些问题都应该在进行交流之前做好准备，这样交流者才能根据不同的交流需要调整自己的行为。例如：在日本人家里做客，你会发现没有沙发或者椅子，你不知该站着还是坐在地板上。在韩国，人们不睡床，而是睡在地板上。在出国之前，了解一些当地习俗的基本常识能够帮助你更快地适应陌生环境。

二、掌握不同的信息系统

到一个陌生文化中生活或者工作，或与来自其他文化的人进行交流，需要交流者掌握该种文化的信息系统，包括语言和非语言交流方式。

(一)学习语言

语言是重要的交流工具，熟练使用对方文化的语言是体会该文化的途径，是跨文化交流能力的重要方面。当然，就其种类而言，我们不可能学会全部语言。我们的建议是学习你要前往地的语言，或者当前世界上通用的语言。在大多数国家，英语都作为学校教育中主要的外国语，英语为第二语言的人数较多。英语也是国际会议、商务往来的官方语言和通用语言。因此，如果不知道自己将来是否出国的人可以选择学习英语。英语的普及意味着说英语的人不一定以英语为母语，所以只学习英国或者美国文化是不够的，要学习一些泛文化的知识。

（二）认识语言和文化的关系

语言承载文化信息，反映文化传统，习语和谚语更是这样。据估计，以英语为母语的人经常使用的习语超过一万五千多条，英语习语的特点是字面意思不是习语本身的意思，了解习语的文化含义才可能理解并正确使用习语。交流者的教育背景和成长环境也是影响其用词及其词义的因素，以英语为第二语言的交流者要在学习英语、使用英语时留意这一点。

（三）非语言交流系统

人们在交流时除使用言语符号外，还伴随大量的非语言交流符号。非语言交流符号，如：目光、体态、味道等在不同文化中意义不同，误用或误解非语言交流符号的意思会引起误会和矛盾。跨文化交流者应该掌握目标文化中非语言交流符号的含义，并练习正确使用和解读非语言符号的意义。

（四）培养移情能力

移情能力是情感能力的重要组成部分，主要指摆脱民族中心主义的束缚，不以本民族的价值观念看待和评判其他文化，设身处地为他人着想。萨默瓦总结六个移情的步骤是：

1. 承认世界的多元性，文化差异的存在是普遍现象。
2. 充分认识自我。
3. 悬置自我。
4. 以别人的视角看待问题。
5. 做好移情的准备。
6. 重塑自我。[1]

（五）学习处理冲突

无论在跨文化交流中还是文化内部交流中，都有可能发生冲突，发生冲突

---

[1] 胡文仲：《跨文化交际学概论》，北京外语教学与研究出版社1999年版，第170页。

的原因很多，不同文化对冲突持不同的态度，一般采用五种方法处理冲突：

1. 退避

退避是比较常用的避免冲突的方式，也是最简单的方式之一。退避，包括心理上的，如保持沉默不参与谈话，和身体上的，如远离冲突，表明了交流者不愿意卷入的态度。

2. 和解

和解建立在放弃自己的立场和观点，满足他人的要求，达到他人满意的基础之上。这种策略一方面表明交流者无所谓的态度，另一方面显示交流者的软弱，因此会造成一方占另一方的便宜。

3. 竞争

竞争的策略代表交流者坚持立场，争取胜利的态度。把自己的要求强加于人有很多种形式，包括威胁、言语侵犯、胁迫或剥削。

4. 折中

折中是找到双方都同意接受的途径。使用这种策略时，人们通常要牺牲某些东西以换取解决冲突的方法。

5. 合作

合作的核心是双方都想解决冲突，使用富有建设性的方法可以满足双方的目标和需要。以积极的观点看待冲突，合作是最理想的解决方式。

从跨文化交流角度来看，有的文化倾向于积极地对待冲突，而某些东方文化中，如日本，倾向于避免冲突，对待冲突的态度比较消极。个体主义的交流者在处理与集体主义的交流者的冲突时，应该避免采取直接的方式，转而采取婉转、间接的方式。

第四节　跨文化交流能力的训练

如之前所说，跨文化交流的成功与否，取决于跨文化能力的培养。但跨文化交流能力并非与生俱来，除其他因素的影响外，一个人也可以经过训练，提升自身的跨文化交流能力。而跨文化交流训练（intercultural training）就是来帮助个人达到顺利胜任跨文化交流的方法。

一、评价跨文化交际能力的标准

国际模式（The International Profiler）是一种心理测试问卷及反馈过程，用来帮助管理人员和专业人员找出他们在国际性工作中所具备（或缺少）的技能。在认定中包含10种能力，包括22种相关技巧，态度或知识领域，是在跨文化场合继续展示领导能力，管理能力和专业能力所需的特殊能力。帮助人们了解自己在某些领域的不足，并建议他们采取何种措施来填补鸿沟。目标是那些在多民族工作环境中工作，需要融合技巧的人。反馈包括：

——告知个人国际交往能力可能存在的缺陷；
——联系个人的工作职责，对其工作方式、态度和方法提供建议；

——发展的基本原理和满足发展需要所采取的最初步骤。[1]

(一)开放性(Openness)

新思维：善于容纳新的思想，愿意了解新的、不熟悉的领域，喜欢国际性的工作环境，因为可以接触新奇的思想和方法。

欢迎陌生者：乐于与新人结交，包括那些与自己经历不同，理解力不同，价值观不同的人。通常对来自不同的、陌生的文化背景的人有特殊的兴趣。

认同：对与自己完全不同的行为，不仅能够忍受，而且能够积极地接受。在国际工作环境中，尽管工作实践与自己所认为的最好的方式有矛盾，也很少感到受威胁或不能容忍。

(二)灵活性(Flexibility)

灵活的行为：易于适应各种不同的社会与文化。了解或愿意了解更多的行为方式。用各种方式进行实验，找出最易于接受、最成功的行为方式。

灵活的判断：避免对所遇的人与事很快下结论。能够利用来自不同文化的人的经验来质疑假定，修正对这些人的成见。

学习各种语言：有意的学习和使用构成重要合同的特殊语言，不满足于每日进行商业活动所需的混合语。吸收这些国际合同关键的词语和表达方式来建立信任，表示尊重。

(三)个人自主权(Personal Autonomy)

自我意志：具有强烈的自我价值观和信念，可在处理不熟悉的情况时，或面临压力而对自己的判断和价值观产生怀疑的时候，使自己保持一致性和心理平衡。这些价值观也给了所要履行的任务重要性和可靠性。

目标明确：在国际项目中设定特殊的目标与任务，并且无论有多大压力，不妥协，不分心，坚持完成任务。坚信自己对命运的掌控，有能力控制自己周围的一切。

---

[1] Culture Waves, Intercultural Communication, https://www.culturewaves.com/en/intercultural-training.

（四）情感力量（Emotional Strength）

恢复力：通常很坚强，可以把犯错误当作一种学习方式。可以克服所遇到的任何困难、批评以及负面影响。对生活有种乐观的态度，可以在受挫折后"卷土重来"。

应对能力：能够在陌生的环境中应对变化和高压。他们在压力之下保持冷静，甚至在没有日常网络的支持下也有很好的应对方式。具有从容应对文化冲击所需的个人素质。

冒险精神：总是在生活中寻求不同、改变和刺激。不喜欢安全稳定的环境，喜欢不舒适、不确定的情形，常常不能确定他们自己是否有获得成功的技能。

二、跨文化能力训练的目的

美国管理学家特里安迪斯和本内特在以往研究的基础上，总结了进行跨文化训练的好处，其内容可以归为：

（一）改变个人思想

跨文化行为在认知方面，改变了参与者的思想，已达到四项标准：

1. 能够从对方角度出发来理解其思想行为。
2. 减少对于所处地域的负面刻板印象。
3. 改变对于其他文化过度简化的思想方式，并进一步发展出一套比较完整与复杂的系统，以借此对于其他文化进行交流和了解。
4. 在较长期的跨文化训练中，能够理解并具备"世界开放性"的态度，同时更进一步了解自身所处的文化。[1]

---

[1] Daniel R. Landis, Janet M. Bennett, "A Model of Intercultural Behavior and Training", *Handbook of Intercultural Training*, Thousand Oaks CA: Sage, 1996, pp. 1–13.

（二）改变个人的感情反应

跨文化训练的目的是试图改变参与者的负面感情反应，帮助其在进行跨文化交流互动时建立起正面性的感情：

1. 培养出一种能够接受与不同文化的人们互动的心态。
2. 能够去除与不同文化人们进行交流时的焦虑感。
3. 发展出能够与不同文化人们建立工作关系的感受。
4. 能够在给予指派的海外任务中自得其乐。
5. 能够容忍、欣赏和接受文化差异。[1]

（三）个人行为上的改变

跨文化训练的目的是在行为方面改变参与者的行为举止，以便具备足够的能力与来自不同文化的人们建立合理的人际关系，增强在日常生活中的表现，加强日常生活互动行为，其中包括：

1. 能够在多元文化的团队里建立良好的人际关系。
2. 能够适应跨文化工作环境中的压力。
3. 能够在跨文化工作环境中有良好工作表现。
4. 能够发展出与地主国工作人员沟通无障碍的能力。
5. 能够协助他人达到与地主国工作人员沟通、建立良好关系的能力。[2]

三、跨文化训练的方式

在跨文化训练的方式中，可以分为跨文化训练的模式和在跨文化训练时所用到的技巧。跨文化训练模式注重一般性原则，而在跨文化训练时用到的技巧则

---

[1] Daniel R. Landis, Janet M. Bennett, "A Model of Intercultural Behavior and Training", *Handbook of Intercultural Training*, Thousand Oaks CA：Sage，1996, pp.15-16.
[2] Daniel R. Landis, Janet M. Bennett, "A Model of Intercultural Behavior and Training", *Handbook of Intercultural Training*, Thousand Oaks CA：Sage，1996, pp.16-17.

需要在实践中得以体现。在陈国明与斯塔罗斯塔的总结中，跨文化训练的模式有以下几种：

（一）教学模式

这种模式是在跨文化能力训练中最为简单也最为简便的方式。如同在教室中上课一样，教师或者训练者在课堂上进行教学，学生或者受训者在台下学习。在这个模式中，可以通过加强认知能力，使得受训人大概了解一个文化的方方面面，如文化价值取向、行为模式、社会结构以及风俗民情等等。借由多样化的教学方式，如电影、幻灯片、阅读、口头讲解甚至是实践，让受训者对于另一文化的理解达到一个不错的水平。

虽然教学模式能够在短期内将需要掌握的文化学习及技巧教给受训者，但是其问题在于在教室内所掌握的知识和实际环境还是有所出入的。因此，教学模式需要配合其他模式，才能有效地结合在一起。

（二）模拟训练模式

跨文化能力训练模拟模式是针对教学模式而设立的，其目的在于建立起一个与另一文化相似的模拟环境，然后要求受训人在感情上投入到模拟环境中去，以获取生活与沟通的经验。在这个模式的论点中，受训人只有在某个模拟文化中生活过，他们便自然会学习到一组新的行为方法与解决问题的能力，使他们能够具备一定的跨文化交流能力。

这种模拟训练模式经常鼓励受训人与另一文化的家庭和人们进行沟通活动，并尽量在模拟环境中获取足够的跨文化交流经验，在经历过尝试和错误后，提升自身的能力。美国跨文化研究学者福西特认为这种训练模式有四个好处：

1. 受训人是整个训练的焦点，而不是教导的人。
2. 受训人在训练的过程中能保证全身心投入，并对此负责。
3. 这个模式重视系统的解决问题的能力，而非文化知识的传授。

4.这个模式教导受训人从互动的过程中来理解和学习跨文化知识。[1]

这样的训练模式同样也有缺陷,即一个文化环境是极难模拟出来的,不适当的模拟环境可能会给受训人带来认知上的错误,使得其获得错误的知识,对于其跨文化交流能力有害无益。其次,这样的模拟环境通常持续时间不长,因为时间的限制,使得受训人不可能会获得更多的认知。因此,教学模式与模拟模式结合起来是一种合适的方法。

除去这两种训练模式外,还有自我探索模式、文化理解模式、行为模式及互动模式,在实际的跨文化能力训练时,需要将两种或两种以上模式结合起来进行。

(三)角色扮演

角色扮演要求受训人在接受跨文化交流能力训练时,像演员一样模拟实际生活中的行为角色。角色扮演的根本目的在于,经过模拟在其他文化环境中可能碰上的问题,让受训者在试图解决的过程中对于另一种文化有所体验。在这种技术下,受训者从旁观者变为参与者,获得另外一种文化感受。角色扮演的方法同样还可以达到以下几种目的:

1.练习与学习跨文化沟通的技巧。
2.练习如何在一个特殊环境里解决问题。
3.探索在模拟情况下的反应与感觉。
4.鼓励与提升受训人的参与感。
5.帮助受训人较深入地了解,不同文化人们的思想与行为形态。[2]

---

[1] Mary L. Fawcett, *Experiential Cross-Cultural Training*, Mimeo Produced by Center for Research and Education, Eastes Park: Colorado, 1970, p.23.

[2] Paul Ventura, David S. Hoopes, *Intercultural Sourcebook: Cross-cultural Training Methodologies*, New York: Intercultural Network, 1979, pp.76–77.

（四）个案研究

个案研究是通过针对复杂文化实践的描述，提供给受训人一个分析与解决文化问题的机会。虽然并非每个受训人都会在另一文化环境中遇到所描述的文化问题，但是通过对于实际生活事件的体验和描述，能够锻炼受训人在跨文化交流中思考、分析、讨论、诊断与提出解决方法的能力。一个好的案例研究，通常具备以下六个要素：

1. 描述一个与实际生活很相近的特殊情况。
2. 注重经验感，也就是在讨论个体案例的时候，能够让受训者真正投入进去。
3. 强调特殊，而非广泛性的事件。
4. 在分析个体案例的时候，需要让受训人由被动者变为主动决策者。
5. 在进行个体案例讨论的时候，需要有适当的时间限制。
6. 能够促使受训人记得并且能够不断回顾案例中的跨文化问题。[①]

阅读与讨论

阅读以下案例，试想如何针对荷兰经理弗朗斯的情况做出合理的跨文化交流能力培养？

那是一个普通的早晨，一个例行的非办公会议正在举行。人们都围着桌边坐了下来，这时候发现少了一把椅子。于是印度尼西亚经理马库斯到隔壁办公室去找了一把多余的椅子。

隔壁是荷兰经理弗朗斯的办公室，但是此时他正在外办事，所以

---

① David S. Hoopes, Margaret D. Pusch, "Teaching Strategies: The Methods and Techniques of Cross-cultural Training", *Multicultural Education: A Cross cultural Training Approach*, Vol.28, No.2, Dec., 1979, pp. 103–204.

他并不介意借用一把椅子给别人，毕竟这些家具都属于公司而非个人。正当马库斯把弗朗斯的椅子搬到隔壁的时候，弗朗斯从另一边回来了。

弗朗斯心情很不错，他走到自己的桌子前，拿了几张纸准备再次离开。在此过程中，他抛给马库斯一个友好的微笑，并且冲着马库斯的背影喊着："马库斯，你在参加一个盗贼的狂欢吗？"然后他就走了。

当弗朗斯吃完午饭回到他办公室的时候，马库斯正在那里等他。弗朗斯发现马库斯一反常态，而且系上了领带。"马库斯，我的好朋友，我能为你做些什么吗？"弗朗斯问道。马库斯眉头紧锁着看着他，在椅子上坐得笔直，坚定而严肃地答道："弗朗斯，我在这里明白地告诉你一件事：我不是贼。"

弗朗斯目瞪口呆，赶紧询问马库斯这到底是怎么一回事，然后他们又花了45分钟去澄清这个误会。[①]

本章推荐阅读书目

[1][英]冯安伟等编：《外教社跨文化交际丛书·外语教育系列：在教育与培训中提高跨文化能力》，张红玲、梁文波导读，上海外语教育出版社2014年版。

[2][英]拜拉姆：《外教社跨文化交际丛书·外语教育系列：跨文化交际能力的教学与评估》，吴雪颖导读，上海外语教育出版社2014年版。

[3][美]William B.Gudykun编著：《外教社跨文化交际丛书·跨文化与不同文化之间的交际》，贾玉新导读，上海外语教育出版社2007年版。

[4][美]金荣渊：《外教社跨文化交际丛书·跨文化能力——交际与跨文化适应的综合理论》，戴晓东导读，上海外语教育出版社2014年版。

[5]刘伟主编：《跨文化交流能力构建》，中国矿业大学出版社2014年版。

---

① R. M. Hadjiwibowo, speech in September, 1983.

本章参考书目

[1] Brian H. Spitzberg, William R. Cupach, *Handbook of Interpersonal Competence Research*, London: Springer, 1988.

[2] Daniel (Dan) R. Landis and Rabi S. Bhagat, *Handbook of Intercultural Training*, Thousand Oaks, CA: Sage Publications, 1996.

[3] Harry C. Triandis, "Subjective Culture and Interpersonal Relations Across Cultures Issues in Cross-Cultural Research", *Annals of the New York Academy of Sciences*, Vol.285, No.1, Mar., 1977.

[4] Jeffrey Kassing, *Dissent in Organizations*, New York: Polity, 2011.

[5] John M. Wiemann, Philip Backlund, "Current Theory and Research in Communicative Competence", *Review of Educational Research*, Vol. 50, No.1, Sep., 1980.

[6] Judith Martin, Thomas Nakayam, Lisa Flores, *Readings in Intercultural Communication: Experiences and Contexts*, Columbus OH: -McGraw-Hill Education, 2001.

[7] Milton J. Bennett, "A Developmental Approach to Training for Intercultural Sensitivity", *International Journal of Realtions,* Vol.10, No.2, Oct., 1986.

[8] Roderick P. Hart, Don M. Bucks, "Rhetorical Sensitivity and Social Interaction", *Speech Monographs*, Vol.39, No.2, Jun., 1972.

[9] William Gudykunst, Young Yun Kim, *Communicating with Strangers: An Approach to Intercultural Communication*, New York: Random House, 1984.

[10] Young Yun Kim, *Becoming Intercultural: An Integrative Theory of Communication and Intercultural Communication*, Thousand Oaks CA: Sage, 2001.

[11][美]金荣渊:《外教社跨文化交际丛书·跨文化能力——交际与跨文化适应的综合理论》,戴晓东导读,上海外语教育出版社2014年版。

[12][荷]吉尔特·霍夫斯泰德、格特·扬·霍夫斯泰德:《文化与组织:心理软件的力量》(第二版),李原、孙健敏译,中国人民大学出版社2010年版。

[13][美]拉里·A.萨默瓦、理查德·E.波特:《跨文化传播》(第四版),闵惠泉等译,中国人民大学出版社2010年版。

[14]林一、刘珺主编:《跨文化交流案例分析》,经济日报出版社2012年版。